Fascinants peuples du monde

Sélection
du Reader's Digest

PARIS • BRUXELLES • MONTRÉAL • ZURICH

SOMMAIRE

PRÉFACE
Page 8

EUROPE
Page 16

AFRIQUE
Page 54

ASIE
Page 110

OCÉANIE
Page 206

AMÉRIQUE
Page 240

ARCTIQUE
Page 290

INDEX ET
BIBLIOGRAPHIE
Page 314

Sous la direction de
Mirella Ferrera

Textes
*Mirella Ferrera
Gian Giuseppe Filippi
Marco Ceresa*

Réalisation éditoriale
Valeria Manferto De Fabianis

Rédaction
*Enrico Lavagno
Lara Giorcelli*

Maquette
Paola Piacco

Page 1 En Birmanie, on enserre le cou des femmes padaungs d'une spirale de cuivre, que l'on agrandit chaque année tant qu'elles ne sont pas mariées.

Pages 2-3 Au Pérou, les chapeaux révèlent l'origine géographique de celui qui les porte : ces deux femmes arborent de grands couvre-chefs typiques de la région de Cuzco.

Pages 4-5 Les figures délicates du Legong Kraton, une danse balinaise, sont enseignées dès l'enfance.

Pages 6-7 La tradition veut que les Touaregs ne découvrent jamais leur visage en présence d'étrangers.

Page 7 Cette fillette tibétaine porte le costume traditionnel, orné d'une large broche en argent.

Ci-contre Les symboles tracés sur le front des sadhu marquent leur dévotion à Shiva, divinité suprême des Hindous.

Page de droite Une femme nomade du Gujerat, en Inde.

PRÉFACE

Les peuples présentés dans cet ouvrage, à la culture si différente de la nôtre, illustrent à la fois la diversité et l'unité de ce qui fait l'humanité : au-delà de sa valeur ethnologique, ce document unique contribue à enrichir notre approche de l'homme. Qu'est-ce qu'une culture ? Si l'on s'en tient à la simple définition donnée par l'anthropologue italien Alberto Salza, la culture est la manière dont un individu appartenant à un groupe affronte et résout les problèmes, en utilisant l'ensemble des connaissances qui caractérisent la société dans laquelle il vit. C'est dans cet esprit que le présent livre a été conçu et rédigé. Richement illustré, il recense diverses ethnies dispersées aux quatre coins du monde et décrit leur mode de vie, leur adaptation à l'environnement, leurs coutumes et leurs croyances religieuses.

Les cinq chapitres correspondent aux grandes régions continentales du globe : l'Europe, l'Afrique, l'Asie, l'Océanie, l'Amérique et l'Arctique. Chacune de ces parties s'ouvre par une introduction axée sur l'historique du peuplement, l'origine des différents groupes ethniques, les mouvements et le brassage des peuples, leur homogénéité ou, au contraire, leur hétérogénéité. Les pages qui suivent sont consacrées à des développements ethnographiques sur certains peuples, choisis en fonction de leur représentativité ou, à l'inverse, de leur singularité. Chacun de ces peuples se définit par un système culturel précis, c'est-à-dire une langue (même si cette dernière comporte des dialectes), un ensemble de connaissances, de croyances, de valeurs et de coutumes (rites d'initiation, règles présidant au mariage, relations familiales…). Au début de chaque section, une carte permet de localiser d'un coup d'œil la région où vit chacun de ces peuples. Comme il était impossible d'évoquer de façon exhaustive toutes les ethnies peuplant le globe, nous avons privilégié celles dont la culture traditionnelle a été façonnée et continue de l'être, du moins en partie, par le milieu ambiant. Une large place a donc été faite aux pasteurs nomades, aux communautés de chasseurs-cueilleurs et aux agriculteurs itinérants. Chez ces peuples, l'organisation de la vie quotidienne est rythmée par les cycles saisonniers propres aux activités de subsistance. Ces dernières sont également le pivot autour duquel se structure la vie sociale et religieuse, comme en témoignent les nombreuses imbrications entre le surnaturel et les activités matérielles : ce sont les rites de purification qui précèdent les battues de chasse, les tabous de toutes sortes qui entourent certaines espèces animales et végétales au sein des communautés de chasseurs-cueilleurs, les cérémonies qui célèbrent la fin de la pêche ou les cycles agricoles (semis et récolte) ou encore les sacrifices d'animaux que les sociétés pastorales pratiquent lors de cérémonies rituelles.

La sélection des peuples européens a fait l'objet d'une démarche quelque peu différente. En dehors de quelques exceptions (les peuples pastoraux sardes ou les cavaliers magyars de la Puszta), rares sont les ethnies qui vivent encore au rythme de la nature ou ont conservé des habitudes de migration propres aux nomades (c'est encore toutefois le cas des Tsiganes). Même si l'Europe offre une grande variété de types ethniques et de langues, les peuples implantés sur ce continent présentent un tissu culturel sensiblement identique et un mode de vie relativement homogène depuis l'époque de la révolution industrielle. Du fait de cette uniformité, il est difficile de décrire la culture d'un groupe sans risque d'évoquer de manière quelque peu « folklorique » des traditions, us et coutumes liés à un passé désormais révolu. Dans ce chapitre, nous avons intégré des populations telles que les Bretons ou les Irlandais, chez lesquelles le sentiment d'appartenance à une identité ethnique et culturelle reste

ou redevient très fort, et nourrit des revendications indépendantistes régionales ou nationales.

À travers les nombreuses et magnifiques photographies de cet ouvrage, on découvre aussi les aspects esthétiques qui caractérisent et distinguent chaque ethnie : coiffures élaborées, peintures corporelles, masques d'une grande expressivité, costumes aux motifs variés, bijoux, perles et plumes sont utilisés dans le monde entier tout en se rattachant à des canons de beauté spécifiques à chaque culture.

Il existe également des ornements qui, une fois portés ou posés, ne peuvent plus s'enlever, comme les tatouages (répandus chez les Maoris), les scarifications (pratiquées chez de nombreux peuples africains), les perforations des lobes des oreilles pour y insérer des objets divers (cas des Massaïs ainsi que de certaines tribus vivant en Nouvelle-Guinée), le port de plateaux labiaux, en usage chez les Surmas d'Éthiopie et quelques peuplades d'Amazonie, ou celui de colliers métalliques (femmes ndebeles d'Afrique australe et Padaungs du Sud-Est asiatique). Ces ornements corporels ont généralement pour fonction de souligner et de renforcer les différences entre les sexes, mais ils peuvent aussi marquer l'appartenance à un clan ou une distinction de rang. Reste que ce sont des signes indélébiles, qui modifient le corps de façon irrémédiable et peuvent représenter un véritable handicap (plateau labial, spirale de cuivre autour du cou, limage des dents…). À cela s'ajoutent les mutilations sexuelles masculines et féminines (circoncision, subincision, excision, infibulation), qui s'observent surtout lors des rites d'initiation, quand les adolescents, garçons et filles, sont appelés à se transformer en « vrais hommes » ou en « vraies femmes », l'expérience de la douleur étant considérée comme une étape nécessaire pour que le sujet prenne pleinement conscience de sa transformation et de son passage d'un âge à l'autre. Quelle position adopter face à ces gestes, dont beaucoup nous paraissent barbares ? Leur abandon ne peut être imposé par l'extérieur, sous peine d'aboutir à des pratiques clandestines. En revanche, l'éducation peut progressivement, encourager ces populations à renoncer d'elles-mêmes à des rites qui, aujourd'hui, font partie de leur culture.

Certaines ethnies semblent immobiles, figées dans le temps, vivant dans des mondes préservés, fermés et isolés ou, pis, primitifs – comme restés à l'âge de pierre. Toutefois, ces populations que nous considérons comme exotiques ne sont plus celles qui étaient décrites par les anthropologues et les chercheurs du XIXe siècle : elles évoluent à l'instar de n'importe quel peuple, simplement en suivant un chemin différent du nôtre. En même temps, leurs conditions de vie sont souvent bouleversées par des facteurs extérieurs, qui peuvent être bénéfiques (enseignement, hygiène, abandon de certaines pratiques) ou, au contraire, néfastes. Intégrées à des États, les populations nomades se voient contraintes de se sédentariser, tandis que d'autres peuples, impliqués dans des conflits politiques, sont obligés de quitter leurs territoires et se retrouvent sans attaches ni droits, y compris celui de posséder la terre de leurs ancêtres.

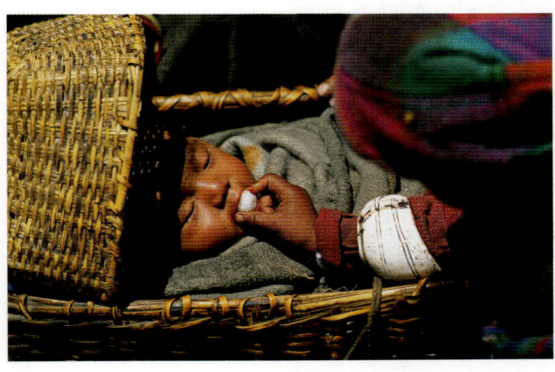

L'histoire des hommes est un processus dynamique, et celle des peuples évoqués dans cet ouvrage n'a donc rien de définitif. Les groupes humains sont en perpétuelle mutation sous l'effet des changements politiques, sociaux, économiques, voire climatiques. En outre, chaque culture est par essence le fruit de croisements par le biais de contacts avec d'autres groupes voisins. C'est précisément à travers ces échanges que les cultures évoluent et se transforment dans un brassage continu d'informations et d'individus, tout en continuant à s'appuyer sur les traditions du passé et en s'efforçant de les adapter aux changements imposés par l'Histoire. Cette dimension évolutive est contenue dans l'étymologie même du mot culture, dérivé du latin *colere*, dont les différentes significations – habiter, cultiver, orner – impliquent l'idée d'une intervention modificatrice des hommes : ce sont eux les principaux artisans des transformations qui se produisent au sein de leur propre culture, à la fois unique et multiple.

Page de gauche Dans le sud de l'Éthiopie, l'aridité du territoire permet à certains peuples, comme les Surmas, de conserver une remarquable homogénéité culturelle.

Au centre Une mère tibétaine nourrit son enfant dans son berceau. Sur le toit du monde, *l'alimentation se compose de pain, de farine d'orge et de beurre de yack.*

Pages 12-13 Entre février et mars, une grande partie de l'Inde célèbre la fête d'Holi, ou fête des Couleurs. Toutes castes confondues, les Indiens se couvrent de couleurs vives dans une atmosphère d'allégresse chaotique.

Pages 14-15 Les couleurs auxquelles s'identifient les différents clans hulis de Papouasie sont le jaune et le rouge. Surnommés hommes-perruques, les Hulis portent de grandes coiffes – souvent confectionnées avec leurs cheveux – décorées de plumes, de fleurs et de petits morceaux de papier coloré.

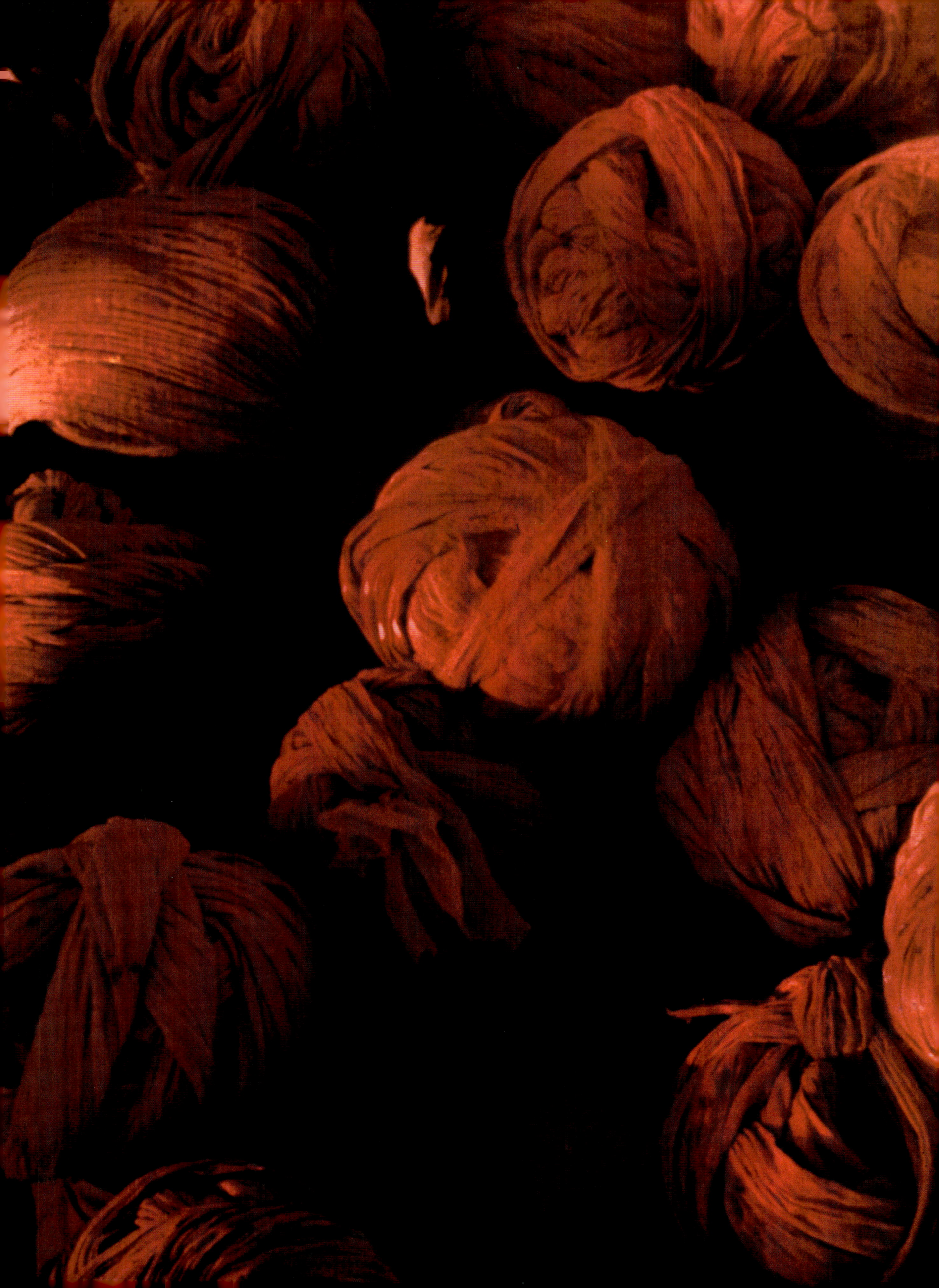

EUROPE

Peuples d'Europe

◇ **LES IRLANDAIS** – IRLANDE	22	◇ **LES SARDES** – ITALIE	42
◇ **LES BRETONS** – FRANCE	26	◇ **LES CAVALIERS DE LA PUSZTA** – HONGRIE	48
◇ **LES ANDALOUS** – ESPAGNE	30	◇ **LES TSIGANES** – PEUPLE NOMADE	50
◇ **LES WALSER** – ITALIE, SUISSE, AUTRICHE	36		

Textes de **Mirella Ferrera**

En haut à gauche Montant des chevaux parés de cocardes multicolores, ces cavaliers masqués se préparent pour la fête de la Sartiglia d'Oristano, en Sardaigne, dont la tradition remonte à de très anciens rites païens.

En haut à droite Des représentants de près de quatre-vingts confréries et des milliers de pèlerins venus de toute l'Espagne animent la romeria du Rocio, l'une des célébrations les plus authentiques d'Europe et qui a lieu depuis le XVIIe siècle.

Page de droite Le costume délicatement ornementé et le visage austère de cette vieille femme de Gressoney, en Italie, reflètent à la fois la richesse culturelle des Walser et les rudes conditions de vie de ce peuple montagnard.

Introduction

La fin de la période glaciaire, vers le XIe millénaire av. J.-C., correspond aux premières apparitions connues de l'homme. Le peuplement des territoires compris entre les monts de l'Oural, à l'est, et la péninsule Ibérique, à l'ouest, qu'on appelle aujourd'hui l'Europe, est le fruit de brassages complexes entre divers types humains. De nombreux foyers de peuplement ont été découverts en Europe de l'Ouest et du Sud (Espagne, France, Allemagne, Italie, sud de l'Angleterre…) : ils caractérisent les différentes civilisations du paléolithique qui se définissent par leur maîtrise du travail de la pierre pour fabriquer des outils et des armes. Ces populations formaient des communautés de chasseurs-pêcheurs-cueilleurs.

À partir du IXe millénaire se produit la « révolution néolithique » : apparition de sociétés sédentaires qui se consacrent à la culture (blé, orge…) et à l'élevage, avec la domestication d'un certain nombre d'animaux (moutons, chèvres, bovins, porcs…). Cette révolution se serait amorcée en Mésopotamie, vers –8500 av. J.-C. Elle aurait été diffusée progressivement par des populations d'agriculteurs migrant vers l'ouest, notamment à cause de l'évolution climatique (réchauffement et dessèchement de vastes régions, depuis le Sahara jusqu'à la steppe kirghize, en Asie centrale) : vers –6000 en Anatolie puis dans les Balkans, –5000 en Yougoslavie, –4500 en Italie, –4000 sur les côtes de l'Atlantique. En quelques milliers d'années, des civilisations tournées vers l'agriculture et l'élevage occupent l'ensemble de l'Europe, favorisant le développement de l'artisanat, du commerce, de la religion, des cultes et de l'art, ainsi que de sociétés hiérarchisées suivant les différentes catégories d'activités. Par la suite, les techniques de travail des métaux (cuivre, bronze, fer) se répandent. Elles aussi sont issues du Proche-Orient (–2500 pour le bronze) et se diffusent à travers l'Europe (âge du bronze entre –1700 et –800, puis âge du fer). Ces évolutions s'accompagnent de flux migratoires dont le plus important, pour l'Europe, se déroule vers –2000, avec l'arrivée des Indo-Européens, une famille de peuples sans doute originaire d'Asie centrale (Russie du Sud, steppe kirghize, Kazakhstan). Ces peuples se définissent par une communauté de langages. Tous les Européens – sauf les Basques et les Finno-Ougriens, c'est-à-dire les Finnois et les Magyars – parlent des langues apparentées, dont certaines sont toujours vivantes (langues italique, germanique, celtique, balte, slave ; langues iranienne, arménienne, grecque) et d'autres sont mortes (phrygien, hittite, thrace, ancien indien…). Toute l'histoire ancienne de l'Europe est marquée par les flux migratoires de peuples cavaliers indo-européens issus des steppes de l'Asie centrale, progressant vers l'ouest et le sud. Ce sont par exemple les Cimmériens (VIIIe siècle av. J.-C.) puis les Scythes, venus des régions du Caucase, de l'actuel Turkestan et de Crimée, qui pénètrent jusqu'au centre de l'Europe (Allemagne, Bavière, Italie du Nord…). Plus à l'ouest, les Celtes, originaires d'Europe centrale, se répandent à travers l'Europe, qu'ils dominent autour des VIe et Ve siècles, se mêlant en Espagne aux populations ibères (IIIe siècle), avant d'être soumis presque partout par les Romains (IIe et Ier siècles av. J.-C.).

Avec l'affaiblissement et la chute de l'Empire romain d'Occident (Ve siècle apr. J.-C.), les grandes invasions barbares complexifient un peu plus les brassages de populations en Europe. Ces « Barbares » sont essentiellement des peuples germaniques du nord de l'Europe (Wisigoths, Goths, Ostrogoths, Vandales, Burgondes, Francs, Lombards, Saxons, Angles…) poussés vers l'ouest par la pression des cavaliers huns chassés de Chine. En Europe centrale, après la disparition de la menace des Huns (Ve siècle), d'autres peuples cavaliers des steppes de l'Asie centrale (Bulgares, Slaves, Avars, Khazars, Magyars…) s'établissent et fondent, entre le VIe et le Xe siècle, des royaumes plus ou moins durables et progressivement christianisés.

Si l'on considère l'évolution du peuplement européen par aires géographiques, on observe les mêmes brassages qu'à l'échelle de l'ensemble du continent. Dans la péninsule Ibérique, ce sont les Vandales (ou Wandalous) qui ont laissé leur nom à

Page de gauche Un drap rouge agrémenté de l'adage « La nature sourit dans les fleurs, Dieu dans les petits enfants » recouvre le berceau d'un bébé qui va être baptisé dans l'église de Fobello, petit village italien du Val Mastallone.

Au centre Les cagoules pointues des pénitents sont noyées dans la fumée de l'encens d'une église de Séville durant la semaine sainte. Cette ambiance mystique exprime toute l'âme de l'Andalousie, région de profonde ferveur religieuse.

la province d'Andalousie. Deux cent cinquante ans plus tard, au début du VIIIe siècle, cette dernière sera occupée par des envahisseurs arabo-berbères, dont la domination durera jusqu'à la fin du Moyen Âge. Dans la péninsule Italique, les populations d'origine se sont mêlées à des groupes égéens (IIe millénaire av. J.-C.). Sont ensuite venus les Hellènes, les Phéniciens, les Étrusques, les Carthaginois ainsi que des peuples d'Europe centrale, septentrionale et orientale. Au VIIIe siècle av. J.-C., les Étrusques dominent en Italie centrale, les Grecs en Italie méridionale et les Carthaginois en Sicile et en Sardaigne. Au Ve siècle av. J.-C., des groupes celtiques s'établissent dans les régions septentrionales de l'Italie d'aujourd'hui, en y diffusant la culture du fer. Lorsque la longue parenthèse de l'ère romaine se referme brusquement, les incursions des Barbares sont suivies de diverses occupations – byzantine, arabe, puis normande.

Au nord-ouest, les îles Britanniques ont été occupées à plusieurs reprises entre le IVe et le IIe millénaire av. J.-C. par des groupes venant de toutes les régions de l'Europe. Sur les cultures primitives locales (d'origine ibérique et auxquelles on doit les ensembles de mégalithes du sud de l'Angleterre) se sont greffés, vers le Ve siècle av. J.-C., les apports celtiques – par conséquent indo-européens –, puis romains, au Ier siècle apr. J.-C., germains, au Ve, enfin scandinaves et normands jusqu'au Xe siècle. Le nom Britannia (et donc Grande-Bretagne) dérive d'un mot celte, tandis qu'Angleterre vient des Angles, population germanique qui a envahi l'île au Ve siècle apr. J.-C. L'influence ethno-culturelle des différents groupes d'envahisseurs a été moins profonde chez les populations galloise, écossaise et irlandaise, où la langue et les traditions celtes ont persisté. En France, après de notables influences ibériques au IIe millénaire avant notre ère, caractérisées là aussi par la culture mégalithique, l'apport le plus important a sans doute été celui des Celtes entre le Xe et le VIIe siècle av. J.-C., avec l'introduction du travail du fer. Au Ve siècle apr. J.-C., une fois la domination romaine effacée, les Celtes, fuyant l'invasion germanique du pays de Galles et des Cornouailles actuels, s'établissent dans la région de l'Armorique, qui a ainsi reçu le nom de Britannia, devenu ensuite Bretagne.

La région des Balkans a connu durant des siècles de grandes migrations de groupes de populations venus d'Asie centrale, ainsi que de Celtes, de Germains, de Slaves et de Mongols, de Turcs, d'Ougriens, de Latins et de Grecs. À travers la plaine hongroise, qui a constitué pendant des millénaires un pont idéal entre l'Asie intérieure et l'Europe, les Magyars sont arrivés au IXe siècle et se sont imposés face aux groupes slaves et goths. Les Magyars, population finno-ougrienne provenant d'Asie centrale, au-delà de la chaîne de l'Oural, sont apparentés aux Finnois, qui, de leur côté, se sont déplacés vers le nord de l'Europe. Les Samets – plus connus, mais de façon impropre, sous le nom de Lapons – sont les descendants directs de ces « pionniers » asiatiques des régions subarctiques européennes.

Cette longue histoire de migrations a donné lieu à une grande variété de types ethniques et d'idiomes sur le Vieux Continent, mais il n'existe plus aujourd'hui de réelle unité ethnologique au sein de chaque population, contrairement à ce que l'on peut observer dans d'autres endroits du monde, en Océanie et en Asie notamment. Les évolutions techniques, la révolution des transports et des communications ont peu à peu uniformisé la vie des peuples européens, qui suivent désormais des schémas culturels et matériels assez proches les uns des autres. Les traditions culturelles relèvent bien souvent d'emprunts artificiels au folklore, parfois utilisés pour ranimer des identités ethniques et culturelles à des fins politiques et territoriales (en Bretagne et en Irlande, par exemple).

Nous tenterons cependant de présenter quelques groupes humains qui mènent encore une vie matérielle et culturelle déterminée, du moins en partie, par le milieu dans lequel ils vivent (bergers sardes ou cavaliers hongrois de la Puszta), ou encore ceux qui conservent des pratiques culturelles et religieuses très fortes, tels les Andalous.

Page de gauche Maillot du même vert que le trèfle, emblème de l'Irlande, peau claire et cheveux roux : cette fillette est la parfaite représentante d'un peuple courageux, profondément attaché à son identité historique et culturelle.

Ci-dessus Un moment de détente au cours d'une fête bretonne dans le Finistère. Les Bretons sont les descendants de groupes celtes qui vinrent se réfugier en Armorique pour échapper à l'invasion de l'Angleterre par les Saxons.

Ci-dessus Ce n'est pas le mauvais temps qui dissuaderait des Irlandais de partir en excursion. La brume estompe au loin le paysage du parc national de Killarney – Cill Airne en gaélique.

Ci-contre à droite La préparation et la mise en place d'un toit de chaume relèvent de techniques dont le principe n'a guère changé depuis des millénaires.

À droite Les chaudronniers irlandais mènent une existence nomade qui n'est pas sans rappeler celle des Tsiganes, y compris dans l'aspect en tonneau de leurs roulottes.

Les Irlandais

IRLANDE

Les Irlandais, peuple d'origine celte, sont les habitants d'un territoire insulaire qui abritait autrefois d'anciennes populations parlant le gaélique ou l'erse, langue officielle, aujourd'hui encore, de la république d'Irlande. La diffusion de cette langue, encouragée depuis quelques dizaines d'années, a été fondamentale pour la réappropriation de l'identité ethnique irlandaise, cette dernière étant étroitement liée au nationalisme indépendantiste.

Le christianisme a été introduit en Irlande au Ve siècle par Patrick, un évangélisateur devenu le saint protecteur de l'île. Les Irlandais ont adopté la nouvelle religion sans heurts culturels. Ainsi, les légendes des héros chrétiens se sont mélangées très naturellement, dans un esprit syncrétique, aux personnages et légendes mythiques de la tradition celte. C'est le roi Henri VIII qui a introduit l'Église réformée d'Angleterre sur l'île au XVIe siècle. Avec Élisabeth Ire, les catholiques ont été bannis comme ennemis de l'État, puis persécutés et considérés comme inférieurs sur les plans juridique et économique. Leurs terres ont été confisquées et leurs propriétés sont passées aux mains des Anglais. La misère, aggravée par des famines continuelles pendant des décennies, a entraîné l'imposant phénomène de l'immigration irlandaise vers les États-Unis au XIXe siècle. L'activité agricole, sur laquelle se fondait l'économie précaire des Irlandais, n'était pas en mesure d'assurer leur survie : les produits les plus riches, comme le blé et le bétail, étaient exportés en Angleterre. L'aliment de base était la pomme de terre, à partir de laquelle on distillait également le whiskey.

En 1921, l'île a été divisée politiquement en deux entités : la république d'Irlande, constituée à 95 % de catholiques, et la province d'Irlande du Nord, sous la tutelle de l'Angleterre. Les religions catholique et protestante ont fini par désigner, bien que de façon approximative, l'appartenance ethnique et culturelle des deux composantes irlandaise et anglaise, hostiles l'une à l'autre, au point que les catholiques sont génériquement associés à la population irlandaise, tandis que les membres de

En haut et ci-dessous Les Irlandais savent tirer le meilleur parti possible de leur environnement naturel. Si le sol n'est guère favorable à la culture, en dehors de celle de la pomme de terre et de certaines céréales, le climat océanique, doux et pluvieux, est propice aux bocages et aux herbages. Les vastes étendues de prairies se prêtent bien à l'élevage des bovins, des ovins et des chevaux, l'une des grandes activités traditionnelles du pays.

Ci-dessus Partie de hurley sur un green impeccable : cette variante irlandaise du hockey est très ancienne.

À droite Un pêcheur en herbe s'exerce à la délicate technique du lancer à la mouche dans un torrent des environs de Galway.

Ci-dessus au centre Petits Irlandais sur le chemin de l'école : ils y apprennent notamment le gaélique.

Ci-dessus en bas Le pub, haut lieu de la convivialité si chère au peuple irlandais.

Page de droite Contrairement à une image stéréotypée, tous les Irlandais ne sont pas roux ! Certains ont la peau mate et les cheveux sombres : ce sont probablement de lointains descendants de populations préceltiques d'origine ibère.

la minorité protestante revendiquent leurs origines anglaises. Même les capitales des deux États symbolisent ce contraste, amplifié par le dualisme entre ancien et moderne : Belfast est une ville industrielle, bâtie sur le modèle anglo-saxon, alors que Dublin, bastion du nationalisme irlandais, reste tournée vers le passé.

Les communautés traditionnelles se trouvent surtout sur la côte nord-ouest de l'île, dans le Gaeltacht, où subsistent des fêtes celtiques reprenant les célébrations qui avaient lieu au cours de l'année dans les zones rurales, selon les rythmes saisonniers de l'agriculture. Ces fêtes folkloriques sont l'occasion de remettre à l'honneur la musique, les danses, les jeux (dont le *hurley*, ou hockey irlandais, d'origine très ancienne) et courses de chevaux d'autrefois.

En outre, à travers tout le pays, d'importants pèlerinages se déroulent dans d'anciens lieux de culte, qui attirent chaque année des dizaines de milliers de pèlerins et de touristes. L'Irlande possède un répertoire considérable d'histoires appartenant à la tradition populaire et qui sont transmises oralement, telles les chansons de geste épiques narrant des exploits guerriers aussi bien que des contes de fées. Une minorité très peu connue vit en Irlande, celle des chaudronniers ambulants, souvent pris pour des Gitans en raison des affinités culturelles qu'entretiennent ces deux groupes. Les chaudronniers irlandais mènent une vie itinérante, se déplaçant sur des charrettes tirées par des chevaux. Ils habitent dans des campements de roulottes et de tentes, et exercent les activités des nomades : fabrication de quincaillerie, commerce, arts divinatoires, mendicité. La charrette traditionnelle, en forme de tonneau, où l'on dormait, et la tente, réservée aux activités quotidiennes, ont aujourd'hui été remplacées par des roulottes et des camionnettes que les chaudronniers utilisent pour le transport de chevaux, d'antiquités et de ferraille. Leur origine est incertaine ; peut-être descendent-ils d'un groupe de bardes ou de druides de tradition celte. On les appelle chaudronniers à cause de leur habileté à travailler les métaux, car ils avaient l'habitude de toujours emporter avec eux une forge mobile afin de pouvoir ferrer les chevaux et fabriquer divers ustensiles. Ils sont, évidemment, au centre de nombreux récits et ballades, deux formes d'art littéraire et musical que les Irlandais ont portées à leur plus haute expression.

Les Bretons

FRANCE

Établis dans l'ouest de la France, les Bretons partagent avec les Irlandais et les Gallois une ascendance celtique directe. Leur nom rappelle les anciens habitants de la Britannia qui, entre le Ve et le VIIIe siècle, émigrèrent du pays de Galles et des Cornouailles pour échapper à la domination anglo-saxonne et se réfugièrent dans la région française de l'Armorique (« terre qui donne sur la mer »), dite Britannia à l'époque romaine et d'où dérive le nom actuel de la Bretagne. Dans leur exode, les populations britanniques ont importé la langue bretonne (qu'il faut donc distinguer du celte ou du gallois de la Gaule préromaine), les institutions politiques et les coutumes religieuses du christianisme insulaire, lequel a donné lieu à la naissance d'une Église de rite celtique. La tradition orale d'origine celte ainsi que les cycles légendaires et épico-littéraires de Tristan et Iseut, du roi Arthur et de Merlin l'Enchanteur ont été transmis pendant des siècles par des conteurs. Personnages centraux de la culture bretonne, les conteurs étaient les héritiers des bardes, prêtres-poètes de la tradition celtique qui vivaient à la Cour et célébraient les exploits de leurs princes.

Il y a encore quelques décennies, dans les zones rurales de la Bretagne, les familles se réunissaient autour de la cheminée les soirées d'hiver pour écouter les récits légendaires mettant en scène des héros d'autrefois appartenant à un passé largement rêvé et des créatures surnaturelles – fées ou esprits venus du monde des morts. La cheminée, lieu choisi pour la transmission orale des récits, était présente dans toutes les fermes bretonnes *(penty)*. Construites en pierre, ces maisons ne comprenaient généralement qu'une vaste pièce où se répartissaient les espaces réservés à la cuisine, à la cheminée (pourvue de sièges en bois pour les veillées) et au couchage (avec des lits clos, sortes de meubles parfois encastrés dans le mur de la salle commune et dotés de rideaux ou de portes). Les activités économiques des Bretons étaient fondées sur l'agriculture et sur la pêche. Les paysans, les métayers et les

Ci-dessous Défilé de jeunes Bretonnes en costume traditionnel à l'occasion d'un pardon. Outre leur attrait touristique, de telles manifestations revêtent une grande importance pour la population, qui y participe avec enthousiasme. Sans doute sont-elles héritées de lointaines cérémonies rituelles de la religion druidique.

En haut à gauche et ci-contre à droite Bannières brodées, fines dentelles, ferveur religieuse et attachement aux traditions : tout cela concourt à la réussite du pardon de Locronan, et notamment de la Grande Troménie – une procession en l'honneur de saint Ronan, évêque irlandais qui évangélisa le Finistère au Ve siècle.

Ci-dessus À Locronan, des milliers de pèlerins reprennent le parcours que saint Ronan suivait chaque matin pour aller se recueillir dans la chapelle du Pénity.

Ci-contre Chapeaux à larges bords, hautes coiffes et costumes traditionnels brodés comptent parmi les principaux éléments des tenues de fête.

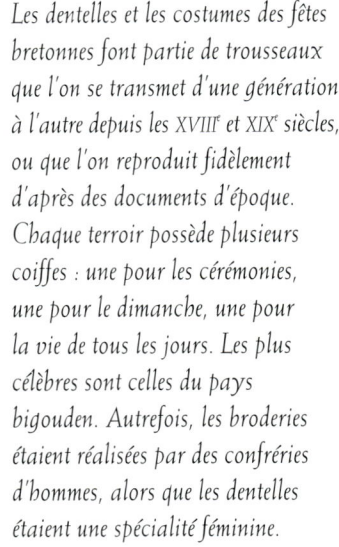

EUROPE

Les dentelles et les costumes des fêtes bretonnes font partie de trousseaux que l'on se transmet d'une génération à l'autre depuis les XVIIIe et XIXe siècles, ou que l'on reproduit fidèlement d'après des documents d'époque. Chaque terroir possède plusieurs coiffes : une pour les cérémonies, une pour le dimanche, une pour la vie de tous les jours. Les plus célèbres sont celles du pays bigouden. Autrefois, les broderies étaient réalisées par des confréries d'hommes, alors que les dentelles étaient une spécialité féminine.

journaliers des villages de la côte ramassaient les algues, riches en iode, échouées sur la plage ou les rochers à marée basse afin de fertiliser les terres où l'on cultivait des céréales et des légumes. L'activité des pêcheurs était importante, mais très dangereuse : les chalutiers bretons naviguaient jusqu'en Islande et à Terre-Neuve pour y attraper la morue.
Comme dans le reste de l'Europe, toutes ces activités étaient ponctuées par des célébrations : des pèlerinages jusqu'aux anciens lieux de culte, les pardons, dérivant de la tradition religieuse qui consistait à concéder des indulgences à l'occasion des fêtes de saints patrons. Les pardons attirent aujourd'hui encore des milliers de pèlerins en costume traditionnel, qui portent en procession des bannières et des étendards, des statues de saints, des croix. Les rites religieux sont suivis de manifestations folkloriques et festives : jeux (lutte bretonne), danses, chants et musiques traditionnels. Les gavottes de Haute Cornouaille ou les *jabadaw* (ou *jabadoo*) sont des danses accompagnées par le biniou, la petite cornemuse bretonne, et la bombarde, deux instruments de plein air très sonores, et par le *ka ha diskan*, une forme typique de chant breton fondée sur un dialogue entre deux chanteurs. À l'occasion de ces cérémonies, les femmes portent d'amples jupes noires avec des tabliers colorés et des coiffes de dentelle blanche dont la forme varie d'une région à l'autre, comme une sorte de signe de reconnaissance. Les plus originales sont celles du pays bigouden, fièrement dressées vers le ciel, celles du pays de Fouesnant, tout en boucles délicates, et celles de Dinard, relevées telle une crête de coq. Les hommes ont des vestes noires avec des boutons sur le côté, de grands chapeaux à larges bords et des sabots de bois de couleur.
Aujourd'hui, la langue bretonne, qui comprend quatre dialectes (le léonais, le trégorrois, le cornouaillais et le vannetais), est pratiquée par quelque 250 000 personnes, âgées pour la plupart, qui vivent essentiellement dans le Finistère (« l'extrémité de la terre »), où le sentiment d'appartenance régionale est le plus fort, ainsi que dans certaines zones des Côtes-d'Armor et du Morbihan.

Les Bretons

Ci-contre à gauche Chaque été, Lorient accueille le Festival interceltique, une manifestation musicale rassemblant des représentants des diverses communautés de tradition celtique.

Ci-dessus Tous les ans, à Pont-l'Abbé, se tient le festival des Brodeuses, marqué par l'élection d'une reine. La « capitale » du pays bigouden est fière de ses traditions et de ses coiffes à la forme fuselée.

Les Andalous
ESPAGNE

À gauche À Séville, la fin du mois d'avril est marquée par la célèbre feria, un ensemble de manifestations caractéristiques de la culture andalouse : parades équestres en costume, courses de taureaux et processions religieuses, sans parler des démonstrations de danses traditionnelles – sevillana et flamenco.

Ci-contre Le spectacle se passe aussi dans la rue durant la feria de Séville. Chaque participant, petit ou grand, met un point d'honneur à se signaler par l'élégance de son costume – aux couleurs souvent vives et contrastées. Les femmes arborent leurs robes flamenco à larges volants.

Les Andalous vivent dans le sud-ouest de l'Espagne, dans la région que les Vandales, population germanique installée sur les rives de la Baltique, ont envahie au début du Vᵉ siècle apr. J.-C., sous la poussée de hordes de Huns qui venaient d'Asie centrale. De ces envahisseurs barbares il n'est resté que le nom actuel d'Andalousie. L'occupation arabo-musulmane, qui a duré plus de sept siècles, a en revanche laissé à la population un héritage culturel beaucoup plus important, auquel se mêle la composante hispano-chrétienne de la Reconquista qui, partant du nord du pays, chassa les Maures au XVᵉ siècle.

L'Andalousie est la terre de la corrida et du flamenco. Les rapports entre la population locale et les groupes immigrés de Gitans, qui s'y sont établis au XVᵉ siècle, sont à l'origine de l'art musical du flamenco, né de l'appropriation par les Gitans des chants populaires andalous. Autre élément marquant de la culture andalouse, les nombreuses célébrations festives traditionnelles (foires, fêtes patronales, processions religieuses, pèlerinages) qui se tiennent dans toute la région et concernent des communautés entières – quartiers ou villages. Comme partout en Europe, les fêtes traditionnelles propres au milieu rural, car liées à l'agriculture et à l'élevage, se sont transmises jusqu'à nos jours et concernent également les grandes villes, telles Séville, Grenade et Cordoue. C'est là que l'on retrouve les traits culturels propres au folklore andalou, le goût pour les grandes tablées, les rites de l'hospitalité, le divertissement musical à travers le chant et la danse, le port du costume traditionnel, les parades à cheval.

Moment festif par excellence, les foires, ou ferias, étaient initialement des marchés annuels aux bestiaux répandus depuis des temps immémoriaux dans toute l'Espagne. Au cours des siècles, le caractère festif a fini par prévaloir sur la fonction commerciale et, aujourd'hui encore, c'est dans cet esprit que sont organisées les diverses ferias régionales. Différents groupes (confréries, cercles de flamenco ou d'étudiants, etc.) s'associent à l'intérieur de *casetas*, sortes de tentes de bois et de toile dressées à l'intérieur de la foire. Là, on accueille les gens en leur offrant

Ci-dessus au centre Des cavaliers se t'ennent devant des *casetas*, ces tentes multicolores où les Andalous viennent discuter, boire, manger et surtout danser. Musique et danse sont des éléments essentiels de la culture andalouse.

Page de droite Cette élégante Sévillane en robe à volants monte en amazone derrière son cavalier. Malgré son ampleur, le costume féminin traditionnel s'adapte aussi bien aux exigences de la danse qu'à celles de l'équitation.

E U R O P E

Ci-dessous Ces femmes portent le costume traditionnel du flamenco, qui s'inspire de vêtements populaires du XIX⁰ siècle plus rudimentaires. Cette tenue a évolué au fil du temps et au gré des modes.

des divertissements musicaux, à boire et à manger. À l'extérieur, on peut voir évoluer les dames et les cavaliers à cheval, en costume traditionnel.

Le folklore andalou se manifeste également à l'occasion des célébrations religieuses et des nombreux pèlerinages (*romerias*, de *romero*, pèlerin) dédiés à la Madone. À l'origine, ces célébrations étaient probablement des fêtes agricoles païennes, qui furent peu à peu christianisées par les autorités ecclésiastiques. La manifestation la plus importante est la spectaculaire *romeria* du Rocio, qui se tient chaque année pendant la semaine de la Pentecôte : des groupes de pèlerins

Ci-dessous Un attelage de trois chevaux blancs suit une allée du Campo de la Feria une sorte de ville artificielle fréquentée par des milliers de personnes lors de la feria d'avril à Séville. Cette fête traditionnelle est issue des foires du Moyen Âge et plus particulièrement d'un édit du XIIIe siècle dû au roi Alphonse X le Sage. La culture andalouse et ibérique doit beaucoup à ce monarque qui justifia son surnom par l'étendue et l'éclectisme de son érudition.

en costume traditionnel, provenant de différents lieux d'Andalousie, partent à pied, à cheval ou dans des chars à bœufs pour rejoindre le sanctuaire du Rocío, village de la province de Huelva où est conservée une image de la Vierge, objet d'un culte particulier dans la région. De nombreux pèlerins – près d'un million de personnes – assistent aux festivités. Outre la célébration du culte, qui se déroule dans les rues du Rocío et dans les *casetas*, on chante et on danse, notamment la *sevillana*, typique d'Andalousie. La fête atteint son sommet lorsque, la nuit venue, des hommes sortent la statue de la Madone du sanctuaire et la portent sur leurs épaules au cours d'une longue procession

Ci-dessus Dans les allées des *casetas*, qui sont des lieux plus ou moins privés, de nombreuses élégantes viennent faire la démonstration de leurs talents de danseuses. Le flamenco est un genre musical dont la *sevillana* est une adaptation chorégraphique. D'origine gitane, il a également subi des influences arabes dans ses mélodies et ses rythmes.

Ci-contre à gauche Dans le petit village du Rocio, devant la façade blanche de Notre-Dame du Rocio, des milliers de pèlerins se rassemblent chaque année à l'occasion de la romeria la plus célèbre et la plus fréquentée d'Espagne. Emblématique de la ferveur religieuse du peuple andalou, cette célébration perpétue les traditions d'une époque où des foules immenses parcouraient l'Europe pour se rendre sur les lieux saints consacrés par l'Église.

Ci-dessus La romeria du Rocio est aussi l'occasion de démonstrations spontanées de danses gitanes. Associant le profane et le sacré, le pèlerinage du Rocio, le plus populaire d'Espagne, qui remonte au Moyen Âge, a des origines à la fois historiques et légendaires.

Ci-dessous À la file des roulottes se joignent calèches, automobiles et bicyclettes, sans parler des pèlerins à pied : tous les moyens sont bons pour aller vénérer la **blanca paloma**, la statue de la Vierge qu'abrite le sanctuaire du Rocio, à 95 kilomètres de Séville.

Ci-contre à droite Dans des nuages de poussière s'avance une procession qui, ailleurs qu'en Andalousie, semblerait tout à fait anachronique. Certains pèlerins marchent pendant plusieurs jours dans des conditions difficiles pour rejoindre le village du Rocio.

Page de droite (en bas) L'un des grands moments du pèlerinage est la traversée du rio Quemada, quand les baldaquins qui abritent des effigies de la Vierge, les **carretas del Simpecado**, sont chargés sur des radeaux pour être transportés sur la rive nord du fleuve. Les Simpecados sont de véritables œuvres d'art dont la réalisation est confiée à des maîtres réputés. Chaque confrérie possède le sien, qui se distingue par sa forme et sa décoration — tous étant richement rehaussés d'argent.

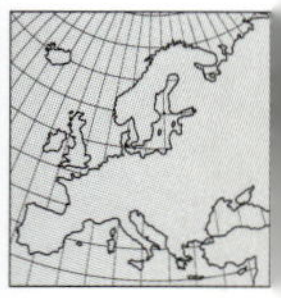

à travers le village La semaine sainte, durant laquelle on célèbre la passion et la mort du Christ, avant les cérémonies pascales, donne lieu à un autre rituel festif lié à la religion. Les manifestations sont organisées par les confréries religieuses dans toute la région. Il s'agit d'une sorte de reconstitution théâtrale du chemin de croix remontant à l'époque baroque : les membres des confréries, encapuchonnés, défilent dans les rues, portant sur leurs épaules des sortes de sculptures couvertes d'images pieuses (*pasos*). À Séville, les cérémonies officielles ont lieu entre le jeudi et le vendredi saint. Le défilé public des *pasos* se déroule sous les acclamations émues et les applaudissements de la foule, tandis que l'on mange et que l'on boit abondamment dans les cafés de la ville ouverts toute la nuit.
L'interpénétration du sacré et du profane est un trait majeur de la culture andalouse.

Ci-dessus La procession de la Madonna del Rosario illustre le regain d'intérêt pour les cultures ancestrales. Inaugurée à la fin du XVIIe siècle, cette célébration était en passe de disparaître quand elle fut remise à l'honneur par les membres de la communauté walser d'Alagna, dans le Valsesia, en Italie.

Les Walser

ITALIE, SUISSE, AUTRICHE

Les Walser, population germanique originaire de l'ancienne Souabe, ou Bavière actuelle, ont migré vers le sud entre le Ve et le VIe siècle, occupant les vallées suisses du Valais. Au XIIIe siècle, certains groupes se sont de nouveau déplacés et, colonisant les vallées qui entourent le mont Rose, ils ont pris place en Valsesia et dans le Gressoney (nord de l'Italie). Connus sous le nom de Walliser transformé en Walser (Valais en allemand), également appelés Alamans de Gressoney, ils se sont organisés en communautés autonomes, pratiquant la culture de l'orge, du seigle, de légumes ainsi que l'élevage transhumant de bovins, caprins et ovins. Les produits obtenus – fromage, graisse, beurre, laine et cuir – étaient échangés contre des objets en métal, du vin et du sel. Les activités économiques suivaient le cycle saisonnier de l'agriculture et de l'élevage de montagne : de mai à octobre, les bergers menaient le bétail dans les alpages et, l'hiver venu, ils le ramenaient dans les étables, au fond de la vallée.

Dans les vallées entourant le mont Rose, les villages walser étaient formés de noyaux d'habitations concentrés, avec des maisons privées accolées les unes aux autres. Les équipements communs étaient le four, la fontaine et la meule. Les champs s'étageaient en terrasses sur les pentes montagneuses.

Les maisons caractéristiques des Walser, de style nordique, étaient constituées d'un bois d'œuvre en pin ou en mélèze, assemblé par mortaise, et d'une base en maçonnerie. Une grande salle au rez-de-chaussée abritait l'étable, la cuisine et le dépôt d'outils. L'étable, chauffée naturellement par la présence des animaux, était séparée par une cloison en bois du *whongade*, le lieu de séjour de la famille pendant l'hiver. Aux étages supérieurs se trouvaient les chambres à coucher, servant également d'ateliers pour tisser la laine, et le *spicher*, grenier où l'on entreposait le foin. Des galeries extérieures en bois, attenantes à chaque étage, étaient pourvues de râteliers de séchage pour le foin. Le toit, enfin, était constitué de

Page de gauche (en bas) Les maisons walser, ou purhous, relèvent à l'évidence d'un mode de construction nordique : soubassement en pierre et niveaux supérieurs en bois.

En haut, à gauche et à droite Depuis des siècles, la communauté walser manifeste une religiosité simple, parfois empreinte de superstition, qui imbrègne fortement la vie quotidienne. La croix est un symbole dont on marquait autrefois les pains en signe d'action de grâces.

Ci-dessous Autrefois, la procession de la Madonna del Rosario avait lieu au début de l'automne, le jour de la Vierge, avant les fêtes religieuses plus importantes qui se célébraient entre décembre et mars, à une période de l'année où les rigueurs de l'hiver ralentissaient la plupart des activités.

En haut, à gauche et au centre Le déclin de nombre d'activités ancestrales est une conséquence inévitable du progrès. Mais de plus de plus de personnes prennent conscience de la valeur de ces traditions et s'attachent à les préserver.

Ci-dessus Les châles de couleurs vives contrastent avec le noir des costumes des femmes walser qu'agrémentent les guirlandes distinctives de chaque communauté.

Ci-dessous Environ 150 communautés walser sont disséminées dans une zone montagneuse qui s'étend sur 300 kilomètres entre le mont Rose et le Vorarlberg autrichien.

À droite Des géraniums ajoutent des touches de couleur aux râteliers de séchage des habitations walser.

grandes dalles de pierre. Les *stadel*, chalets d'alpage occupés pendant les mois de transhumance dans les pâturages de moyenne montagne et les alpages de haute altitude, étaient plus austères. Habilement construites en pierres sèches, elles étaient recouvertes de toits d'ardoise, soutenus par des poutres massives.

Le cycle agropastoral était marqué par des célébrations religieuses et par des fêtes. Le début de l'automne était salué aux premiers jours du mois de septembre par un grand feu, le *fraidfir*, ou « feu de joie », suivi d'une fête qui célébrait la fin de la saison dans les alpages et le retour au village. Dans le bourg, on cuisait le pain de seigle dans les fours communautaires, on abattait les animaux et on préparait la viande salée pour l'*uberlekke*, un plat traditionnel nourrissant que l'on consommait en hiver, quand les villages étaient couverts de neige six mois durant. La fête dédiée à saint Nicolas, le 6 décembre, signait le retour à la maison des émigrants et le début de l'hiver, une période pendant laquelle la communauté walser se retrouvait de nouveau unie et où tous participaient aux célébrations religieuses.

EUROPE

Ci-contre à gauche À la fenêtre d'une maison de Carcoforo, dans la vallée italienne de la Sesiv (Valsesia), une brodeuse travaille selon une technique particulière, le puncetto. Afin que de telles traditions ne se perdent pas, ce savoir-faire est aujourd'hui enseigné dans des écoles spécialisées.

Ci-dessus et à gauche Entre les mains de la brodeuse se forme peu à peu une bande décorative aux couleurs vives, composée directement, sans patron ni modèle.

Ci-dessous Dans les Alpes centrales, le tissage artisanal est une activité traditionnelle qui remonte probablement à quatre ou cinq siècles.

40

Les Walser

Ci-dessus C'est en s'inspirant du savoir-faire de leurs aînés que les jeunes peuvent assurer la pérennité des traditions, y compris en matière culinaire : cette petite fille suit avec attention la préparation de miacce, gaufrettes à base d'œufs et de lait. Les produits d'origine animale jouent un rôle important dans l'alimentation des Walser. Ces communautés montagnardes, en effet, ont toujours occupé des zones d'altitude, très souvent au-dessus de 1 500 mètres, où la pauvreté du sol se prête mal aux cultures, à l'exception de celle de céréales comme le seigle et de plantes à fibres comme le chanvre et le lin.

Ci-dessus Un pêcheur sarde appâte ses nasses avec des croûtons de pain pour capturer des crustacés. Cette méthode se pratique en Sardaigne depuis plus de deux siècles.

Ci-dessous Mogoro, dans les environs d'Oristano, est célèbre dans le monde entier pour sa production de tapis et d'étoffes selon des procédés qui relèvent de traditions ancestrales.

Ci-dessus Les nasses, fabriquées avec des matériaux qu'on peut se procurer facilement, reviennent moins cher que des filets et font aussi moins de dégâts. Si la population sarde reste surtout rurale et se consacre essentiellement à l'élevage de moutons, de chèvres et de bovins, la pêche joue un rôle d'appoint dans les revenus et l'alimentation.

Ci-contre La cuisson du pain pour les jours de fête est une tâche réservée à certaines femmes, qui s'en transmettent le tour de main d'une génération à l'autre.

Au centre et en bas L'abondante toison des moutons de Dorgali fournit une laine très appréciée pour la confection de tapis. L'élevage est depuis longtemps la principale ressource de la Sardaigne.

Les Sardes
ITALIE

Comme les Sardes eux-mêmes le soulignent, l'insularité de la Sardaigne n'est pas seulement géographique. Ainsi, cette terre ancienne est également une île sur le plan linguistique, car le sarde est classé comme une vraie langue dérivée du latin, à l'instar des autres langues romanes. Comme dans d'autres îles – la Corse ou les Canaries, par exemple –, les populations se sont plutôt installées à l'intérieur des terres que le long des côtes, afin d'échapper aux fréquentes incursions des pirates et des envahisseurs, mais aussi, simplement, pour fuir les moustiques qui infestaient autrefois certaines franges côtières. L'activité pastorale, qui marque profondément la culture sarde, s'est bien adaptée aux sols arides de l'intérieur de l'île. Certains monuments de pierre de la civilisation des nuraghes, dispersés dans toute la Sardaigne et qui remontent à une période comprise entre 1500 et le VIe siècle avant notre ère (conquête de l'île par les Carthaginois), pourraient être associés à cette pratique de l'élevage : il s'agissait probablement de petites tours de signalement, qui servaient à la fois à délimiter les territoires de transhumance et à abriter les bergers.

La transhumance se pratique aujourd'hui encore dans les plaines côtières en hiver et dans les montagnes de l'arrière-pays en été. Autrefois, les bergers se déplaçaient seuls avec des troupeaux de moutons, de chèvres et de bovins, se réfugiant la nuit dans des cabanes de pierre pourvues d'un toit conique (*pinnette*). De nos jours, ils voyagent plutôt dans des camping-cars, mais l'image stéréotypée du berger sarde solitaire et secret liée à l'époque où l'activité pastorale comportait de longues périodes d'isolement, sans contacts ou presque, reste bien présente dans les esprits.

Auparavant, les activités assurant la survie étaient gérées au niveau de la communauté et fondées sur la solidarité de ses membres. En Gallura, par exemple, si un berger perdait son troupeau à cause d'une catastrophe naturelle, épidémie ou sécheresse, il pouvait le reconstituer en demandant l'usufruit d'une tête de bétail à chacun des autres bergers propriétaires de leur troupeau. Les bergers et les agriculteurs se partageaient

également l'exploitation des terres selon leur activité. Mais, au XIXᵉ siècle, la domination de la maison de Savoie sur le royaume de Piémont-Sardaigne imposa la clôture des aires agricoles, ce qui finit par provoquer des conflits et des vendettas pour le contrôle et la gestion des terres. Depuis lors, clôtures et murets se sont dressés un peu partout, entraînant une diminution du territoire consacré à l'élevage. C'est également à partir de cette époque que le banditisme s'est développé en Sardaigne.

De nombreuses traditions archaïques revivent lors des diverses fêtes et célébrations de type folklorique qui se déroulent dans toute l'île. L'une des manifestations les plus intéressantes est sans nul doute la Sartiglia, un émouvant tournoi équestre qui a lieu à Oristano entre le dimanche du carnaval et le mardi gras. Organisée à partir du XVIIᵉ siècle par les corporations de paysans et de menuisiers, la Sartiglia met en scène un cavalier masqué, le *cumpunidori*, qui rappelle une figure appartenant à des temps très anciens, celle du roi païen des récoltes et de la renaissance, garant de l'harmonie universelle. Choisi à l'occasion de la Chandeleur, au début du mois de février, le *cumpunidori* est soigneusement préparé à l'épreuve du tournoi : lancé au galop, sous les yeux d'une foule impatiente, il doit enfiler une étoile de métal sur son épée. L'issue de cette épreuve est décisive : c'est d'elle que dépendra la bonne

Ci-contre et en haut à gauche La Sartiglia d'Oristano est une fête sarde très ancienne composée d'acrobaties et d'un tournoi équestres. Point culminant de la Sartiglia : lancé au grand galop, le cumpun dori doit introduire son épée au centre d'une étoile de métal. S'il y parvient, c'est de bon augure pour les mois à venir, mais s'il échoue, c'est un mauvais présage et il est déshonoré.

Ci-contre Sous ce masque se dissimule le visage d'un enfant : la Sartiglietta est une version « mineure » de la Sartiglia, réservée aux plus jeunes.

EUROPE

Page de gauche (en haut à droite) et ci-contre Un masque en bois est placé sur le visage du cumpunidori, le cavalier qui doit mener l'épreuve. Cette cérémonie se déroule dans une atmosphère solennelle. Les masques que portent les cavaliers pour la Sartiglia – surtout celui du cumpunidori – ont une fonction différente de celle des masques arborés lors des autres carnavals : ils servent à dissimuler des personnifications païennes aux regards d'un monde qui s'est affranchi des anciennes divinités.

Ci-dessus La gravité de cette fillette costumée pour la Sartiglietta (petite Sartiglia) reflète l'état d'esprit du carnaval d'Oristano : un divertissement empreint d'une profonde solennité.

À gauche et ci-dessus Les inquiétants mamuthones, avec leur masque primitif, leur peau de brebis ou de mouton noir et leur chargement de sonnailles, sont les protagonistes du carnaval de Mamoiada. Ils évoquent l'une des figures légendaires les plus répandues en Europe : celle de l'« homme des bois », incarnation probable du séculaire antagonisme entre « sauvages » et « civilisés ».

À droite Des cavaliers se livrent à des démonstrations de virtuosité équestre à l'occasion de la Cavalcata Sarda, qui a lieu à Sassari le dernier dimanche de mai. À la différence des festivités remontant au passé préchrétien de l'île, celle-ci commémore la victoire des Sardes et des Pisans sur les Arabes au début du XIe siècle. Cette « chevauchée sarde » rassemble quelque 3 000 cavaliers.

Ci-dessus Chaque 1ᵉʳ mai, jour de la saint Efisio, des milliers de personnes venues de toute la Sardaigne défilent dans les rues de Cagliari en costume traditionnel, pour escorter la statue du saint patron de l'île. Cette célébration est liée à un vœu que firent les habitants de la ville en 1657 : ils promirent de consacrer une fête à ce saint s'il faisait cesser une épidémie de peste qui fit 12 000 victimes à Cagliari.

ou la mauvaise fortune des mois à venir. Toujours au carnaval, à Mamoiada, dans la province de Nuoro, des bergers et des paysans masqués dansent dans la procession des *mamuthones*. Le dos chargé d'énormes sonnailles de bœufs et des cloches attachées au cou, les participants sont harnachés de telle façon qu'ils semblent être des créatures mi-humaines mi-sauvages, élément que l'on retrouve dans de nombreuses cérémonies européennes qui ont pour protagoniste *Homo selvaticus*, l'« homme des bois ».

Dans le domaine folklorique encore, la danse typique de la tradition sarde est le *ballo tondo*, sorte de ronde où les danseurs et les danseuses entourent les musiciens. Ce sont généralement la cornemuse et le tambour qui accompagnent ces réjouissances. La culture musicale sarde comprend également le chant *a cappella* et l'utilisation simultanée de quatre gammes chromatiques, un style polyphonique qui trouve ses origines dans l'Antiquité. Le temps, en effet, semble passer plus lentement dans cette île très particulière : hormis la conservation de ses traditions archaïques, la Sardaigne se singularise par la longévité de ses habitants. De nombreux Sardes, plus que centenaires, font d'ailleurs aujourd'hui l'objet d'études médicales approfondies.

Les Sardes

À droite, au centre et en bas Les costumes sardes sont d'une grande diversité : chacune des 370 communes que compte l'île a le sien. Et, à la différence de ce que l'on observe dans la majeure partie de l'Europe, où les costumes traditionnels ne servent qu'à l'occasion des fêtes populaires, dans certaines régions de Sardaigne, Oristano et Nuoro, par exemple, il n'est pas rare de rencontrer des personnes âgées qui continuent de les porter au quotidien.

Les cavaliers de la Puszta

HONGRIE

Le nom Puszta dérive du slave *puszt*, qui signifie « zone désolée » : on ne peut mieux désigner cette basse plaine de la Hongrie, située à l'est de la Tisza. Le climat, fortement continental, en fait une terre très aride, totalement dépourvue d'eaux superficielles. Il n'y a pas longtemps encore, le paysage n'était que sable et steppe, et la région accueillait très peu d'habitants. Aujourd'hui, le forage de puits artésiens a modifié l'environnement, mais n'a pas changé la principale source de subsistance : l'élevage des chevaux. Les cavaliers de la Puszta sont d'ailleurs réputés pour leur maestria équestre. Les Hongrois, ou Magyars, groupe ethnique auquel appartiennent les cavaliers de la Puszta, présentent un ensemble de caractères nordiques, orientaux et alpins, avec des traces turco-mongoliques. Ce mélange se manifeste dans certains traits physiques de la population et dans sa langue, classée dans le groupe finno-ougrien et nourrie de larges emprunts aux langues turque, slave et allemande. Cependant, les bergers qui élèvent les bovins, les chevaux, les moutons et les porcs de la Puszta possèdent des caractéristiques culturelles propres, liées au mode de vie qui a été le leur pendant des siècles – à savoir un isolement presque complet par rapport au reste de la population hongroise. Autrefois, le terme Puszta désignait de façon générale l'ensemble des territoires destinés au pâturage du bétail, exactement comme la pampa argentine, autre lieu typique d'élevage chevalin et qui présente de nombreuses analogies avec la plaine inhospitalière de Hongrie.

Ci-contre à gauche Deux csikós posant sur leurs montures docilement couchées dans l'herbe. Certains auteurs de l'Antiquité décrivaient déjà les Magyars comme un peuple remarquablement doué pour le dressage des chevaux.

Ci-dessus Un cavalier accompagne au galop un groupe de poulains pendant la fête du Cheval, un grand rassemblement d'éleveurs et de gardiens de troupeaux, qui se tient chaque année dans le parc national de l'Hortobagyi.

Ci-contre à gauche Les csikós, qui élèvent de grands troupeaux de chevaux dans la Puszta, sont les derniers descendants de groupes nomades d'Asie centrale qui vinrent occuper les plaines de l'actuelle Hongrie aux IXe et Xe siècles.

Ci-dessous Dans la région de l'Hortobagyi, on peut assister aux prouesses équestres des cavaliers de la Puszta. Cette steppe, la plus vaste d'Europe, est la seule partie de la Hongrie où l'élevage conserve son caractère traditionnel.

Les villages traditionnels, avec leur place centrale et leurs rues disposées en rayons, étaient entourés de murs. Les habitations typiques, ou *tanya*, construites en briques séchées au soleil, comprenaient trois pièces : une pour les hôtes, une pour la cuisine et un dernier espace destiné à la vie familiale. À côté de la maison se dressaient les étables et les granges, ainsi que les enclos pour le bétail, tandis qu'à l'arrière il y avait parfois un verger. Les bergers vivaient cependant la plus grande partie de l'année en plein air, près de leurs troupeaux, s'abritant pendant la nuit sous de grands manteaux de cuir, qui font aujourd'hui partie du folklore hongrois.

La vie pastorale de la Puszta était organisée de manière très stricte. Ainsi, il existait une sorte de hiérarchie entre les éleveurs, utile à la survie du groupe dans un milieu hostile. La catégorie des éleveurs de chevaux était considérée comme la plus importante : habiles cavaliers et lanceurs de lasso, les *csikós* représentaient l'aristocratie des éleveurs hongrois. Selon leur fonction, on distinguait plusieurs grades subalternes : les gardiens de troupeaux (*föszámadó*) et les gardiens de poulains (*számadó bojtár*).

Plus bas dans la hiérarchie, on trouvait les autres catégories de bergers : des gardiens de bovins (*gulyás*) jusqu'aux gardiens de moutons (*jahász*) et de porcs (*kondás*).

Ces différents groupes avaient l'habitude de se réunir l'été, à l'occasion de la foire annuelle au bétail, lorsque les bergers, en costume traditionnel, improvisaient des fêtes. Les hommes portaient une longue chemise blanche sur leur pantalon, avec un tablier, et les femmes, un corselet sans manches et très ouvert, qui découvrait un chemisier brodé pourvu d'amples manches bouffantes. Le jupon était court et plissé ; de hautes bottes de cuir couvraient les jambes. Le costume traditionnel des cavaliers, porté lors des cérémonies, consistait en un large manteau blanc de feutre brodé (*szür-köponyeg*), orné de motifs géométriques et floraux qui ressortaient sur le fond blanc ou sombre de l'étoffe. Une sorte de tricorne sur la tête complétait l'ensemble.

Les foires, les cérémonies religieuses et les fêtes de famille célébrées dans la Puszta s'accompagnaient de chants et de danses, ce qui explique que de nombreuses chansons du folklore hongrois soient consacrées à la vie pastorale et décrivent des épisodes de la vie nomade. Les récits des bergers se réfèrent au folklore populaire hongrois et sont peuplés d'esprits, de dragons et de sorcières. De nombreuses fables sont dédiées à la fée Morgane, née, selon la légende, de l'union du soleil avec la mer : deux éléments très éloignés de la Puszta.

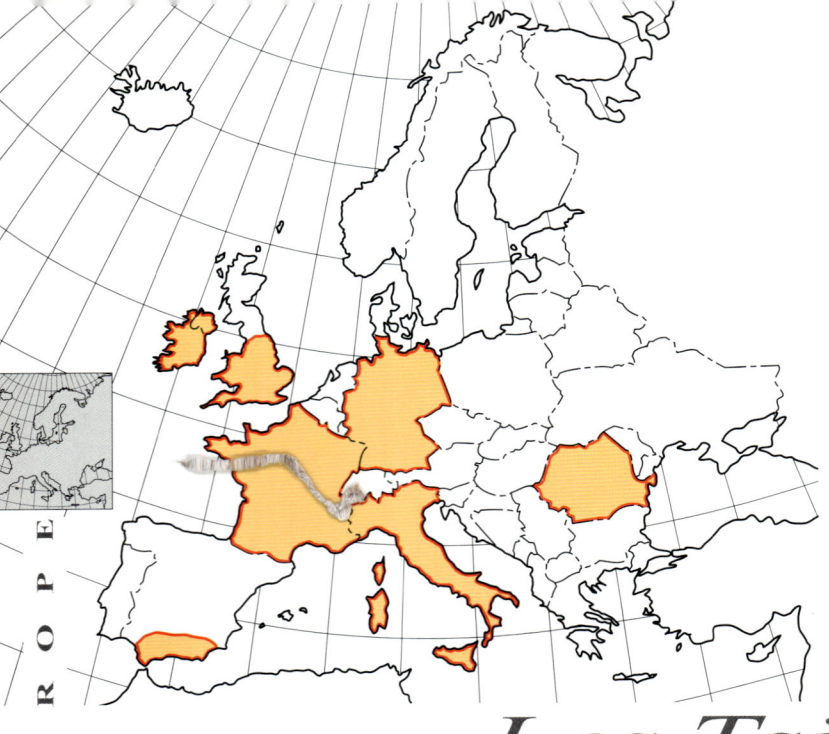

À gauche (carte) De tradition nomade, les Tsiganes sont présents dans certains pays d'Europe, comme l'Italie, l'Espagne, l'Angleterre et la France.

Ci-dessus Les divers groupes tsiganes (Manouches, Gitans...) se caractérisent par la cohésion des structures sociales, qui préserve leur identité.

Les Tsiganes
PEUPLE NOMADE

Originaires d'Inde septentrionale, les Tsiganes ont été chassés de cette région vers le IXe siècle av. J.-C., époque où s'est imposé le système des castes. Au cours d'une migration pluriséculaire à travers le Moyen-Orient et le nord de l'Afrique, ils se sont répandus en Asie, en Europe et, à la fin du XIXe siècle, sur le continent américain. Les nombreuses communautés se divisent en plusieurs groupes, dont les principaux sont les Roms (qui incluent notamment les Khorakanés d'Europe orientale), les Manouches ou Sintés (France, Allemagne, Italie) et les Gitans ou Kalés (Espagne, Portugal, sud de la France).

Les 10 millions de Tsiganes disséminés dans le monde parlent le romani, langue apparentée à certains dialectes du nord-est de l'Inde dérivant du sanskrit. Ils ne possèdent pas de langue écrite et les données historiques les concernant proviennent de documents rédigés lors de leur passage dans les différents pays, où ils exerçaient les métiers propres aux populations errantes : commerçants d'animaux, artisans dans le travail des métaux (forgerons, chaudronniers, maréchaux-ferrants), vendeurs ambulants, artistes itinérants, musiciens et voyants. Partout, ils adoptaient les croyances des endroits où ils séjournaient : dans les pays catholiques, ils se faisaient passer pour des pèlerins en route vers Rome et étaient munis de sauf-conduits spéciaux délivrés par le pape, tandis que, dans les pays musulmans, ils se convertissaient à l'islam. Cette souplesse ne leur a cependant pas épargné les persécutions : leur mode de vie échappait au

Ci-contre à gauche et ci-dessus
Dans certains pays comme la
Roumanie, la vie des Tsiganes semble
échapper au temps, rythmée par
des haltes entre deux déplacements.

Ci-dessous Une famille tsigane
devant sa roulotte en tonneau.
Il est intéressant de comparer
cette photographie avec celle
de la page 22.

Page de gauche (en bas à gauche) Si
les femmes sont généralement soumises
à l'autorité des hommes, elles n'en
jouent pas moins un rôle important
dans la transmission des valeurs.

Page de gauche (en bas à droite)
L'aspect physique des Tsiganes
échappe parfois aux clichés,
comme en témoigne cette petite
fille aux cheveux blonds.

Ci-dessus Du 24 au 26 mai, aux Saintes-Maries-de-la-Mer, en Camargue, des groupes tsiganes venus de toute l'Europe se rassemblent pour honorer Sara l'Égyptienne, protectrice de leur peuple. Les origines de cette fête sont controversées, mais cela n'entame en rien l'enthousiasme des milliers de fidèles – pas seulement des Tsiganes venus en pèlerinage. Selon la légende, Sara aurait été la servante des saintes Marie Salomé et Marie Jacobé, qui auraient débarqué près du village après avoir été chassées de Terre sainte.

Ci-contre à droite Dans l'église des Saintes-Maries, des hommes portent sur leurs épaules la statue de Sara recouverte de manteaux pour la transporter au bord de la mer, où l'attendent, dans une barque, des effigies des deux saintes. Le lendemain (25 mai) ont lieu la procession de la barque des deux saintes et la bénédiction de la mer. Durant ce pèlerinage, on enseigne le catéchisme et de nombreuses familles profitent de ce rassemblement pour faire baptiser leurs enfants dans l'église des Saintes-Maries-de-la-Mer.

Ci-contre à gauche Une fois en mer, après qu'un évêque a béni l'assistance, les musiciens gitans accompagnent les prières des fidèles. Les musiciens tsiganes – chanteurs, guitaristes, violonistes – sont renommés pour leur virtuosité.

contrôle et aux lois des nations européennes naissantes, qui ont alors fait preuve d'intolérance à leur égard. Ainsi, à partir du XVe siècle, les derniers nomades d'Occident ont été constamment chassés et bannis, jusqu'aux récents massacres perpétrés par les nazis, au cours desquels pas moins de 400 000 Tsiganes ont péri. En réponse aux discriminations qu'ils ont subies, les Tsiganes, qui vivent toujours en marge de la société, se sont toujours montrés très distants à l'égard des sédentaires, ou *gadje*, c'est-à-dire paysans. Cette attitude est fondée sur un fort sentiment identitaire communautaire, cimenté par des unions matrimoniales endogamiques. Il faut y ajouter un sentiment de revanche qui s'appuie sur les mythes des origines, selon lesquels les Tsiganes sont supérieurs aux autres hommes. Le plus connu de ces mythes explique pourquoi les Tsiganes ont la peau foncée. Dieu a créé les hommes en faisant cuire des figurines d'argile. L'une d'elles, sortie trop tôt du four, est restée pâle et a donné lieu à la race blanche. Une autre, restée trop longtemps dans le four, est devenue noire et a engendré la race noire. La troisième, enfin, sortie au bon moment, d'une belle couleur brune, est à l'origine des Tsiganes, êtres justes et parfaits.

Les communautés tsiganes sont composées de groupes parentaux soumis à l'autorité d'un conseil d'anciens. L'unité sociale de base repose sur la famille élargie. Des liens de sang très forts font que les hommes se sentent directement responsables du groupe familial, où sévit l'institution de la vendetta pour réparer les offenses portées ou reçues. La communauté exerce un contrôle important sur l'individu qui, s'il enfreint ses règles, peut subir une sanction, très grave aux yeux des Tsiganes : l'éloignement du groupe. Dans le cadre familial, les rôles des deux sexes sont nettement séparés, avec prédominance masculine. La femme exerce cependant un pouvoir de décision majeur à travers son contrôle sur les enfants, sa responsabilité dans la transmission des valeurs à l'intérieur de la famille, sa contribution à la marche du foyer par des activités telles que la vente ambulante, la chiromancie et la mendicité.

De nombreuses communautés tsiganes provenant de tous les coins du monde se rassemblent chaque année aux Saintes-Maries-de-la-Mer, dans le sud de la France. Elles se rendent à un pèlerinage en l'honneur de sainte Sara l'Égyptienne, servante qui, selon la tradition religieuse syncrétique des Tsiganes, accompagna Marie Jacobé et Marie Salomé lors de leur arrivée miraculeuse sur la côte provençale, après la crucifixion du Christ.

Ci-dessous Les coffrets renfermant les reliques des saintes sont présentés aux fidèles qui tendent des cierges. Marie Jacobé et Marie Salomé tiennent une place importante dans le cœur des Tsiganes, mais c'est Sara (dont on voit la statue en bas) qui est leur patronne.

AFRIQUE

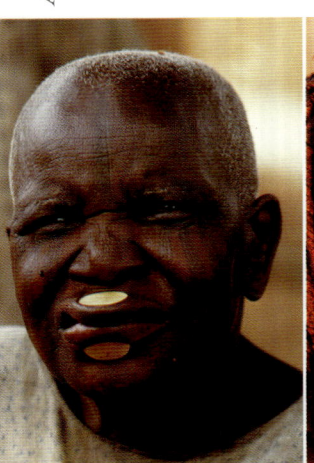

Peuples d'Afrique

✧ **LES BERBÈRES** – AFRIQUE SEPTENTRIONALE 60	✧ **LES MASSAÏS** – KENYA, TANZANIE 86
✧ **LES TOUAREGS** – SAHARA CENTRAL 66	✧ **LES PYGMÉES** – CONGO 94
✧ **LES DOGONS** – MALI 72	✧ **LES HIMBAS** – NAMIBIE 96
✧ **LES PEULS** – SAHEL 76	✧ **LES BOCHIMANS** – AFRIQUE AUSTRALE 102
✧ **LES BOROROS** – SAHEL 78	✧ **LES NDEBELES** – ZIMBABWE, AFRIQUE DU SUD 106
✧ **LES SURMAS** – ÉTHIOPIE 82	

Textes de **Mirella Ferrera**

En haut à gauche Symboles de prospérité, deux disques d'or ornent les lèvres de cet homme du Kaduna, une riche région minière du centre du Nigeria.

En haut au centre Les Himbas, implantés dans le nord de la Namibie, ont coutume de s'enduire le corps et les cheveux d'un mélange d'ocre (terre rouge) et de graisse animale, tant pour des raisons esthétiques que pour se protéger du soleil.

En haut à droite Un jeune guerrier massaï exécute une danse rituelle avant la cérémonie d'initiation qui lui permettra d'accéder au statut d'homme adulte.

Page de droite Cette jeune fille du Morogoro, en Tanzanie, arbore des bijoux d'argent et des perles en verre et plastique. Autrefois, les perles étaient faites avec des graines colorées.

Ci-dessus Les femmes zouloues utilisent un code de couleurs pour exprimer leurs états d'âme. Le blanc, par exemple, a la même valeur symbolique que dans la culture européenne : innocence et pureté.

Les Zoulous, dont le nom signifie « ceux du ciel », représentent le groupe noir le plus important d'Afrique du Sud. Au XIXe siècle, ils fondèrent un royaume dans les régions les plus méridionales du continent.

Introduction

AFRIQUE

C'est sur le continent africain que l'on a retrouvé les plus anciens fossiles d'hominidés connus, qui datent de plus de 4 millions d'années. On y a également découvert des objets associés à des formes archaïques du genre *Homo* (apparu il y a 3,5 millions d'années), dont descend l'*Homo sapiens* moderne (il y a 120 000 ans). L'étude de ces découvertes a nourri l'hypothèse selon laquelle les plus anciens foyers de peuplement humain se trouveraient en Afrique.

Les échanges entre l'Afrique et l'Asie à des périodes plus récentes expliquent sans doute en partie l'importance du métissage au sein des populations africaines, particulièrement en Afrique orientale et dans la Corne de l'Afrique, où prévalent des caractères à la fois soudanais, nilotiques et asiatiques (Arabie). Les Berbères, dont l'origine fait encore l'objet de recherches, se sont établis en Afrique du Nord voici plus de 10 000 ans, puis ont été rejoints par des nomades arabes il y a moins d'un millénaire. Comme en Extrême-Orient (Japon) et au Proche-Orient (Mésopotamie), la poterie est apparue de façon autonome en Afrique il y a 10 000 ans, de même que la métallurgie du fer, il y a 4 000 ans (Afrique centrale).

L'établissement des populations actuelles en Afrique résulte pour une bonne part de la désertification progressive du Sahara depuis 5 000 ans. Ce phénomène a repoussé les peuples de pasteurs vers les vallées du Nil et du Niger, où ils fondèrent de brillantes civilisations. Au sud-est, à la jonction du Nigeria et du Cameroun actuels, la désertification a déclenché il y a environ 2 500 ans un vaste mouvement migratoire en direction de l'Afrique centrale, puis de l'Afrique australe. Ces peuples, que les historiens ont regroupés sous le terme général de Bantous (le préfixe *ba* signifie les hommes), défrichaient des clairières dans la forêt pour pratiquer l'agriculture : ils connaissaient la métallurgie du fer et étaient donc capables de fabriquer des outils aratoires. Au cours de leurs migrations, les Bantous entrèrent en contact avec les populations de pasteurs venues de la haute vallée du Nil. Ces contacts furent le plus souvent fructueux car fondés, comme souvent en Afrique, sur l'échange et la complémentarité des marchandises produites : les pasteurs fournissaient du lait et de la fumure pour les champs des agriculteurs, qui leur donnaient des céréales. Les Pygmées échangeaient ainsi les produits de la cueillette et de la chasse contre des céréales et des outils en fer. Ces relations ne furent pas toujours pacifiques et équitables, mais elles illustrent la nécessité, en Afrique, d'échanger ses productions avec celles de ses voisins si l'on veut survivre dans un environnement difficile. Aujourd'hui, toutefois, les aires de nomadisme se réduisent de plus en plus en raison tant de la pression démographique que de la création d'États modernes.

Les peuples d'Afrique se déterminent avant tout par leur langue maternelle ; cependant, chaque individu en parle plusieurs autres, souvent celle de ses voisins, sans compter les codes secrets appris lors des initiations. Entre langues et dialectes, on estime qu'il existe 2 500 idiomes parlés en Afrique. La classification linguistique établie par l'Américain Joseph Greenberg dans les années 1950-1960 a été retenue par la majorité des linguistes, même si, faute de témoignages anciens, il reste de nombreuses zones d'ombre. Greenberg distingue les groupes suivants :

– le khoisan, parlé en Afrique australe (langue des Bochimans), qui se caractérise par des sons explosifs et implosifs (avec des claquements de lèvres, dits clics) ;
– le nigérian-kordofan, qui comprend la famille du Niger-Congo (regroupement africain le plus important avec, notamment, les sous-groupes bantous) et la famille atlantique occidentale ;
– le nilo-saharien (ou soudanais oriental), diffusé entre le moyen Niger et le Nil, qui comprend par exemple les langues des Nubas et des Massaïs ;
– l'afro-asiatique (autrefois nommé chamito-sémitique), qui intègre les langues berbères (dont celle des Touaregs), les langues couchitiques, l'ancien égyptien, le libyen, l'amharique et l'arabe d'Afrique ;
– le malais-polynésien, parlé à Madagascar.

En Afrique, à l'exception des Égyptiens de l'Antiquité et des Touaregs, aucune population n'a développé de formes d'écriture au sens où nous l'entendons (mais il existe une infinité de symboles). La transmission des valeurs et savoirs repose donc essentiellement sur la tradition orale.

AFRIQUE

Dans cet ouvrage, nous avons choisi de porter notre attention sur quelques-uns des peuples, nomades ou sédentaires, qui font la spécificité culturelle de l'Afrique. Ce sont les Berbères d'Afrique du Nord, qui se sont implantés de la Méditerranée jusqu'aux abords du Sahara, les Touaregs, seigneurs du désert, les Dogons du Mali, qui ont construit leurs villages sur une falaise haute de 300 mètres. Dans un environnement désertique, mais en Afrique australe, nous nous intéresserons aux Himbas, qui vivent dans une zone montagneuse aux abords de la région semi-aride du Kaokoveld, puis aux Bochimans du semi-désert du Kalahari. Nous découvrirons aussi les Massaïs, qui parcourent les savanes d'Afrique orientale avec leurs troupeaux, puis les Pygmées, qui habitent l'inhospitalière forêt pluviale d'Afrique centrale. Au passage, on peut remarquer que des groupes qui vivent dans des milieux très différents, comme les Bochimans et les Pygmées, peuvent avoir la même économie de subsistance, fondée sur la chasse et la cueillette. Certaines des populations décrites ici appartiennent au même « cadre culturel de l'élevage », terme qui désigne le style de vie des éleveurs nomades, dont les composantes matérielles, sociales et rituelles gravitent autour de la possession des animaux. Cet ensemble inclut les populations berbères du Sahara, y compris les Maures et les Touaregs ; les Peuls (avec le sous-groupe bororo) de l'aire sahélienne ; les guerriers massaïs du Kenya et de la Tanzanie, et les Himbas de Namibie. Les traits culturels qui rapprochent les pasteurs nomades africains, au-delà de leur stratégie économique, résultent du lien étroit que ces groupes entretiennent avec le bétail, dont la possession est source de prestige. On fait l'éloge du bétail dans les chansons, on le consomme rarement, sinon dans de grandes occasions rituelles, et on l'utilise comme bien d'échange dans les transactions matrimoniales. Autre élément commun à de nombreux groupes pastoraux : le culte de la beauté, qui se manifeste par un soin constant du corps, lequel est décoré de peintures, de bijoux et d'ornements de formes et de facture différentes. Ces populations se rapprochent également dans leurs croyances religieuses et leurs pratiques rituelles. Chez beaucoup de pasteurs africains, on constate une sacralisation du bœuf, du lait et du sang animal, ainsi qu'un mépris pour tout ce qui touche à la terre. En abordant les aspects religieux des cultures décrites ici, nous avons tenté de mettre en relief les modes d'expression artistique et symbolique lors des cérémonies (masques utilisés dans les danses rituelles des Dogons, rituels d'initiation chez les Massaïs…), modes que l'on retrouve parfois dans la vie quotidienne (chants polyphoniques des Pygmées dans la forêt, décorations des Ndebeles).

Les anciennes croyances religieuses des populations africaines coexistent avec les grandes religions monothéistes qui ont été introduites sur le continent au cours des siècles. L'Afrique est une terre profondément religieuse, où l'on ramène tout à la fois au Dieu créateur et aux génies de la nature, auxquels on se doit de rendre hommage. Les Africains sont plus islamisés ou christianisés que réellement musulmans ou chrétiens. L'islamisation des Berbères d'Afrique du Nord remonte au VIIIe siècle, la fondation de l'Église copte en Égypte et en Éthiopie, au Ve. Mille ans plus tard, avec la pénétration des Portugais en Afrique occidentale, la religion chrétienne se répand lentement grâce au prosélytisme des missionnaires et à la fondation, à partir du début du XIXe siècle, de nombreuses missions catholiques et protestantes d'Europe et d'Amérique. Ces dernières se sont imposées, en partie au détriment des religions autochtones, à travers leurs interventions dans le domaine social (éducation scolaire et religieuse des nouvelles générations, assistance sanitaire, projets de développement économique). Les missionnaires chrétiens ont indéniablement contribué à la diffusion de la culture occidentale en Afrique, tout comme le colonialisme et, actuellement, le tourisme. Il en résulte à la fois un certain progrès économique et un processus d'acculturation.

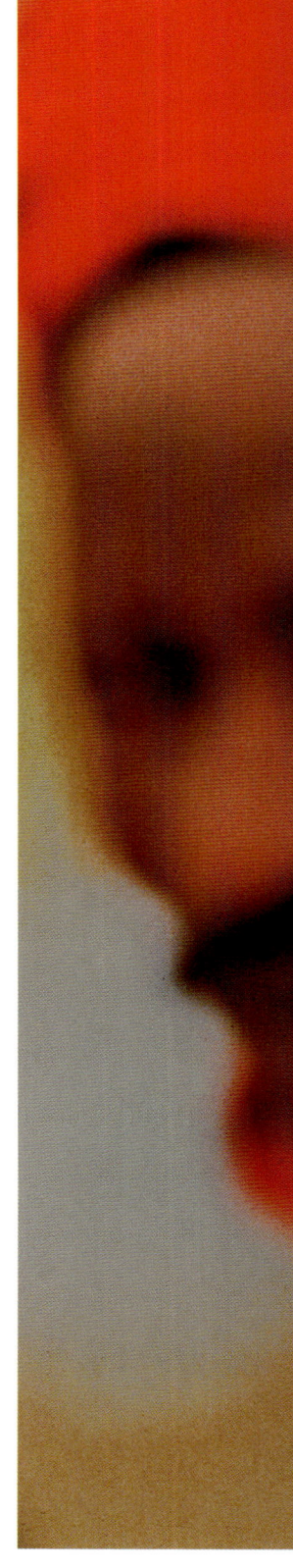

Page de gauche Dans les régions sahariennes et subsahariennes, on tatoue le visage des filles dès leur plus jeune âge. Chez les Peuls, hommes et femmes arborent ces tatouages sur le nez, les joues et aux commissures des lèvres.

Ci-dessus Les hommes de la garde de l'émir de Kano, dans le nord du Nigeria, se reconnaissent à leur turban rouge. Fidèles aux traditions préislamiques, les dignitaires de cette tribu continuent de tenir des audiences publiques.

Les Berbères
AFRIQUE SEPTENTRIONALE

De nombreux groupes de populations berbères sont répartis dans tout le nord de l'Afrique, entre le Maroc, la Mauritanie, le Mali, le Niger, l'Algérie, la Tunisie, la Libye et l'Égypte. Ils occupent donc des régions aux milieux écologiques très variés : des rivages de la Méditerranée, au nord, aux étendues désertiques du Sahara, au sud ; de la mer Rouge, à l'est, aux montagnes de l'Atlas marocain, à l'ouest.

Ces diverses communautés berbères présentent des caractéristiques physiques différentes selon l'importance du métissage avec les Arabes : notable en Égypte, ce dernier est de moins en moins marqué à mesure que l'on se dirige vers l'ouest. Cependant, les Berbères ont en commun de nombreuses affinités culturelles, en premier lieu leur langue, le berbère, qui représentait le substrat linguistique de toute l'Afrique du Nord avant l'arabisation. Cette langue imprègne fortement l'arabe dialectal propre à chaque région.
Grâce à l'historien grec Hérodote, qui a été le premier à nous fournir des informations sur les Berbères, nous savons que ce peuple a subi l'influence des Phéniciens, des Carthaginois, des Grecs et des Romains. Par la suite, ils eurent des contacts avec les Byzantins et les Arabes. Leurs origines restent assez obscures, mais la plupart des anthropologues considèrent qu'il s'agit d'une population autochtone d'Afrique du Nord. D'après certains chercheurs, les Guanches, population des îles Canaries aujourd'hui éteinte, auraient aussi appartenu au groupe des Berbères. Quoi qu'il en soit, malgré les multiples invasions et l'arabisation de leur culture, les Berbères ont conservé des traits spécifiques, qui se retrouvent dans leur mode de vie, leurs structures sociales communautaires, dans l'architecture et les décors de leurs habitations et dans leurs cérémonies rituelles.

Page de gauche (en haut à droite)
Une femme de la vallée des Aït Bou
Guemez, au Maroc, retourne au
village avec un lourd chargement
de bois destiné à faire du feu,
tandis qu'une autre s'occupe
des enfants. Le bois de chauffage
étant rare autour des villages
en raison de la désertification,
il faut gagner les hauteurs
des montagnes pour s'en procurer.

Ci-contre à gauche et ci-dessous
Un groupe d'hommes discutent dans
une vallée de l'Atlas. Les Berbères
ont conservé leur langue d'origine,
distincte de l'arabe ; c'est la plus
ancienne de celles qui sont utilisées en
Afrique du Nord. La majorité des
habitants du Maghreb est d'origine
berbère, mais beaucoup ont adopté
la langue et le mode de vie arabes,
surtout dans les villes.

En bas Sous un ciel menaçant,
des bergers de la tribu des Aït
Haddidou gardent leurs troupeaux
dans les environs d'Imilchil, au
centre du Maroc. La plupart des
villages berbères sont situés près
des points d'eau de moyenne
altitude et construits en pierre
ou en pisé, un mélange d'argile
et de cailloux.

Page de gauche (à gauche)
Des femmes berbères récoltent du
fourrage pour le bétail dans les
environs de Tabant, au pied de
l'Atlas marocain. En arrière-plan,
on aperçoit des constructions
typiques de ces régions : les murs
sont dépourvus d'ouvertures, ce
qui assure une bonne isolation
thermique et permettait jadis
de mieux se défendre contre
les attaques des pillards.

Ci-dessus Une famille en
déplacement à dos de mule. Islamisés
à partir du VIIIe siècle, les Berbères
n'en sont pas moins restés fidèles
à leurs coutumes. Par tradition,
ils sont monogames.

Les Berbères

En haut Ces femmes postées à l'entrée d'Imilchil attendent un mari. Cette ville est en effet célèbre pour son festival des Épouses, qui permet aux jeunes filles, aux veuves et aux divorcées de trouver un époux.

Ci-dessous Un fonctionnaire rédige un acte de mariage. Les jeunes filles sont astreintes à une année de « mise à l'épreuve » avant de se marier, alors que les veuves et les divorcées en sont dispensées.

Page de gauche Les mères réalisent un tatouage sur le menton de leurs filles après leurs premières règles, pour les protéger du « mauvais œil ». Par tradition, les femmes berbères ne sont pas voilées.

Ci-dessus Malgré son aspect juvénile, cette jeune femme de la tribu des Aït Addidou, venue au festival d'Imilchil, est veuve ou divorcée : telle est la signification des points noirs sur fond rouge dessinés sur ses joues.

AFRIQUE

Ci-dessus Dans la fumée des détonations et les nuages de poussière soulevés par les chevaux, les cavaliers déferlent au galop dans les environs de Meknès : c'est une fantasia, l'une des manifestations les plus typiques du Maroc.

Ci-dessous Héritage d'un passé guerrier pas si lointain, la fantasia (atebourida en arabe) est accompagnée par les youyous, cris poussés par les femmes en souvenir de l'époque où elles encourageaient ainsi les hommes partant au combat.

En haut à droite Leurs burnous resplendissant au soleil, les cavaliers berbères se rassemblent avant la cavalcade. Cette dernière ne dure que quelques minutes, mais elle est très impressionnante.

Ci-dessus Avec les cavaliers, les principaux protagonistes de la manifestation sont les chevaux, superbes représentants de la race barbe (c'est-à-dire berbère), des animaux particulièrement vigoureux et résistants.

Page de droite, à droite Un cavalier avec son moukhala, long fusil agrémenté de ciselures. La fantasia dérive de divertissements équestres très anciens, au cours desquels on utilisait des arcs ou des arbalètes avant l'apparition des armes à feu.

Les groupes berbères sédentarisés pratiquent l'agriculture et l'intègrent à l'élevage transhumant des bovins et des ovins, des mulets et des chevaux, ainsi que des dromadaires. Les bergers nomades, cependant, sont rares. Les chefs spirituels, appelés *fqiq*, célèbrent des cérémonies liées aux rites agricoles et pastoraux, et les celles destinées à invoquer la pluie. La production artisanale est importante : tapis de laine (fabriqués par les femmes, sous le contrôle des hommes), étoffes, vaisselle décorée de motifs géométriques, objets en métal ouvragé, bijoux en bronze et en argent finement ciselés. Les villages (*ksar*), généralement fortifiés avec des tours et des remparts en pierre ou en terre, se composent d'habitations imbriquées, avec terrasses. Les tentes des bergers, faites de peaux de chèvre, sont soutenues par des piquets en bois. À l'intérieur, le sol est recouvert de tapis.

Dans la culture arabo-berbère, l'unité de base de la société est la famille patriarcale élargie. Le mariage, célébré selon le rite islamique, fait entrer la femme dans le clan du mari. L'adultère féminin est considéré comme un acte grave et une offense pour le conjoint. Une femme accusée d'adultère est répudiée et doit retourner dans sa famille d'origine. Plusieurs familles étendues ayant des liens de parenté, ainsi qu'un chef de lignée

commun, forment une *kharruba*, c'est-à-dire une sorte de clan. Les villages occupés par différents clans s'associent en une organisation tribale (*cabila*) dirigée par un chef (*caïd*), choisi pour son courage et sa sagesse. L'autorité de ce dernier est contrôlée par le conseil des anciens et par l'assemblée des sages (*djemma*), qui se charge de l'administration du village, de la transmission orale des coutumes tribales et du règlement des conflits ou des vendettas. En cas d'homicide, la famille de l'agresseur doit payer le « prix du sang » (constitué par des biens, du bétail, des travaux à accomplir) aux parents de la personne tuée en guise de compensation. Si ce prix n'est pas acquitté, la vendetta se poursuit, et ce tant que les parties n'ont pas trouvé d'accord.

Les États d'Afrique du Nord sont très soucieux de sauvegarder la culture berbère en raison de son ancienneté, mais ils se montrent plus réservés quant aux revendications de ce peuple, notamment en ce qui concerne l'apprentissage de leur langue à l'école.

Les Berbères

Les Touaregs
SAHARA CENTRAL

Répartis dans les territoires du Sahara central, les 300 000 représentants de la population touareg vivent en Algérie, dans le Sud-Est marocain, en Libye, au Mali et au Niger.
Les différentes tribus, appelées *kel*, parlent des variantes de la langue tamacheq, d'origine berbère, et conservent une forme d'écriture propre (*tifinagh*), voisine d'anciennes graphies encore répandues en Afrique du Nord. Les activités économiques sont, pour l'essentiel, liées à l'élevage nomade. Leur organisation est régie par une hiérarchisation de la société. Les nobles, qui représentent l'ancienne classe guerrière, s'occupent des dromadaires. L'élevage des chèvres et des moutons est généralement assuré par des vassaux qui dépendent des nobles. À ces deux catégories dominantes il faut ajouter les serviteurs et les anciens esclaves noirs originaires du Sahel, qui se consacrent à l'artisanat, à l'agriculture et aux activités domestiques.

En haut Les puits jouent un rôle essentiel dans le Sahel, non seulement pour l'approvisionnement en eau, mais aussi comme points de contact entre les caravanes qui traversent ces régions arides sans rencontrer âme qui vive pendant parfois plus d'un mois.

Page de gauche Un groupe d'« hommes bleus » près de l'oasis de Merzouga, dans le sud-est du Maroc. Aujourd'hui, ces éleveurs nomades sont partiellement intégrés dans les différents pays dont ils dépendent.

Ci-dessus Faciles à monter et à transporter, les tentes des Touaregs du Sahara sont le plus souvent faites de peaux de chèvre enduites d'une argile sombre, qui les rend plus résistantes et leur donne cette couleur noire caractéristique.

Ci-dessous Le visage de cette jeune fille rappelle l'ascendance berbère des Touaregs. Comme chez les Berbères, d'ailleurs, les femmes ont le visage découvert alors que les hommes portent généralement un turban qui ne laisse apparaître que leurs yeux.

AFRIQUE

Le tagelmust, le turban traditionnel des Touaregs, est le plus souvent de couleur bleue, parfois aussi blanc ou noir. Cet élément essentiel du costume sert à se protéger du soleil et des vents du désert, mais il correspond également à la réticence, répandue chez les populations du Sahara, à exposer sa bouche et son nez, de crainte d'inhaler des esprits maléfiques. Les Touaregs ont souvent la peau bleuie par le tissu teint à l'indigo naturel qu'ils portent, d'où l'appellation d'« hommes bleus » qu'on leur attribue souvent.

AFRIQUE

La pratique du nomadisme oblige les Touaregs à avoir des habitations légères, faciles à monter, à démonter et à transporter. Ce sont soit des tentes en peaux de chèvre tannées, teintes avec de l'argile noire et soutenues par des piquets en bois, soit des coupoles formées par des branches recouvertes de nattes. Héritiers du peuple antique des Garamantes, les Touaregs sont également appelés hommes bleus en raison du turban indigo (*tagelmust*) qu'ils portent et qui ne laisse apparaître que les yeux. L'habitude de cacher son visage a des origines assez obscures. Certains chercheurs la rattachent à la réticence à montrer sa bouche devant les femmes et les étrangers

Ci-dessus et ci-dessous Courante dans le Sahel, la tente en forme de coupole est constituée d'une armature en bois recouverte de nattes. En zone saharienne, les Touaregs sont surtout des éleveurs de chameaux et de chèvres.

En bas Pour rudimentaire qu'elle soit, la vie dans les campements touaregs n'en est pas moins organisée, y compris en matière de culture et d'éducation. Ici, des enfants s'initient aux chants traditionnels sous la direction d'un ancien.

Ci-dessus Comme chez tous les peuples nomades, l'équipement des habitations touaregs est réduit au strict minimum : nattes, tapis, quelques pièces de vaisselle, et des tambourins pour agrémenter les longues soirées dans le désert.

Page de droite (à droite) Une femme monte l'armature d'une tente en forme de coupole. Elle utilise des lanières réalisées avec de la peau de dromadaire ou de chèvre pour assembler les montants de bois.

et/ou à la crainte d'inhaler des esprits maléfiques. Chez les Touaregs, cette règle est uniquement observée par les hommes. Les femmes, bien qu'étant de religion musulmane, ont le visage découvert. Contrairement à ce que l'on observe dans la plupart des autres populations musulmanes, elles jouissent d'une certaine liberté et jouent un rôle majeur au sein de la communauté. Détail important, elles sont les dépositaires des traditions orales et sont chargées de la transmission de l'écriture touareg (*tifinagh*). La structure familiale, héritée des ancêtres berbères, est de type matrilinéaire (elle s'appuie sur l'ascendance maternelle), tandis que la stratification par castes provient de la culture arabo-musulmane. Ce sont les marchands musulmans qui ont diffusé l'islam parmi les populations berbères (dont les Touaregs). Arpentant le désert du Sahara avec des caravanes de dromadaires, les Touaregs transportaient de l'or, du sel et des dattes pour leur compte en échange de millet, de céréales et d'étoffes. Le rite du thé rappelle l'époque des traversées du désert. Cette boisson était autrefois servie le soir près du campement, trois fois de suite : une fois pour l'hôte, une fois pour soi et une dernière pour Allah. À chacun de ces trois services correspondent aujourd'hui trois façons de sucrer le thé, elles-mêmes associées à trois grandes émotions, dont l'ordre est interchangeable selon le plaisir et l'humeur de celui qui officie : le premier thé est fort comme l'amour, le deuxième amer comme la vie et le trois ème doux comme la mort. Depuis quelques années, différents États cherchent à intégrer les Touaregs à la vie de leur pays. Cependant, les tentatives de sédentarisation se sont révélées difficiles dans la plupart des cas : les Touaregs, comme beaucoup de nomades, rejettent les mesures qui pourraient restreindre leurs déplacements. De fait, les populations se sont retrouvées marginalisées et revendiquent leur autonomie, sinon leur indépendance, ce qui a déclenché des

affrontements ouverts avec certains gouvernements (Niger, Mali). Leurs soulèvements ont coïncidé avec les grandes sécheresses des années 1970 et 1990 qui ont décimé leurs troupeaux, les obligeant à nomadiser vers le sud, où ils sont entrés en conflit avec les sédentaires. Des mesures économiques et politiques (meilleure représentativité) ont permis de ramener le calme. L'expansion touristique dans les pays sahariens donne à ce peuple la possibilité de s'intégrer sans pour autant renoncer à son autonomie : ayant échappé à la menace de la sédentarisation, de nombreux Touaregs se sont tournés vers le tourisme. Les « hommes bleus » semblent donc destinés à traverser indemnes les océans de sable comme ceux du temps.

Les Touaregs

Ci-dessus Chaque semaine, le village de Sangha, au Mali, est tiré de sa torpeur par le grouillement et les clameurs d'un marché très animé. Les principales productions des Dogons sont le tabac, le coton et le henné.

Ci-dessous Dans l'école primaire d'un village situé près de San, au Mali, les élèves apprennent l'arabe et le français. Le français est la langue administrative du pays, tandis que l'arabe est généralement enseigné dans les écoles coraniques.

Ci-dessus Toits de chaume coniques, petites tours, murs en boue ou en pierres sèches, terrasses : ces édifices sont les greniers du village dogon de Younga-Na, l'un des quelque 700 qui se nichent à proximité de l'abrupte falaise du plateau de Bandiagara, au Mali. L'architecture et les décors élaborés par ce peuple étonnant symbolisent ses liens étroits avec les génies de la nature.

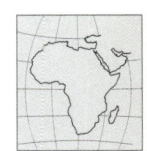

À gauche et ci-dessous Les Dogons sont l'une des plus anciennes populations de la vallée du Niger. Au cours de leur histoire, ils ont migré à plusieurs reprises et ont fini par se replier sur la falaise défensive de Bandiagara, dans des villages difficiles d'accès.

Les Dogons
MALI

Les Dogons sont, à plus d'un titre, l'un des peuples les plus singuliers d'Afrique – à commencer par leur territoire : le haut plateau de Bandiagara, région située entre le Mali et le Burkina, au sud de la boucle du Niger, où ils vivent dans des villages sur une falaise de grès de 300 mètres de haut et de près de 20 kilomètres de long. Chaque village se compose d'une zone d'habitations rassemblant des cases généralement rectangulaires et dotées d'un toit-terrasse, et d'une zone de greniers carrés à la base et recouverts de toits coniques. Au centre du village se trouve la « maison des hommes » (*toguna*), siège du conseil des anciens et lieu consacré par les ancêtres, où se réunissent les adultes circoncis. C'est là que l'on célèbre les cérémonies et les sacrifices rituels. La *toguna* est constituée de huit piliers, chiffre qui, selon la cosmogonie dogon, correspond au nombre des premiers ancêtres des Dogons. Dans la cour se trouvent des sanctuaires totémiques dans lesquels on fait des offrandes de bouillie de millet à l'époque des semailles.

Les Dogons reconnaissent l'autorité d'un chef religieux, le *hogon*, guide spirituel de la communauté et juge en cas de litiges. Le *hogon* est également le gardien des mythes de la création et il est chargé de leur transmission orale. Avant la diffusion de l'islam, il incarnait l'autorité religieuse suprême. Dans les mythes cosmogoniques des Dogons, le créateur de l'Univers est le dieu Amma, dont la double nature rappelle les oppositions dualistes élémentaires (vie et mort, masculin et féminin) qui imprègnent la symbolique de ce peuple. L'économie repose sur l'agriculture, pratiquée dans des champs assez éloignés des villages et qui fournit les denrées alimentaires de base (riz, maïs, millet) ainsi que des produits commerciaux (coton, tabac, henné). Le calendrier est réglé sur les rythmes agricoles. L'année commence au milieu du mois d'octobre par une fête célébrant la récolte du millet. Dans la société dogon, les castes corporatives (forgerons, tanneurs, sculpteurs) sont considérées comme inférieures, au point que les hommes qui en font partie ne sont pas circoncis.

En haut, à gauche, ci-dessous et page de droite Les danses dogons se déroulent au cours de processions qui suivent un itinéraire précis sur d'étroits sentiers de la falaise de Bandiagara. Les masques traditionnels, qui comptent parmi les plus beaux d'Afrique, sont réalisés par des artisans spécialisés qui ne pourront jamais les porter. En effet, seuls les hommes circoncis ont le droit de danser masqués, ce qui n'est pas le cas des artisans-sculpteurs, regroupés dans une caste particulière.

La caste des forgerons est à la fois méprisée et crainte : ses artisans connaissent le mystère du feu et sont des guérisseurs. Les tanneurs teignent et décorent les peaux acquises auprès des bergers peuls pour fabriquer des sandales, des sacs et des ceintures. Les plus éminents représentants de l'artisanat dogon sont les sculpteurs, qui taillent des masques, des portes, des chambranles et divers objets d'une facture magnifique. Avec des formes qui varient beaucoup selon les génies de la nature qu'ils représentent, les masques dogons vont du simple modèle en bois représentant une créature mythologique, l'antilope oryx (*walu*) par exemple, à l'imposant *sirigi*, structure de 5 mètres de haut, que les danseurs maintiennent uniquement avec leurs dents. Seuls les hommes circoncis font partie de la « société des masques ». Ils y accèdent à la suite d'une cérémonie d'initiation qui se déroule dans la brousse. Là, les novices sont admis à la connaissance des secrets et des croyances mythiques du groupe. Malgré une forte influence islamique dans la région, les Dogons ont conservé leurs coutumes et les rituels de la religion animiste traditionnelle. Les masques sont très présents dans les cérémonies. Les Dogons les arborent lors de danses dont l'objectif est d'obtenir les faveurs des génies de la fertilité au moment des semailles et des récoltes, mais également lors des cérémonies qui honorent les morts, comme celle du *dama*, qui marque la fin du deuil en levant les interdits sociaux ou alimentaires imposés à la famille du défunt. Ce rituel, qui peut durer plusieurs jours, est une façon de rétablir l'ordre des choses, bouleversé par la mort, de ramener l'harmonie entre les êtres. Les hommes accompagnent l'âme du défunt afin qu'elle arrive sans encombre au royaume des morts. Cette célébration a parfois lieu longtemps après le décès, à cause de l'importance des dépenses auxquelles la famille du disparu doit consentir pour offrir à boire et à manger aux invités. Les défunts sont inhumés loin des maisons, dans des fosses difficiles d'accès creusées dans des rochers.

En dépit d'une intense migration des jeunes générations vers les centres urbains, ce peuple fascinant a su garder une culture extrêmement variée et d'une grande richesse – la condition, semble-t-il, pour perdurer.

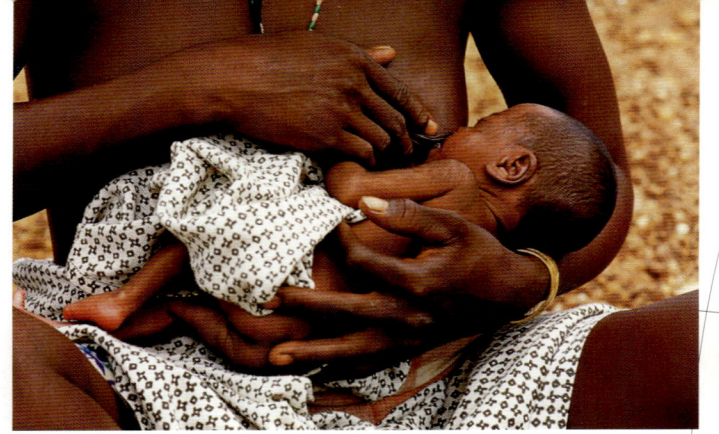
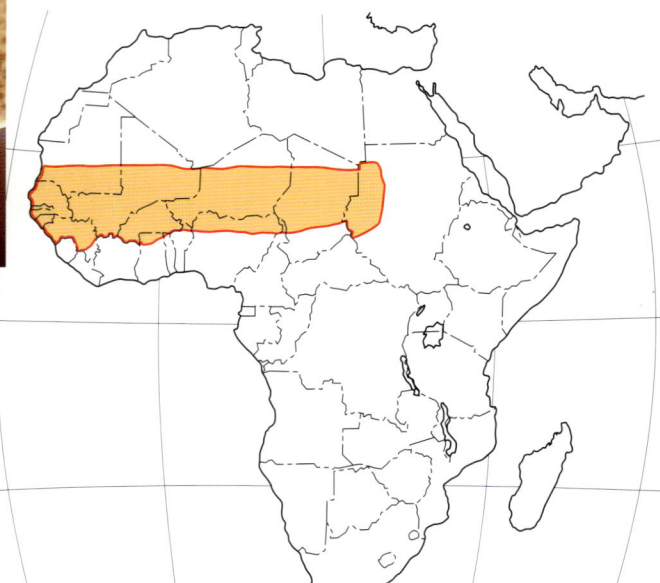

Les Peuls

SAHEL

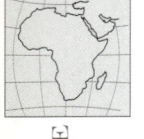

AFRIQUE

De nombreux groupes de Peuls sont disséminés dans tout le Sahel, depuis la côte atlantique sénégalaise jusqu'au Tchad et au Soudan oriental, où les populations d'origine arabe les appellent Fellatas. Bergers nomades, également connus sous le nom de Foulbés ou de Foulanis, les Peuls parlent le peul (classé dans la famille linguistique nigéro-congolaise) avec des variantes dialectales (*pulaar* pour le Sénégal, *fulfulde* pour le Mali…). Ce peuple a une histoire très ancienne dont on ne connaît pas précisément l'origine. Les Peuls se seraient établis dans les vallées du Sénégal et du Niger à une époque encore indéterminée. Islamisés vers le XIIIe siècle, ils commencèrent alors à pénétrer dans l'arrière-pays, occupant progressivement les régions où ils vivent actuellement. Ayant passé des accords avec les populations sédentaires, les Peuls constituèrent de puissants empires éphémères, exerçant leur influence de plus en plus loin jusqu'au début du XIXe siècle, lorsque certains groupes islamisés, partisans d'Ousmane dan Fodio, soumirent les États des Haoussas du Nigeria et fondèrent l'empire musulman du Sokoto. Ces conquêtes puis la colonisation européenne ont rapidement entraîné le déclin de la puissance des Peuls, mais ces derniers ont réussi à conserver certaines des coutumes qui remontent à l'époque de leur apogée, telle l'organisation de leur société en plusieurs classes ou castes. De haut en bas, on distingue ainsi les nobles, les propriétaires de bétail, les bergers, puis les castes serviles des cultivateurs (l'agriculture est une activité méprisée), constituées par des descendants d'esclaves d'origine noire, et les artisans. Les Peuls seraient issus du métissage entre les populations berbères du Sahara et des groupes d'Afrique occidentale à peau très foncée, ce qui explique leur aspect, différent de celui des populations noires avec lesquelles ils partagent leurs territoires. La société est organisée autour de la famille patriarcale : celle-ci possède les terres, les maisons et le bétail. Pour ceux qui disposent des moyens nécessaires, le mariage peut être polygamique et se fonde sur le paiement du « prix de l'épouse », sorte de dot versée par le futur époux de la mariée.
Bien que profondément islamisés, les Peuls conservent dans certaines régions isolées des croyances qui remontent à des époques plus lointaines de leur histoire et qui sont fondées sur le culte de la Terre Mère.

En haut, à gauche et au centre La population peule est estimée aujourd'hui à 15 millions d'individus, dont près des deux tiers vivent au Nigeria. Peuple nomade, les Peuls se consacrent presque exclusivement à l'élevage, mais vivent en complémentarité économique avec les agriculteurs sédentaires du voisinage. La plupart des familles sont monogames, même si la polygamie est autorisée. Les hommes possèdent les terres, les maisons, le bétail, tandis que les femmes sont propriétaires des produits laitiers.

Page de droite La coiffure traditionnelle des femmes peules se compose de bandes de tissu entourant des mèches de cheveux auxquelles sont parfois fixées des pièces de monnaie en argent.

Ci-dessous Si l'on excepte leur langue, les Peuls présentent une certaine diversité culturelle, voire physique, du fait de leur métissage avec les populations voisines auxquelles ils sont associés, comme les Toucouleurs et les Haoussas.

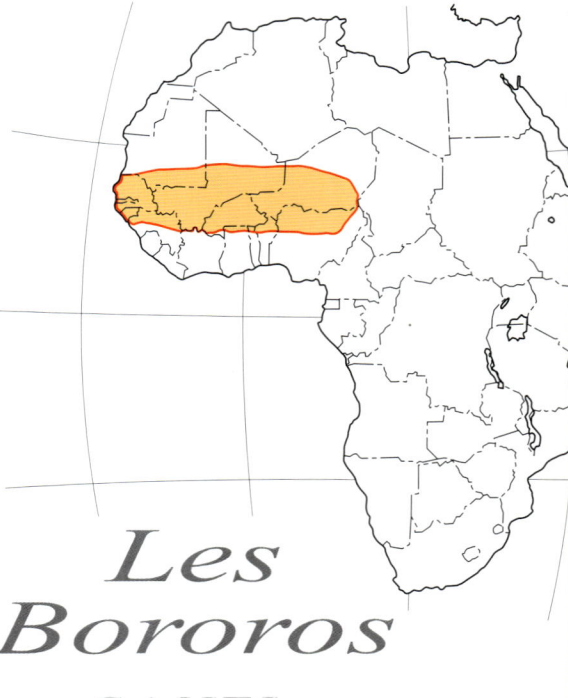

Les Bororos

SAHEL

Les Bororos sont des bergers nomades répartis entre le Sénégal et le Niger. Ils appartiennent au groupe plus important des Peuls, implanté en Afrique occidentale (on les appelle souvent Peuls Bororos). Ce peuple, cependant, s'attribue le nom de Wodâabe et parle un dialecte de la langue *fulfulde*, qui fait partie de la famille linguistique nigéro-congolaise.

Actuellement, la plupart des Bororos vivent au Niger, où ils se sont établis par petits groupes au début du XIXe siècle, dans les régions conquises par les partisans d'Ousmane dan Fodio, le fondateur de l'empire musulman du Sokoto. Très peu islamisés, les Bororos sont l'un des derniers peuples d'Afrique à mener encore une existence entièrement nomade. Ils élèvent des zébus – grands bovidés pourvus d'une bosse –, des chèvres et des chameaux. Ils se déplacent avec leurs troupeaux pour les transhumances saisonnières. Comme dans toutes les tribus pastorales, le bétail revêt une grande importance : le prestige d'un homme et de sa famille dépend directement du nombre de bêtes qu'il possède. Ce sont les femmes qui s'occupent de la traite ainsi que de la vente des produits sur les marchés. Les villages bororos, qui regroupent quelques familles seulement, sont constitués de cases démontables faites de nattes végétales, où résident l'homme, son ou ses épouses et les enfants non mariés. Les décisions concernant les intérêts de toute la communauté sont prises par le conseil des anciens, ces derniers étant également responsables

À gauche À la recherche de pâturages, un berger accompagne un troupeau de zébus à longues cornes, des animaux que les Bororos élèvent en grand nombre et qui représentent l'essentiel de leurs ressources. Le renom d'un individu se mesure à la taille de son cheptel.

En haut La société bororo est régie par des liens communautaires très forts, et ce dans tous les domaines : une mère qui a beaucoup d'enfants peut en confier un à une femme stérile, un père peut pratiquer une sorte de préhéritage en confiant des vaches à l'un de ses fils.

Ci-dessus et ci-dessous Wodâabe, qui signifie « gens des tabous » en fulfulde, est le nom que se donnent les Peuls Bororos. Il reflète les valeurs de réserve et de modestie fondamentales pour ce peuple. Ainsi, les jeunes filles (ci-dessus) ont les yeux baissés, comme il est d'usage quand elles se savent observées. Hommes et femmes attachent beaucoup d'importance à leur apparence, ce qui peut surprendre chez un peuple de tradition guerrière. Les vêtements sont souvent simples et sommaires, mais les maquillages, les bijoux (anneaux notamment) et les coiffures sont riches et sophistiqués. Cette attention accordée au corps s'exprime notamment au cours de la cérémonie du gerewol, sorte de concours de beauté entre les jeunes hommes de différentes tribus.

Ci-dessus et en haut Le lait est l'aliment de base des Bororos, qui, comme les Peuls, ne mangent généralement pas la viande de leurs animaux, sauf à l'occasion de fêtes rituelles. Le lait est recueilli dans de grandes calebasses et consommé frais ou en préparations diverses. Grâce à leur connaissance des territoires qu'ils sillonnent, les hommes savent où trouver des pâturages à même d'assurer la survie de leur bétail. Le lait et le bétail servent aussi de monnaie d'échange pour obtenir du mil ou divers produits manufacturés.

des négociations avec les populations sédentaires pour le passage des troupeaux sur leurs territoires. La polygamie est peu répandue chez les Bororos, sauf chez les hommes riches, qui ont les moyens de payer une dot, généralement constituée de têtes de bétail.

Les mariages sont plus ou moins arrangés par les familles et le choix se fait en principe entre membres de la communauté, désignant de préférence des cousins germains patrilinéaires, c'est-à-dire les enfants des frères d'un chef de famille. Ces règles, communes à tous les Peuls, restent théoriques et sont souvent transgressées. Après la cérémonie, la mariée va vivre chez son mari. Les femmes du village l'accueillent par des rites de bienvenue. Le mariage confère une grande dignité aux époux, surtout s'il est fécond : en effet, c'est en accédant à la paternité que l'homme devient pleinement membre adulte du groupe, tandis que le statut social de la femme mariée se renforce encore après la naissance des enfants, surtout si ce sont des garçons. Les Bororos accordent une grande importance au culte de la beauté, qu'ils célèbrent par des chants et des danses traditionnelles. L'attention qu'ils portent aux soins du corps se manifeste notamment au cours de la cérémonie du *gerewol*, qui marque la fin de la saison des pluies. Il s'agit d'une compétition, d'une sorte de concours de beauté entre les jeunes gens de plusieurs tribus, au cours duquel les femmes choisissent officiellement leur futur époux. Rivalisant d'élégance, les participants arborent des coiffures élaborées, des parures et des peintures faciales qu'ils exhibent lors des danses. Les jeunes Bororos passent des heures à se maquiller le visage, mettant surtout en valeur leurs yeux et leurs dents, des éléments qu'ils considèrent comme fondamentaux pour la beauté masculine : pendant l'exhibition, ils écarquillent les yeux et tordent la bouche en arborant des sourires démesurés. Ces mimiques exagérées semblent obtenir un certain succès auprès des jeunes filles. Une fois que l'une d'elles a choisi son compagnon, elle l'entraîne dans les fourrés pour tester ses performances et donc ses aptitudes au mariage.

Peu islamisés, les Bororos ont conservé beaucoup de leurs anciennes coutumes animistes, dont une certaine liberté sexuelle, qui contraste avec le nom qu'ils se sont choisi, Wodâabe signifiant « gens des tabous »… En réalité, cette expression se réfère au code social hérité de leurs ancêtres, dont les préceptes fondamentaux sont la loyauté, la modestie, la réserve, la prévoyance et la patience.

Page de gauche Le visage enduit d'ocre jaune, les yeux et la bouche bordés de khôl noir et le nez souligné d'une ligne blanche, ce jeune homme est prêt à participer au gerewol.

Ci-contre à gauche Les tuniques de cérémonie des hommes bororos sont richement décorées et brodées selon une symbolique très précise, évoquant l'histoire familiale de son propriétaire.

Ci-dessous en haut Le turban que les hommes portent lors des concours de beauté est une bande de tissu de plus de 3 mètres de long.

Ci-dessous, au centre et en bas Les danseurs s'alignent sur un seul rang et se livrent à toutes sortes de grimaces et de roulements d'yeux pour séduire le jury qui leur fait face, exclusivement composé de femmes.

AFRIQUE

Ci-contre Réalisées avec un mélange d'ocre et de chaux dilué dans de l'eau, les décorations corporelles des Surmas s'inspirent plus ou moins de motifs empruntés à la nature, tels que le serpent ou le disque solaire. Ces créations artistiques n'ont aujourd'hui que peu de liens avec des codifications rituelles traditionnelles.

Les Surmas
ÉTHIOPIE

Les Surmas, comme les Mursis, sont des populations qui habitent la région du bassin de l'Omo, dans le sud de l'Éthiopie. Le terme surma est utilisé par les groupes limitrophes appartenant à la famille ethnolinguistique couchitique – originaire d'Afrique nord-orientale –, comme les Sidamos, les Boranas et les Gabbras (groupe oromo), pour désigner de façon générale les Noirs, c'est-à-dire les tribus méridionales de l'Éthiopie. Établis dans la région isolée et difficilement accessible du fleuve Omo, affluent du lac Turkana, les Surmas vivent dans des villages de cases rondes, dispersés dans la brousse. Leur économie est principalement pastorale, mais ils vivent aussi de la chasse, de la cueillette, ainsi que de la culture du maïs, des haricots et du sorgho (que les Surmas laissent fermenter pour en faire une boisson alcoolique nommée *borday*, traditionnellement consommée lors des rites funèbres). L'agriculture est favorisée par la relative fertilité du territoire riche en alluvions compris entre l'Omo et le lac Chew Bahir. La chasse au gros gibier, notamment aux éléphants et aux hippopotames, se pratique en groupe, à l'aide de chiens dressés à cet effet.

D'autres ethnies vivent dans la région du bassin de l'Omo, avec lesquelles les Surmas partagent de nombreuses coutumes ainsi que certains traits linguistiques. Ce sont les groupes nilotiques arboré, bume, dassanetch, hamer, karo et tid. La culture des Surmas, qui résulte d'apports divers, a conservé des aspects archaïques propres à cette région, tels que l'ancienne langue de l'Omo et la nudité presque totale, courante chez les

deux sexes. De moins en moins répandue, l'insertion de plateaux d'argile, arrondis ou parfois trapézoïdaux, dans la lèvre inférieure est une coutume très ancienne, réservée aux femmes des castes élevées. Le port de ces plateaux labiaux est à la fois un signe d'identité tribale et un pur ornement esthétique, mais il a aussi pour but de renseigner sur l'importance de la dot que la famille d'une jeune fille peut exiger à celle de son futur époux. Chez la jeune fille en âge de se marier, la dimension ultime du plateau, qui est posé au moment de la puberté, est en effet directement liée au nombre de têtes de bétail requis, qui constituent en général la matière de l'échange dans les transactions matrimoniales. Chez les garçons, les rites d'initiation pubertaire donnent lieu à une cérémonie de circoncision.

À ces pratiques ancestrales se sont ajoutées certaines composantes culturelles d'origine couchitique et nilotique, dues au contact de ces populations avec des peuples de bergers voisins. Les échanges culturels et économiques ont

Ci-dessus Les peintures corporelles servent à mettre en valeur la beauté des femmes et, chez les hommes, à intimider leurs adversaires. Elles permettent également de souligner certaines affinités : les adolescents aiment utiliser les mêmes motifs que leurs camarades. Les artisans les plus talentueux sont volontiers mis à contribution pour élaborer ces décorations.

Page de gauche (en haut à droite) Les grands disques que les femmes surmas utilisent comme pendants d'oreilles sont des rondelles de bois ou d'argile décorées avec de l'ocre.

Page de gauche (au centre) La première insertion labiale se fait avec un disque de petite dimension, que l'on remplace ensuite par des disques de plus en plus grands. Les femmes ne portent cet ornement qu'à l'extérieur de chez elles, en présence de leur mari ou lors de cérémonies importantes.

Page de gauche (en bas) La déformation des lèvres est considérée comme esthétique aux yeux des Surmas. Elle a aussi une fonction plus prosaïque, la dimension du disque étant proportionnelle à la dot – en têtes de bétail – réclamée par les parents de la future épouse.

Ci-dessous Au centre de ce groupe en liesse, des hommes brandissent les bâtons (donga) qu'ils vont utiliser pour se battre.

En bas Le plateau labial a parfois une forme trapézoïdale. Certains anthropologues prétendent que cette mutilation était effectuée pour dissuader les esclavagistes de capturer les femmes. Aujourd'hui, cette tradition tend à disparaître.

Ci-contre à droite Même pour manger et boire, les femmes doivent conserver leur disque labial dans certains cas.

À droite Ces motifs ont pour fonction d'accroître la vigueur physique des hommes.

Page de droite Les rondelles de bois ou d'argile insérées dans les oreilles sont plus répandues que les plateaux labiaux.

ainsi eu pour effet d'introduire l'usage d'armes répandues chez les guerriers nilotiques, comme les lances, les boucliers en bois ou en peau et les bracelets-couteaux en forme de fer à cheval. La croyance en de bons et de mauvais esprits présents chez les animaux, dans les arbres ou les montagnes, répandue chez les Surmas, est également un élément typique des cultures pastorales de la région.

Les Surmas sont aussi connus pour l'originalité de leurs peintures corporelles. Pour eux, le corps est un puissant moyen d'expression, d'autant plus qu'ils portent peu de vêtements. Ils utilisent des colorants obtenus à partir de kaolin et d'ocre dissous dans de l'eau – le mélange étant appliqué avec les doigts. Les femmes et, surtout, les hommes passent des heures à orner leur corps de spirales, de cercles et de taches. Ces décorations sont destinées à protéger l'individu des mauvais génies et des armes de l'adversaire, et ont aussi un objectif esthétique, sans lien avec des symboles ou un quelconque contenu culturel.

L'une des cérémonies les plus remarquables de cette peuplade, considérée comme l'une des plus impressionnantes de toute l'Afrique, est le combat avec des bâtons, ou *donga*. À cette occasion, qui a des finalités matrimoniales, les champions de plusieurs villages se rencontrent dans un lieu convenu, une sorte d'arène dans laquelle ils s'affrontent pendant des heures avec de longs bâtons. La règle est simple et ne proscrit aucun coup : tout est permis pour faire tomber son adversaire, il est seulement interdit de le tuer. À l'issue de ce sanglant tournoi, le vainqueur est porté en triomphe devant les jeunes spectatrices, qui se consultent pour décider laquelle épousera le courageux combattant.

L'extension du marché touristique dans les coins les plus reculés d'Afrique a inévitablement soumis la population des Surmas à la curiosité indiscrète des touristes. Armés de leurs appareils photographiques, ces derniers tentent de prendre des images sensationnelles de tribus qu'ils considèrent comme exotiques ou primitives. Bien que de façon souvent involontaire et inconsciente, les incursions répétées d'étrangers contribuent, peu ou prou, à accélérer le processus de désagrégation culturelle des Surmas. Ayant désormais compris le parti qu'ils pouvaient tirer de ces visites, les Surmas demandent fréquemment une contribution financière pour être photographiés et ne semblent plus aussi volontiers accepter les voyageurs sans appareil photo, car ces derniers n'ont pas un grand intérêt économique pour eux.

Ci-dessus La lumière du soleil levant irradie la poussière soulevée par les troupeaux que les hommes mènent pâturer. Pasteurs de longue date, les Massaïs furent aussi, jusqu'à une époque récente, des guerriers redoutés, ce qui vaut à nombre d'entre eux d'être engagés comme gardes dans les réserves (Massaïs Maras, par exemple).

Ci-contre à gauche Le mot **kraal** désigne précisément l'enclos pour le bétail, mais aussi, par extension, les habitations qui l'entourent ; certaines, comme cette case située près du lac Baringo, sont richement décorées.

Ci-dessus Des femmes nettoient et stockent dans des bâts le natron (carbonate de sodium) recueilli dans la région du lac Natron. Ce produit, qui donne du sel pour le bétail, est une importante source de revenus pour les populations locales.

Les Massaïs
KENYA, TANZANIE

Peuple de tradition guerrière, les Massaïs sont probablement originaires du haut Nil. Au XVe siècle, ils se seraient déplacés vers les territoires qu'ils occupent aujourd'hui encore, entre le Kenya et la Tanzanie, et qui sont traversés par l'immense faille de Rift Valley. Les Massaïs parlent la langue maa, appartenant à la famille nigéro-congolaise. Ils élèvent des zébus, des vaches, des chèvres et des ânes. Le bétail est gardé dans les villages, à l'intérieur d'enclos d'épineux (le *kraal*, nom qui, par extension, désigne également le village). Les cases rondes sont disposées tout autour et sont elles-mêmes entourées d'une vaste haie d'épineux. Soutenues par une armature de branchages recouverts de boue et de bouse de vache, les habitations offrent un abri efficace contre la chaleur et la pluie.

La vie matérielle s'organise autour de l'élevage, seule source de subsistance des Massaïs. Pendant les transhumances, les troupeaux fournissent l'essentiel de la nourriture, sous forme de lait et de sang prélevé lors de fréquentes saignées (plus rarement sous forme de viande) : après avoir pratiqué une incision dans la veine jugulaire de l'animal à l'aide d'une flèche, on recueille le sang dans une écuelle, puis on ferme la blessure en y appliquant de l'herbe et de la boue. Les animaux fournissent également toutes sortes de produits utiles : on fait des tabatières et des boîtes avec les cornes, des tapis pour dormir avec les peaux tannées, un enduit pour les cases avec la bouse. Le bétail est généralement échangé contre les produits agricoles cultivés par les *kikuyus*, des paysans sédentaires voisins, mais il arrive que, dans des cas exceptionnels, les bêtes soient vendues. Le bétail sert au paiement du « prix de l'épouse », sorte de compensation en nature versée par le futur époux à la famille de la mariée. Il est également au centre des cérémonies au cours desquelles on procède au sacrifice rituel de certaines bêtes, dont la viande est ensuite distribuée pour être consommée collectivement. Les troupeaux font fréquemment l'objet de razzias : pour les bergers nilotiques d'Afrique de l'Est, le vol de bestiaux est quelque chose d'habituel, au point que chaque groupe en justifie la pratique par un mythe d'origine se référant à ce type d'acte.

En haut Des bergers du village d'Olonana, que l'on aperçoit au fond, font traverser à leur bétail un gué du Mara, un émissaire du lac Victoria proche de la frontière tanzanienne.

Ci-dessous Comme tous les enfants, les petits Massaïs passent une grande partie de leur temps à jouer. Ils aiment notamment imiter les grands en s'amusant avec des pierres colorées faisant office de troupeaux.

Ci-dessus À l'extérieur d'un kraal, des bêtes de somme paissent en semi-liberté, tandis que d'autres sont harnachées pour le transport de l'eau.

En haut à droite Dans la brume matinale se détache le rouge franc du manteau de deux Massaïs. Toute la vie s'organise autour de l'élevage.

Ci-contre à gauche Cette femme est absorbée par la confection d'un ornement en perles. Outre qu'elles comptent parmi les productions les plus caractéristiques des Massaïs, les parures ont des significations précises, liées à l'âge et au statut social.

Ci-dessus Vue d'ensemble d'un village massaï typique : une palissade en bois et en branches d'acacia protège le cercle des huttes en pisé. Au centre se trouve le kraal proprement dit, c'est-à-dire l'enclos du bétail, que délimitent des poteaux aux formes irrégulières.

En haut Dans une région pauvre en matériaux de construction, les arbustes épineux sont idéaux pour enclore le bétail. Chaque homme possède en moyenne une dizaine de bêtes.

Ci-dessous Enveloppés dans leurs couvertures rouges (blanketi), la couleur favorite des Massaïs, un homme et une femme discutent devant l'entrée d'un kraal.

Les Massaïs

AFRIQUE

Page de gauche Avant leur excision, les jeunes filles jouissent d'une certaine liberté et peuvent fréquenter le guerrier auquel elles sont officiellement « fiancées ». Selon les Massaïs, la douleur de l'excision permet aux mères de faire de leurs fils des guerriers.

À gauche, en haut et au centre Les anciens – hommes et femmes – sont généralement vêtus de simples couvertures de laine et non de la chuka, le manteau rouge traditionnel. Mais les parures restent de rigueur.

Ci-contre à gauche Chez les garçons comme chez les filles, les lobes des oreilles sont percés dès le plus jeune âge d'un trou que l'on agrandit au fil des années, à l'aide de rondelles de bois de plus en plus grosses.

Ci-dessus La prédilection des Massaïs pour le rouge – partagée par d'autres peuples – s'inspire sans doute à la fois de la couleur de la terre et de celle du sang, symbole de vie et de force.

Ci-contre et ci-dessus Des guerriers massaïs s'entraident pour la longue et traditionnelle séance de maquillage, au cours de laquelle ils s'enduisent le corps d'un mélange d'ocre et de graisse animale.

Ainsi, selon les Massaïs, Dieu aurait attribué les bovins exclusivement à leur peuple et tous les autres propriétaires de bovins seraient donc des voleurs. La razzia apparaît ainsi comme nécessaire pour « récupérer » des biens mal acquis. Quoi qu'il en soit, le vol de bétail est une pratique instituée chez les bergers, qui organisent des prises aux dépens des tribus voisines, surtout lorsque leurs troupeaux ont été décimés par la sécheresse, les maladies ou les razzias elles-mêmes. Par ailleurs, ces vols sont vécus comme des exercices de courage par les guerriers, qui prouvent par là leurs qualités de défenseurs de la communauté et de ses biens devant les femmes et le groupe en général.

C'est par des rites d'initiation que les jeunes Massaïs entrent dans la classe des guerriers (*murran*). Ensuite, entre 14 et 30 ans environ, ils font leur apprentissage de guerriers sous l'autorité des anciens, vivant la plupart du temps isolés dans la savane. Loin de leur famille, ils doivent surmonter plusieurs épreuves afin de démontrer leur bravoure. Pendant les périodes de

Ci-contre à gauche Le même onguent ocre est utilisé pour les cheveux des guerriers. Après la cérémonie de l'eunoto, qui marque la fin de la période d'apprentissage des jeunes Massaïs, les murran (guerriers) sont complètement rasés par leur mère car ils font désormais partie du cercle des adultes et peuvent se marier. À chaque âge correspondent des responsabilités nouvelles et plus importantes. Les guerriers doivent pourvoir à la sécurité des troupeaux et leur vie est conditionnée par la quête constante d'eau et de pâturages.

sécheresse, ce sont eux qui doivent mener les vaches dans les pâturages de montagne. La fin de cet apprentissage, comparable à un service militaire, est célébrée dans le village par l'*eunoto*, une fête comportant des sacrifices d'animaux et des danses, au cours desquelles les jeunes guerriers massaïs exécutent des sauts spectaculaires. Les jeunes gens sont alors reconnus comme hommes adultes : ils font désormais pleinement partie de la communauté et peuvent fonder leur propre famille. Ce n'est qu'après ces cérémonies, conduites par les chefs spirituels *(laibon)*, qu'il est possible d'inaugurer une nouvelle classe de guerriers. Les Massaïs, comme les autres peuples nilotiques, sont organisés selon un système de classes d'âge formées par les jeunes gens circoncis à la même période, chaque classe étant séparée de l'autre par un écart de quatorze à quinze ans. Entre les membres de chaque groupe, il existe des rapports de solidarité qui peuvent durer toute la vie. L'initiation des jeunes filles prévoit l'excision du clitoris, passage obligé pour entrer dans la vie adulte et avoir un fils guerrier.

La société massaï reconnaît l'autorité des anciens, vénérés et respectés de tous. Ils sont rassemblés dans un conseil qui a valeur de guide spirituel pour le groupe. Administrateur direct de la justice, il prend des décisions concernant aussi bien les individus que l'ensemble de la communauté. Actuellement, en raison de la pression démographique, les gouvernements du Kenya et de la Tanzanie tentent de réduire l'aire pastorale des Massaïs, ainsi que celle d'autres groupes de pasteurs nomades, en fixant ces populations et en introduisant l'agriculture sédentaire. Ces mesures incitent de nombreux jeunes à abandonner leur village et leur mode de vie pour chercher du travail dans les grandes villes et dans des structures touristiques où, dans la plupart des cas, ils participent à des attractions folkloriques d'une grande banalité.

Ci-dessus Le moranato est une sorte de service militaire inauguré par la circoncision que les jeunes gens subissent vers 15-16 ans. Un guerrier n'est considéré comme un homme à part entière qu'à la fin de cette période, qui dure environ quatorze ans.

Ci-contre à droite Sous le regard critique de ses camarades, un guerrier exécute une série de sauts figurant dans une des danses massaïs les plus caractéristiques. C'est l'occasion pour lui de faire la démonstration de ses qualités athlétiques.

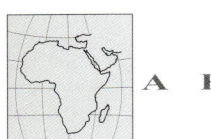 AFRIQUE

Ci-dessous À bord d'une pirogue, ces hommes partent à la recherche de nourriture. Les Pygmées sont sans doute arrivés dans la région bien avant les Bantous ; ils seraient ainsi les plus anciens habitants des forêts du Congo.

Ci-contre à gauche Un pêcheur guette le passage d'un poisson pour le transpercer d'une flèche. Les hommes se consacrent à la pêche et à la chasse, tandis que les femmes s'occupent de la cueillette.

Page de droite (en haut) Le sourire de ce jeune garçon révèle une pratique rituelle très douloureuse : le limage des dents, que les Pygmées, comme d'autres peuples africains, subissent avant d'être considérés comme des adultes.

Page de droite (au centre) Au cœur de la forêt équatoriale, ces deux femmes préparent le feuillage qui va leur servir à couvrir l'armature en branches d'un *mongolu*, l'habitation traditionnelle des Pygmées.

Page de droite (en bas) Une fois terminés, les *mongolu* sont difficiles à distinguer de la végétation environnante. C'est toujours aux femmes qu'incombe la tâche d'aménager les campements.

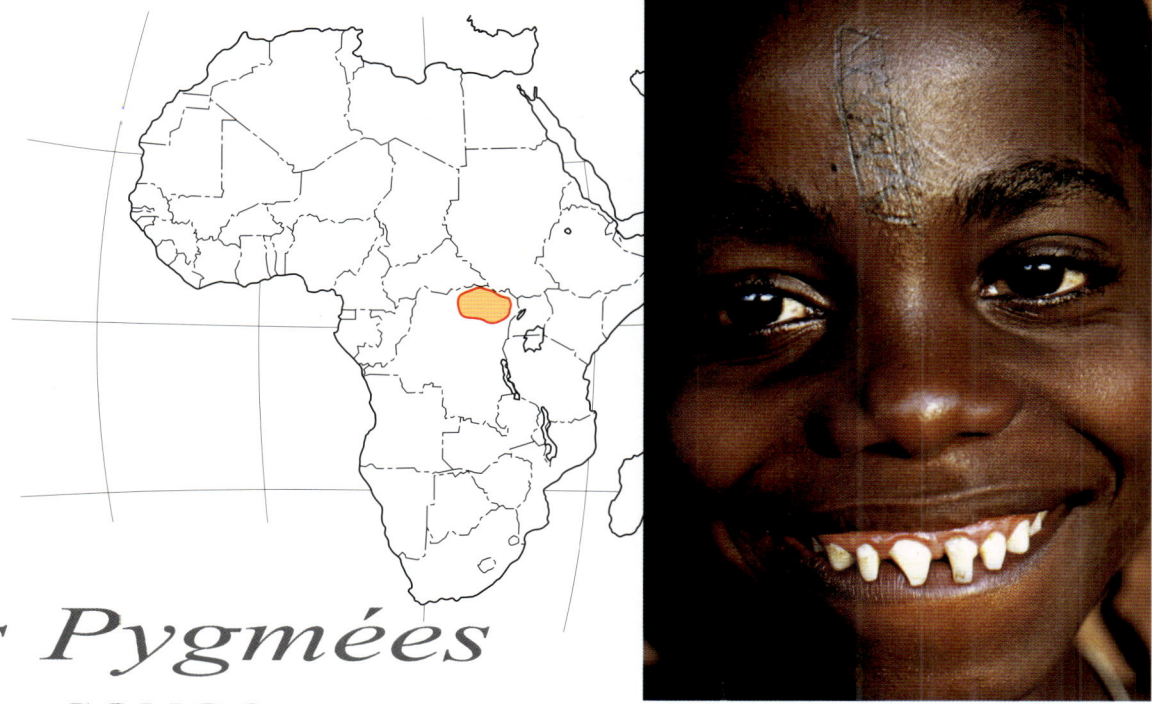

Les Pygmées
CONGO

Les quelque 200 000 Pygmées vivant actuellement dans les forêts d'Afrique centrale descendent de populations autochtones qui occupaient le même territoire en des temps très reculés. Dans certains documents égyptiens qui témoignent de leur présence dans la région il y a 4 500 ans, les Pygmées sont qualifiés d'« habitants de la forêt et [de] danseurs des dieux ». Population ramifiée en plusieurs groupes, les Pygmées diffèrent profondément des autres peuples d'Afrique centrale par leur aspect physique. Connus pour leur petite taille, au point qu'on utilise parfois leur nom pour désigner les gens petits, ils ont toujours fait l'objet de discriminations et ont même subi des massacres de la part de leurs voisins, qui les considèrent comme des êtres inférieurs, dont il faut se méfier. Et les Pygmées, de même, jugent leurs voisins (les pasteurs tutsis, notamment) gauches et disgracieux à cause de leur grande taille.
Pratiquant traditionnellement la chasse et la cueillette, organisés en groupes familiaux, les Pygmées entretiennent des relations avec les populations voisines d'agriculteurs ou de bergers. Ils échangent ainsi des produits agricoles, des objets en métal, de l'alcool, du tabac. Pour eux, la forêt est comme un sein maternel, protecteur et nourricier, assurant tout ce qui est nécessaire à leur subsistance : matériaux pour construire leurs huttes recouvertes de feuilles, outils de chasse et nourriture. La collecte de tubercules, de larves, de termites et de miel est réservée aux femmes et fournit environ 70 % de l'alimentation, tandis que la chasse, soumise à des prescriptions telles que l'abstinence sexuelle, est du ressort des hommes et assure le reste de l'approvisionnement. Avant le départ pour les battues collectives destinées à rabattre le gibier vers les filets, auxquelles participent parfois les femmes et les enfants, on célèbre des cérémonies propitiatoires et de purification en allumant un feu rituel.
La musique et la danse sont très présentes dans la vie quotidienne des Pygmées, même s'ils consacrent peu de temps aux pratiques rituelles, à l'exception des cérémonies de préparation à la chasse et des commémorations des ancêtres. Les chants, soutenus par les tambours en peau tannée et par d'autres instruments à percussion, accompagnent les événements importants (préparation à la chasse, fêtes célébrant une naissance ou un mariage) aussi bien que les activités quotidiennes (cueillette, réunion le soir autour du feu) ou des situations intimes et domestiques (berceuses).

Les Pygmées parlent les langues bantoues de leurs voisins, mais ils ont aussi un langage propre, qui s'exprime à travers des sons isolés et des cris mêlés à une mélodie principale. Le chant est donc pour eux une sorte de langue sans paroles, qui véhicule le langage secret de la forêt : à travers lui, en effet, les Pygmées communiquent avec les esprits sylvestres, auxquels ils demandent d'être généreux. Ce corpus polyphonique appartient par définition à la tradition orale : il est transmis de génération en génération par la pratique et par l'écoute.
La déforestation, qui vise à agrandir les plantations de café et à faciliter le commerce du bois, entrave les activités de chasse et de cueillette des Pygmées. Même les mesures destinées à les protéger se révèlent nuisibles pour eux, car elles les contraignent à abandonner leurs régions, transformées en réserves ou en parcs nationaux, et à adopter l'agriculture sédentaire, favorisée par les autorités. Ainsi, à plus ou moins brève échéance, la voix mélodieuse de ce peuple menacé pourrait se taire à tout jamais.

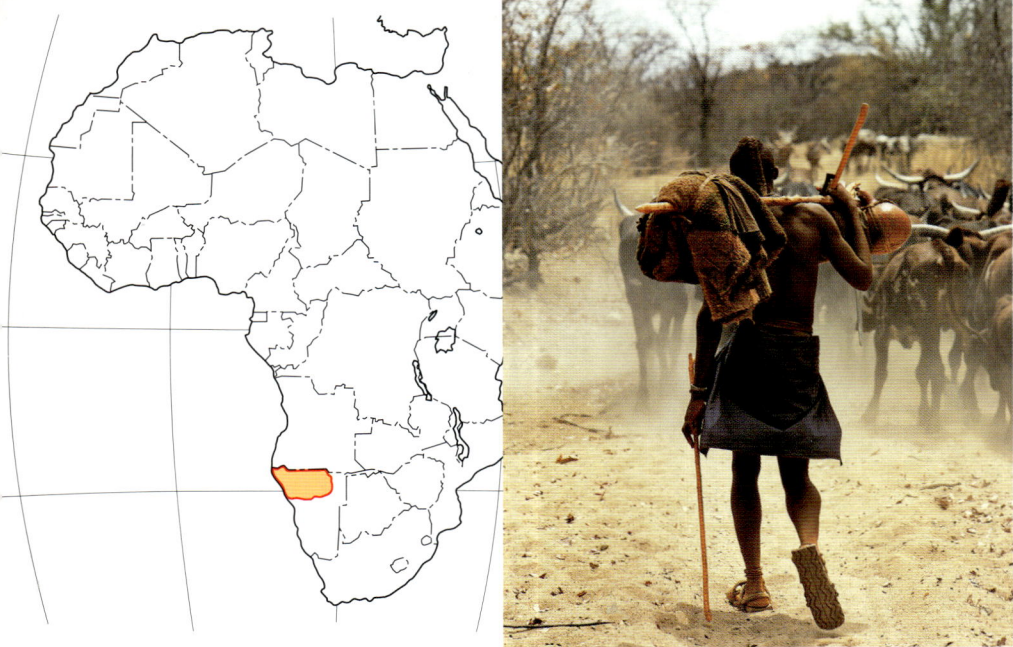

Les Himbas

NAMIBIE

Population d'origine bantoue, les Himbas vivent dans la région semi-désertique du Kaokoveld, au nord de la Namibie, dans l'arrière-pays, ce fameux cimetière de bateaux et de marins connu sous le nom de Skeleton Coast, la côte des Squelettes. En réalité, les Himbas sont un sous-groupe des Hereros, peuple dominant des steppes de la Namibie nord-occidentale, dont ils se sont séparés à la fin du XIXe siècle sous la pression des Namas (Hottentots), qui les ont contraints à se réfugier en Angola. Réduits à la misère et à la mendicité, ils ont alors été nommés *himba*, c'est-à-dire les oubliés, les clochards. Après la reconquête du Kaokoveld, en 1920, les réfugiés ont regagné leur terre d'origine et repris leur activité pastorale, mais en gardant ce nom, qui ne leur rend pourtant pas justice : comme tous les groupes de bergers africains, les Himbas sont très fiers et ont un véritable culte de la beauté physique. Aujourd'hui, leur population est estimée à 10 000 individus.

La culture himba associe des éléments relatifs au système agro-sédentaire d'origine bantoue et d'autres issus de la culture pastorale, fruit de contacts très anciens avec des groupes de bergers nilotiques. La reconnaissance de la descendance bilatérale est insolite pour une tribu de bergers : chez les Himbas, les femmes transmettent les biens matériels (bétail essentiellement) aux enfants, tandis que les hommes reçoivent de leur père un héritage culturel et spirituel (les vaches sacrées, par exemple, supposées accueillir l'esprit des ancêtres). Dans les faits, toutefois, la propriété reste masculine : ainsi, après la traite du matin, le lait est offert au chef de famille et les autres membres ne pourront en consommer que lorsque celui-ci aura bu et donné son accord. Le culte des ancêtres est un élément culturel typique des Bantous de la forêt.

Les villages himbas sont disposés en cercle autour d'un point central, l'enclos à bétail, ou *kraal*. Ils abritent chacun une famille élargie d'une trentaine de personnes et comprennent quelques huttes entourées d'une haie ronde faite de branchages d'épineux. Fabriqué par les hommes avec d'épaisses branches d'épineux, le *kraal* central est destiné aux vaches et à leurs petits, tandis que les chèvres et les agneaux sont gardés à part, dans un enclos plus petit. Les habitations sont des cabanes en forme d'obus, dont l'armature, en bois d'acacia, est recouverte d'un mélange de boue et de bouse de vache protégeant à la fois du soleil et de la pluie. Les fils adultes du chef de famille dorment dans une hutte située à l'intérieur de l'enclos des vaches sacrées ; le chef de famille vit également dans une cabane à part, qui fait face au feu sacré, lequel reste presque toujours allumé en souvenir des ancêtres et près duquel on soigne les malades. Les communautés himbas sont soumises à l'autorité d'un conseil des anciens, qui réunit les chefs de famille et dont un représentant a le droit de siéger au parlement national pour défendre leurs intérêts. Comme beaucoup de pasteurs africains, les Himbas soignent leur apparence et utilisent toutes sortes d'ornements corporels. Les femmes s'enduisent le corps de graisse et d'ocre, rehaussent leurs bras et leurs jambes avec des bijoux de métal

Page de gauche (en haut à gauche) Un berger et son troupeau dans la brousse du Kaokoveld. Il fut un temps où les Himbas possédaient l'un des cheptels les plus riches d'Afrique. Mais les vicissitudes de leur histoire, notamment les conflits récents, ont considérablement réduit ce patrimoine.

Ci-dessous Des enfants se pressent à l'entrée de la hutte d'un chef de clan, située à l'écart des autres habitations, près du feu sacré. Ce membre influent de la communauté a la propriété exclusive des vaches sacrées, dont il conserve le lait dans la calebasse que l'on voit en haut de la photo.

Page de gauche (en haut à droite) Dès leur plus jeune âge, les Himbas s'enduisent le corps d'un mélange d'ocre et de graisse qui donne à leur peau cette coloration rougeâtre. Outre sa fonction esthétique, cette coutume sert aussi à se protéger de la poussière et du soleil.

Ci-dessous Les villages himbas forment une enceinte d'arbustes épineux au centre de laquelle se situe l'enclos à bétail, le kraal, fabriqué uniquement par les hommes. On retrouve ce type d'habitat dans d'autres populations de l'Afrique occidentale. Seule particularité de cette ethnie : un enclos est réservé aux vaches sacrées.

AFRIQUE

Ci-dessus Les habitations des Himbas sont rudimentaires, mais vite construites et parfaitement adaptées aux exigences de ces éleveurs nomades, souvent amenés à se déplacer. Quand elles partent en quête de nouveaux pâturages pour leur bétail, les familles utilisent des installations de ce type comme base temporaire.

Ci-dessous à gauche Au cours d'une fête, une fillette bat des mains au rythme de la musique. Ses bijoux sont traités à l'ocre et au charbon de bois, gages de protection pour les Himbas.

Ci-dessous à droite Les anciens, dépositaires des traditions, sont hostiles aux mesures de développement de la région instaurées par le gouvernement, car ils y voient une menace pour l'avenir de leur culture.

Ci-contre à gauche Les hommes portent d'épais colliers réunis par de grosses lanières de cuir. On dit qu'ils ne les ôtent jamais, sauf au moment de la mort du chef de famille.

Page de droite Le couvre-chef de ce jeune homme himba récemment marié dissimule l'ozonya, c'est-à-dire les deux tresses parallèles qui descendent depuis le sommet du crâne jusqu'au cou.

et des petites perles de fer. Après la puberté, les filles se voient remettre par leur mère un gros coquillage blanc, symbole de fertilité, qu'elles portent en collier. La coiffure fait l'objet d'une attention particulière : elle indique un statut précis. Les jeunes enfants ont la tête presque entièrement rasée, à l'exception d'une petite tresse, en guise de queue-de-cheval. Les jeunes filles prépubères, elles, portent deux tresses épaisses tombant sur le visage, alors que celles qui sont pubères ont le front rasé et nouent leurs cheveux sur la nuque. Les filles sur le point de se marier reçoivent le couvre-chef *ekori*, sorte de tricorne en peau de chèvre ou de mouton tannée puis décorée de petites perles de fer. Au bout d'un an, l'*ekori* est remplacé par l'*erembe*, une coiffe de peau provenant d'une tête de chèvre fixée à l'arrière de la nuque, sous les cheveux. Les hommes adultes portent deux petites tresses maintenues sous un béret de peau (*ombiya*), et les plus influents, coiffés de la même façon, ne portent pas de béret et ont les cheveux recouverts de sciure. Les tresses naturelles sont souvent enrichies de cheveux postiches, qui ne sont autres que ceux des femmes et des enfants rasés, d'abord mélangés à de la cendre puis tressés en des coiffures enduites de boue et d'ocre.
Les Himbas ont un rite funèbre singulier : pendant toute une journée de ce qu'on pourrait appeler des « funérailles itinérantes », on porte le défunt en courant, afin qu'il « choisisse » son lieu de sépulture, lequel sera ensuite marqué par une pile de crânes de bovins.

Ci-dessus Une femme entourée d'un assortiment de calebasses obtenues avec des courges séchées et évidées. Chez les Himbas, les objets de ce type ne servent pas seulement de récipients et d'ustensiles de vaisselle. On les emploie également pour réaliser des grelots qui sont utilisés à l'occasion de certains rites magiques, car on leur attribue le pouvoir de chasser les esprits malins.

Ci-contre à droite Portés sur le dos dans une sorte de sac en peau de mouton, les tout-petits ne quittent pas leur mère ou une autre femme du groupe familial. Les femmes himbas ont la réputation d'être très affectueuses avec leurs enfants. La scolarisation se fait parfois par le biais d'écoles élémentaires itinérantes, qui permettent de concilier modernité et tradition.

Ci-contre à droite Cette jeune fille aux tresses enduites d'ocre arbore un lourd collier également incrusté de terre rouge. Bien que cette matière soit présente en abondance dans la nature et que les Himbas en fassent grand usage, l'ocre n'est pas pour autant dépourvu d'une certaine valeur. Il figure, par exemple, parmi les présents offerts aux nouvelles épouses.

Page de gauche Une jeune femme himba, portant un pagne traditionnel en peau de chèvre, est en train de traire une vache. Le lait est consommé tel quel ou sous forme de beurre. Les femmes de cette ethnie jouissent d'une certaine autonomie économique grâce à la commercialisation des sous-produits du bétail.

Ci-dessus Les armes fabriquées par les Bochimans sont rudimentaires, mais elles sont très efficaces : la pointe des flèches que ces chasseurs s'apprêtent à décocher est enduite d'un poison mortel, extrait du venin de certains insectes.

Ci contre à droite À la chasse, les Bochimans se déplacent en petits groupes, pour des expéditions de plusieurs jours. En dépit d'une parfaite connaissance de leur territoire, ils ont du mal à pourvoir aux besoins alimentaires de leur communauté, compte tenu de la pauvreté des régions où ils vivent. Les Bochimans ne pratiquent ni l'agriculture ni l'élevage.

Ci-dessous Les anciens sont entourés d'un grand respect, qu'ils doivent à leur savoir, à leurs qualités personnelles et au fait d'avoir atteint un âge avancé.

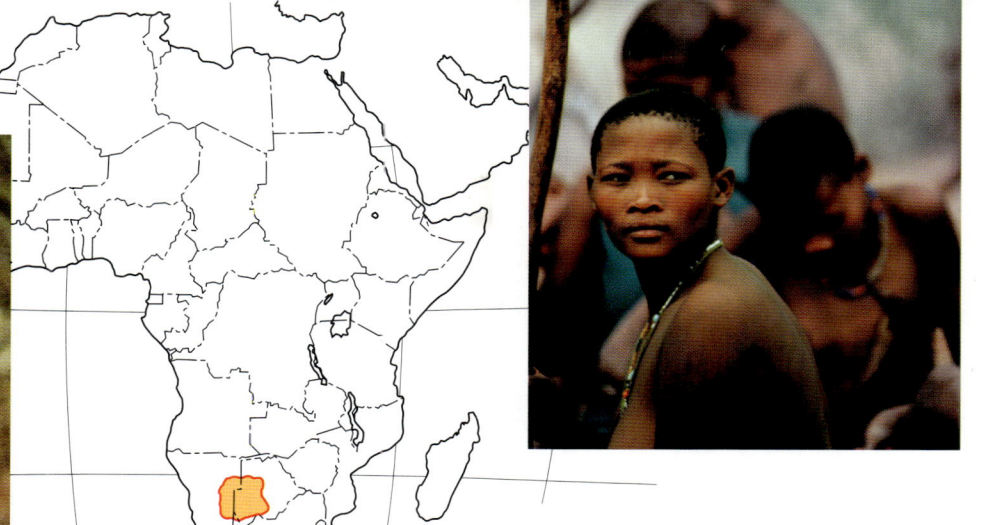

Ci-contre et en bas Pour les jeunes, l'avenir est incertain. Longtemps victimes de discriminations, de la part tant des autres Africains que des Européens, les Bochimans sont aujourd'hui un peuple en voie de disparition – en Afrique du Sud et même au Kalahari.

Les Bochimans
AFRIQUE AUSTRALE

Les Bochimans (de l'afrikaans *Bosjesmans*, qui signifie « hommes de la brousse »), également appelés Sans, habitent plusieurs régions d'Afrique australe, dans les zones semi-désertiques du Kalahari, entre le Botswana et la Namibie, en Angola et en Afrique du Sud. De nombreuses gravures rupestres datant de la préhistoire témoigneraient de leur répartition sur un territoire beaucoup plus vaste, compris entre le Tchad et l'Afrique du Sud. Selon certains anthropologues, les Bochimans seraient l'un des plus anciens groupes de population du continent. Leur langue, du groupe khoisan, également parlée par les Hottentots, se distingue par des claquements, des sons explosifs et implosifs, appelés clics. Physiquement, les Bochimans se distinguent par leur petite taille. Jusqu'aux années 1980, ils se consacraient à la chasse et à la cueillette de plantes sauvages. La chasse au gibier, comme il est de règle chez presque tous les groupes de chasseurs, était une activité exclusivement masculine. S'aidant simplement d'un arc et de flèches empoisonnées, enduites d'une substance toxique tirée d'un coléoptère, les chasseurs bochimans capturaient de grands animaux (antilopes, gnous et phacochères) et du gibier de petite taille (lièvres, porcs-épics et oiseaux). La collecte des végétaux et le ramassage d'autres petits animaux (larves de fourmis, coléoptères, chenilles, abeilles), indispensables à l'équilibre alimentaire des communautés, étaient confiés aux femmes, qui devaient également rapporter du bois pour le feu. Les produits de la cueillette, transportés dans des sacs de toile *(kaloss)*, revenaient à la famille, tandis que le gibier était partagé entre tous les membres du groupe. Pour assurer la subsistance de la communauté, les Bochimans se séparaient en plusieurs bandes, chacune d'elles pouvant exploiter un territoire de chasse et de cueillette délimité précisément. Il existait également des « zones franches » où avaient lieu les échanges et où l'on passait des alliances ou des accords matrimoniaux avec les autres groupes. Tous ces événements étaient célébrés par des danses et des cérémonies. Les bandes n'avaient pas de chef, mais reconnaissaient l'autorité du membre le plus âgé du groupe, c'est-à-dire celui qui avait le plus d'expérience en matière de chasse. Les croyances religieuses traditionnelles des Bochimans sont fondées sur le culte d'une divinité créatrice, bienfaisante et dispensatrice de pluie (Kaggen), que les âmes rejoignent après la mort, et d'un dieu destructeur (Gauab), seigneur des esprits et des morts, auquel on fait des offrandes et des sacrifices afin qu'il éloigne les maladies ou les malheurs qui peuvent frapper le groupe. Le contact avec les forces surnaturelles, comme avec les esprits des défunts, s'établit lors de grandes danses autour du feu au cours desquelles les participants entrent en transe. L'intensité émotive croît au cours de ces cérémonies, qui durent une nuit entière, sous l'impulsion des chants rythmés et des battements de mains. Les chamans, qui sont également capables d'entrer en communication avec le monde des esprits quand ils sont en transe, peuvent « capturer » les forces surnaturelles pour les utiliser de manière ambivalente : pour soigner les maladies, mais aussi pour exercer une action maléfique envers quelqu'un. Au cours des années 1980, sur les 70 000 Bochimans présents en Afrique australe, une petite partie seulement des chasseurs cantonnés dans la réserve du Kalahari menaient encore un style de vie nomade. Expulsés de ce refuge, les derniers Bochimans (leur population était estimée à 15 000 individus en 1995) travaillent désormais pour la plupart comme gardiens de troupeaux ou ouvriers agricoles pour le compte de groupes tribaux voisins, comme les Tswanas, ou bien dans les fermes des Blancs.

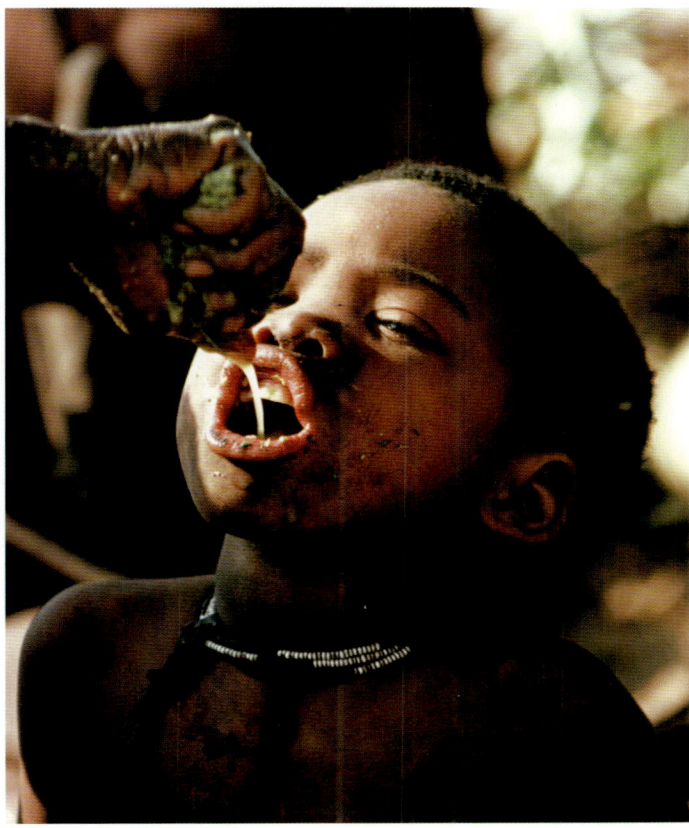

Ci-dessus Entre deux parois rocheuses, cette femme recueille dans une calebasse l'eau qui s'écoule d'une fissure. Chargées notamment de la cueillette (turbercules, racines, termites, larves...), les femmes jouent un rôle très actif dans la survie alimentaire de leur communauté.

Page de droite La société bochiman, fondée sur le partage égalitaire, ignore toute forme de castes et de compétitions. Les décisions du groupe n'incombent pas à un chef, mais sont prises de façon collective. Seuls les anciens ont droit à des marques de respect particulières.

Ci-dessus Les femmes s'occupent non seulement de l'approvisionnement en plantes, en eau et en bois, mais aussi de la capture de certains animaux, y compris de beaux reptiles comme ce python.

Ci-dessus L'un des fruits les plus appréciés des populations bochimans est le mongongo, le fruit d'une plante locale, le ricinodendron, qui est riche en éléments nutritifs et qui peut se conserver pendant des mois.

Les Ndebeles
ZIMBABWE, AFRIQUE DU SUD

Ci-dessous Les enfants sont très importants chez les Ndebeles. Si une femme est stérile, la famille de son mari peut réclamer à ses parents le prix de son mariage. De nombreux enfants sont désormais scolarisés, mais beaucoup de filles retournent chez elles à la puberté.

Ci-dessus, à droite et page de droite Le cou entouré de lourds idzilla (anneaux de métal), ces femmes au port altier revêtent l'ingubo, le manteau qui signale leur condition d'épouses. Le tissage (en haut à droite) est le passe-temps préféré des femmes ndebeles.

Les Ndebeles, ou Matabeles, sont établis au Zimbabwe occidental et dans le nord-ouest de l'Afrique du Sud. Ils sont les descendants des Ngunis, une tribu implantée dans la province sud-africaine actuelle de Kwazulu-Natal, le long de la côte sud-est du continent. Selon les recensements les plus récents, la population compterait entre 1,5 million et 2 millions d'individus, chiffre rassurant par rapport aux estimations du début des années 1980, qui évaluaient leur nombre à moins de 800 000. Les Ndebeles ont eu une histoire particulièrement tourmentée, marquée, à partir du XVIe siècle, par de sanglantes guerres féodales, diasporas et migrations forcées, la période la plus sombre se situant au moment de la conquête des Boers, à la fin du XIXe siècle. L'invasion néerlandaise de l'Afrique australe, en effet, a privé les Ndebeles de leurs terres, les obligeant à travailler comme des esclaves dans les fermes des colons boers. Après une dernière révolte en 1896, rapidement réprimée par les Anglais, ce peuple impétueux a abandonné les armes et s'est consacré à l'élevage ainsi qu'à l'agriculture, activités qu'il pratique toujours de façon prédominante. Les cultures (céréales, légumes, tabac) sont généralement confiées aux femmes, tandis que l'élevage et la traite sont du ressort des hommes. En outre, de plus en plus de Ndebeles sont employés dans les villes et les mines.

Les villages traditionnels se composent d'habitations en maçonnerie, construites en briques de boue et de bouse de chèvre, disposées en cercle autour des enclos destinés au bétail. Les villages Ndebeles sont connus dans le monde entier pour les motifs géométriques de couleurs vives qui décorent les parois des maisons et les murs d'enceinte. Exécutées par les femmes, ces peintures murales sont intimement liées à l'ornementation des vêtements féminins : ces deux modes d'expression jouent sur l'abstraction et la symétrie des formes, sur le contraste des couleurs et la combinaison de lignes verticales, horizontales et diagonales. De plus, tous deux sont transmis par les femmes à leurs filles. Avant certaines cérémonies, telles que la circoncision de leur fils, ou

Page de gauche Une mère et sa fille parées de motifs géométriques aux vives couleurs. Outre l'*inguba* (le manteau) et les *idzilla* (les anneaux de métal autour du cou), la femme porte des *isigolwani*, les anneaux couverts de perles qui ceignent ses chevilles et ses poignets, ainsi que l'*iphotho*, une sorte de tablier blanc à décor géométrique. Chaque détail de l'habillement féminin a une signification particulière. Les motifs de l'*iphotho*, notamment, sont révélateurs de l'âge d'une femme, de sa condition (mère ou en attente de l'être), de ses aspirations, etc.

à l'occasion d'événements qui marquent la vie sociale du groupe, les femmes exposent à la fois leurs tenues et leurs peintures.

La circoncision masculine, ou *ukuwela*, se pratique entre 18 et 22 ans. Les jeunes gens, qui passent une période de formation loin du village, sont soumis à des épreuves de courage et de force sous la conduite des anciens, et instruits sur les coutumes du groupe. Pendant leur absence, les mères repeignent les murs extérieurs de leur maison (*umuzi*) et reçoivent des visites de parents et d'amis. Au terme de leur apprentissage, les jeunes gens devenus hommes reviennent au village, où les femmes les accueillent joyeusement, vêtues de leur costume traditionnel, en dansant au son de petits sifflets. Pour l'occasion, on sacrifie des veaux et l'on consomme de la viande de chèvre cuisinée par les femmes. D'une façon quasiment parallèle, les rituels d'initiation féminine (*isiphephetu*) prévoient que les filles vivent isolées à la maison pendant trois mois, période durant laquelle les femmes plus âgées et expertes leur enseignent les techniques et les secrets de la peinture murale et de la composition des tissus pour la confection des vêtements traditionnels. Trait particulier de la culture ndebele, les habits « grandissent » avec l'individu : on y intègre de nouveaux éléments au fur et à mesure que le temps passe et que le statut social de chacun évolue. Les objets de parure suivent la même évolution : les *idzilla* sont des anneaux de métal qui entourent le cou, les chevilles et les bras ; le *lighabi* est un tablier de perles (parfois porté par les hommes) qui est remplacé par des modèles de taille supérieure à mesure que l'on grandit ; les *isigolwane* sont de larges anneaux ou cerceaux de petites perles montés sur du fil de fer ou des brins de paille, que l'on porte, en nombre de plus en plus grand au fil du temps, autour des jambes, des bras et des hanches – ils ont pour fonction singulière d'imiter les bourrelets de graisse, qui, pour les Ndebeles, sont jugés très esthétiques. Après leur initiation, à la place des *lighabi*, les femmes mettent l'*iphotho*, un tablier assez raide, monté sur de la peau de chèvre ou sur de la toile. Quant aux femmes mariées, elles se distinguent des jeunes filles nubiles par davantage d'anneaux et des costumes plus élaborés. La plupart des hommes, eux, sont vêtus à l'occidentale.

Ci-dessus Une artiste du village-musée de Botshabelo, près de Pretoria, achève la restauration d'une fresque murale. Les motifs s'inspirent souvent de formes architecturales stylisées, mais aussi d'objets usuels tels que lampes ou lames de rasoir, comme sur le côté droit de l'image, ou encore d'animaux et de fleurs.

Ci-dessous Une femme ndebele pose en souriant à la fenêtre de sa maison, une poupée traditionnelle dans la main.

En bas Le porche de l'église de Mabhoko, en Afrique du Sud, est une sorte d'anthologie de l'art décoratif des Ndebeles.

ASIE

Peuples d'Asie

◇ **LES BÉDOUINS** – MOYEN-ORIENT Texte de Mirella Ferrera — 116	◇ **LES WANCHOS** – INDE [ARUNACHAL PRADESH] Texte de Gian Giuseppe Filippi — 154
◇ **LES PALESTINIENS** – MOYEN-ORIENT Texte de Mirella Ferrera — 122	◇ **LES BONDOS** – INDE [ORISSA] Texte de Gian Giuseppe Filippi — 156
◇ **LES HAREDIM** – ISRAËL Texte de Mirella Ferrera — 126	◇ **LES SHERPAS** – NÉPAL Texte de Gian Giuseppe Filippi — 158
◇ **LES KURDES** – TURQUIE, SYRIE, IRAQ, IRAN, ARMÉNIE - Texte de Mirella Ferrera — 130	◇ **LES TIBÉTAINS** – CHINE Texte de Gian Giuseppe Filippi — 164
◇ **LES PACHTOUNS** – AFGHANISTAN, PAKISTAN Texte de Mirella Ferrera — 134	◇ **LES MONGOLS** – MONGOLIE, CHINE Texte de Gian Giuseppe Filippi — 170
◇ **LES RABARIS** – INDE [RAJASTHAN ET GUJERAT] Texte de Gian Giuseppe Filippi — 138	◇ **LES AÏNOUS** – JAPON Texte de Marco Ceresa — 180
◇ **LES LADAKHIS** – INDE [JAMMU-ET-CACHEMIRE] Texte de Gian Giuseppe Filippi — 142	◇ **LES MIAOS** – CHINE, THAÏLANDE, VIÊT NAM, LAOS Texte de Marco Ceresa — 182
◇ **LES GALLONGS** – INDE [ARUNACHAL PRADESH] Texte de Gian Giuseppe Filippi — 146	◇ **LES PADAUNGS** – BIRMANIE Texte de Marco Ceresa — 198
◇ **LES NISHIS** – INDE [ARUNACHAL PRADESH] Texte de Gian Giuseppe Filippi — 148	◇ **LES BALI-AGA** – INDONÉSIE [BALI] Texte de Marco Ceresa — 202
◇ **LES APATANIS** – INDE [ARUNACHAL PRADESH] Texte de Gian Giuseppe Filippi — 152	

En haut à gauche Mêlés pendant des siècles aux peuples indonésiens, islamisés à partir du Xe siècle, les Balinais sont restés attachés à la religion hindoue, qui se manifeste sous la forme de rituels grandioses.

En haut à droite Bédouins signifie « habitants du désert », par opposition aux groupes sédentaires. Les Bédouins sont donc définis par un mode de vie et non par des critères ethniques.

Page de droite Les Miaos, établis en Chine, au Viêt Nam, au Laos et en Thaïlande, sont répartis en sous-groupes que l'on distingue habituellement selon la couleur ou les motifs des vêtements féminins.

Introduction

Les innombrables populations qui vivent sur le continent asiatique présentent une grande diversité sur le plan tant ethnique que culturel et linguistique, laquelle fait toute la complexité politique des États de cette partie du monde. Pour les étudier, on distingue habituellement cinq vastes aires régionales : le Moyen-Orient, l'Asie du Sud, l'Asie du Nord-Est, l'Asie du Sud-Est et l'Asie insulaire. L'expression Moyen-Orient remonte au début du XXe siècle : c'est ainsi que les Britanniques désignent la région du golfe Persique, où ils avaient à défendre des intérêts politiques et militaires. Dans ce livre, cependant, nous lui donnerons une acception plus large en considérant le Moyen-Orient comme une aire culturelle comprenant l'Anatolie et la Syrie au nord, les pays du golfe Persique (Jordanie, Arabie saoudite, Yémen, Oman) au sud, le Liban et Israël à l'ouest, enfin l'Iraq, l'Iran, l'Afghanistan et le Pakistan à l'est. Si l'image de l'Orient arabe et musulman est généralement déterminée par le critère de la religion, c'est-à-dire par la référence à l'islam, cette aire comporte en réalité des îlots linguistiques, religieux et culturels très diversifiés : il suffit de penser aux populations kurdes établies entre la Turquie, l'Iran, l'Iraq et l'Arménie, aux juifs d'Israël, aux Libanais et aux Arméniens chrétiens.

L'Asie du Sud comprend le sous-continent indien, lui-même caractérisé par une extrême variété culturelle et linguistique, ainsi que les régions himalayennes (Népal, Tibet, Sikkim, Bhoutan). L'Asie du Nord-Est couvre la Chine, la région de la Mongolie et le Japon. L'expression Asie du Sud-Est remonte à la Seconde Guerre mondiale ; on l'employait alors pour désigner une zone stratégique incluant la Birmanie, le Laos, la Thaïlande, le Cambodge et le Viêt Nam. L'Asie insulaire, enfin, regroupe la Malaisie, l'Indonésie et les Philippines.

Une certaine homogénéité caractérise les groupes du Moyen-Orient, qui sont unis depuis plusieurs centaines d'années par leur appartenance commune à la culture arabo-musulmane. À l'origine, cette uniformité semble liée au développement de l'agriculture dans le Croissant fertile, vers 9000-8000 av. J.-C., qui aurait favorisé une relative stabilité et une unité au sein des populations, qu'elles soient nomades ou sédentaires.

Les groupes d'origine caucasique vivent dans la partie occidentale de l'Eurasie, alors que les populations de souche mongoloïde sont répandues dans la partie orientale du continent. Selon certains historiens, les ancêtres des caucasoïdes seraient issus d'une population d'origine africaine qui, il y a environ 100 000 ans, commença à se répandre en Asie à travers le Sinaï, ainsi qu'en Europe du Sud, en parcourant les régions côtières du nord-ouest de l'Afrique. Une autre vague migratoire provenant d'Afrique de l'Est se serait produite il y a environ 70 000 ans : traversant les mers sur des embarcations légères, des communautés auraient atteint la péninsule Arabique, l'Inde, l'Indonésie et même l'Australie, en se servant de la chaîne insulaire de l'océan Indien comme d'un pont.

Il y a près de 10 000 ans, des groupes d'agriculteurs qui habitaient la région du Croissant fertile se déplacèrent dans plusieurs directions : au nord-ouest, ils peuplèrent l'Europe en y introduisant leurs techniques agricoles, de même que les langues indo-européennes ; au sud-ouest, ils atteignirent l'Afrique du Nord en traversant le Sinaï ; à l'est, ils se dirigèrent vers l'Iran et le sous-continent indien ; au nord, ils gagnèrent les steppes d'Asie centrale. C'est dans cette vaste région peu propice à l'agriculture que se développèrent l'élevage du bétail et la domestication du cheval, animal qui allait servir de moyen de transport aux pasteurs nomades, dont l'expansion, il y a environ 4000 ans, favorisa la diffusion des langues altaïques et indo-européennes. Connus dans l'Antiquité sous le nom générique de Barbares, ces groupes périphériques comprenaient les Huns ainsi que les groupes mongols et tibétains.

Les populations d'Asie du Nord-Est, y compris les nombreuses ethnies chinoises et les peuples coréano-japonais, sont le plus souvent isolées et, par conséquent, relativement homogènes. En Chine, le peuplement et la diffusion des techniques agricoles suivirent des évolutions diverses. Dans le Sud, la culture du riz fut attestée voilà 8 500 ans, alors que celle du millet ne se répandit en Chine du Nord qu'un millénaire plus tard. Cette séparation nord-sud se reflète aussi dans la culture et les traditions au point que, aujourd'hui encore, on oppose Chine du Nord et Chine du Sud. L'unification du pays autour du bassin du fleuve Jaune, marquée par la construction de la Grande Muraille dans la seconde moitié du Ier millénaire avant notre ère, se limita en effet plus ou moins au plan linguistique. Les régions situées à l'ouest de la Chine étaient parcourues par

des caravanes qui reliaient le monde iranien au monde chinois par la route de la soie, un ensemble d'itinéraires commerciaux reliant l'Occident et l'Orient, par lesquels transitaient des marchandises, mais aussi des connaissances et des croyances religieuses. En définitive, la culture chinoise a marqué de son empreinte toute l'Asie orientale, y compris le Japon, en s'étendant jusqu'à la Mongolie et à l'Asie du Sud-Est. Le nom d'Indochine pour désigner une partie de l'Asie du Sud-Est rappelle que cette région a subi à la fois l'influence de la Chine et celle de l'Inde.

Des groupes tribaux provenant d'Inde et de Chine méridionale (comme les Thaïs et les Miaos) commencèrent à coloniser l'Asie du Sud-Est vers l'an 1000 avant notre ère, diffusant la culture du riz parmi les populations autochtones (les Négritos), qui vivaient jusqu'alors de la chasse et de la cueillette. La plupart des groupes préexistant aux vagues migratoires d'Inde et de Chine furent repoussés vers les zones de montagnes et de forêts, des régions reculées et inhospitalières, où l'on ne pouvait pratiquer qu'une agriculture primitive et itinérante (technique du brûlis), complétée par la chasse et la cueillette.

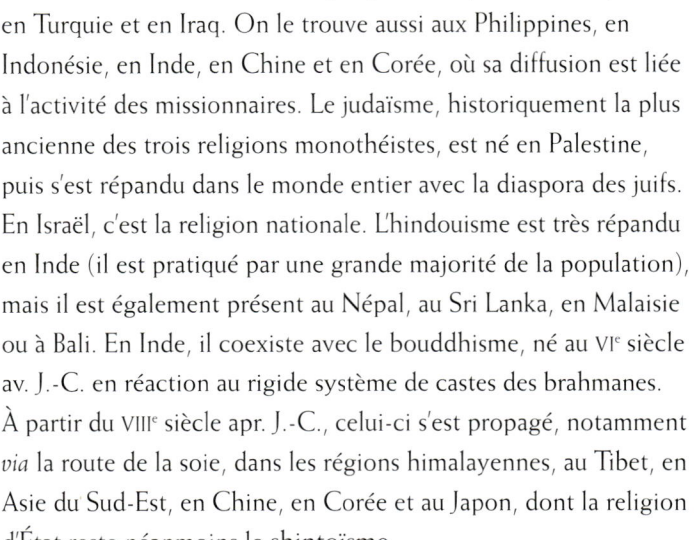

La distribution des principaux groupes linguistiques d'Asie, très complexe, ne permet pas de différencier les peuples. Les migrations de populations, les invasions, les interactions entre autochtones et nouveaux arrivants... font qu'il est impossible de classer les ethnies en fonction de leur appartenance à telle ou telle famille de langues. Les langues sémitiques comprennent aussi bien l'hébreu que l'arabe. Le kurde, de même que les autres langues iraniennes (le perse, le pachto, parlé en Afghanistan et au Pakistan, l'ossète), et le hindi, en usage chez les divers groupes du sous-continent indien, appartiennent à la famille des langues indo-européennes, mais certaines ont adopté l'alphabet arabe. Les langues ouralo-altaïques, parmi lesquelles le mongol et le turc, ont une répartition géographique très large, reflétant l'histoire de ces peuples conquérants. Les langues sino-tibétaines se ramifient en plusieurs groupes, dont le chinois (le mandarin et les dialectes de Chine du Sud) et le tibéto-birman (plus de deux cent cinquante langues). La famille maléo-polynésienne (ou austronésienne) compte près d'un millier de langues. Enfin, certaines, telle celle des Aïnous, constituent des groupes isolés.

Les principales religions du monde sont présentes en Asie : l'islam, le bouddhisme, l'hindouisme, le taoïsme, le christianisme. L'islam est répandu sur tout le continent, du Moyen-Orient à l'Asie méridionale. Il est ainsi majoritaire au Moyen-Orient (90 % environ de la population), mais aussi en Indonésie, au Pakistan ou au Bangladesh. La religion islamique domine la vie culturelle, sociale (et, dans certains cas, politique) des populations du Moyen-Orient, même si les deux autres grandes religions monothéistes, le judaïsme et le christianisme, y sont également pratiquées. Le christianisme est présent parmi les communautés maronites du Liban, en Syrie, en Israël, en Arménie, en Turquie et en Iraq. On le trouve aussi aux Philippines, en Indonésie, en Inde, en Chine et en Corée, où sa diffusion est liée à l'activité des missionnaires. Le judaïsme, historiquement la plus ancienne des trois religions monothéistes, est né en Palestine, puis s'est répandu dans le monde entier avec la diaspora des juifs. En Israël, c'est la religion nationale. L'hindouisme est très répandu en Inde (il est pratiqué par une grande majorité de la population), mais il est également présent au Népal, au Sri Lanka, en Malaisie ou à Bali. En Inde, il coexiste avec le bouddhisme, né au VIe siècle av. J.-C. en réaction au rigide système de castes des brahmanes. À partir du VIIIe siècle apr. J.-C., celui-ci s'est propagé, notamment *via* la route de la soie, dans les régions himalayennes, au Tibet, en Asie du Sud-Est, en Chine, en Corée et au Japon, dont la religion d'État reste néanmoins le shintoïsme.

À côté des pratiques religieuses dictées par l'appartenance aux grandes religions perdurent, sur tout le continent, des rites ancestraux (cultes de la fertilité, des esprits...) d'origine animiste et chamanique : ils sont pratiqués par diverses populations et presque toujours intégrés aux cultes plus récents.

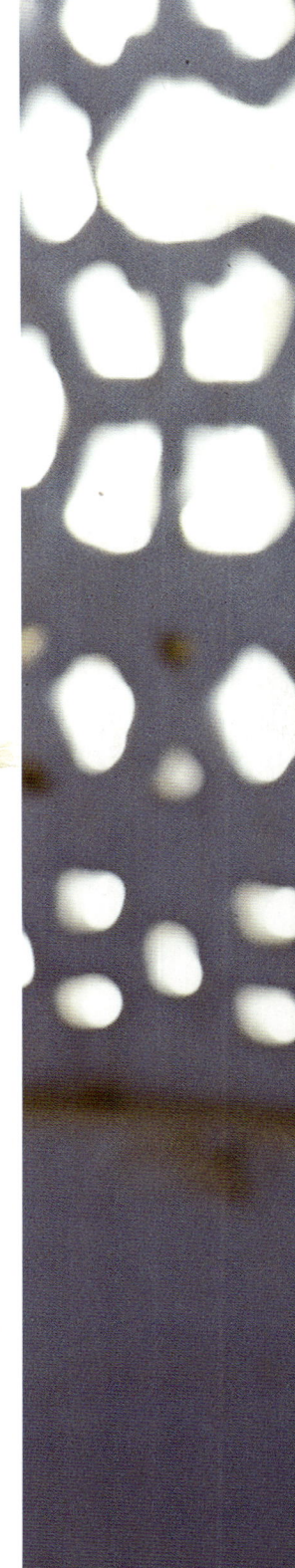

Page de gauche Un groupe de femmes dans le temple de Devnarayani à Pushkar, en Inde : le culte de cette divinité est associé à la tradition qui veut qu'une veuve s'immole sur le bûcher funéraire de son mari.

Ci-dessus Un paysan du Gujerat en pèlerinage s'accorde un moment de repos dans une auberge (daramshala) de Pushkar, ville sainte du Rajasthan. Les établissements de ce genre sont réservés à certaines ethnies ou castes.

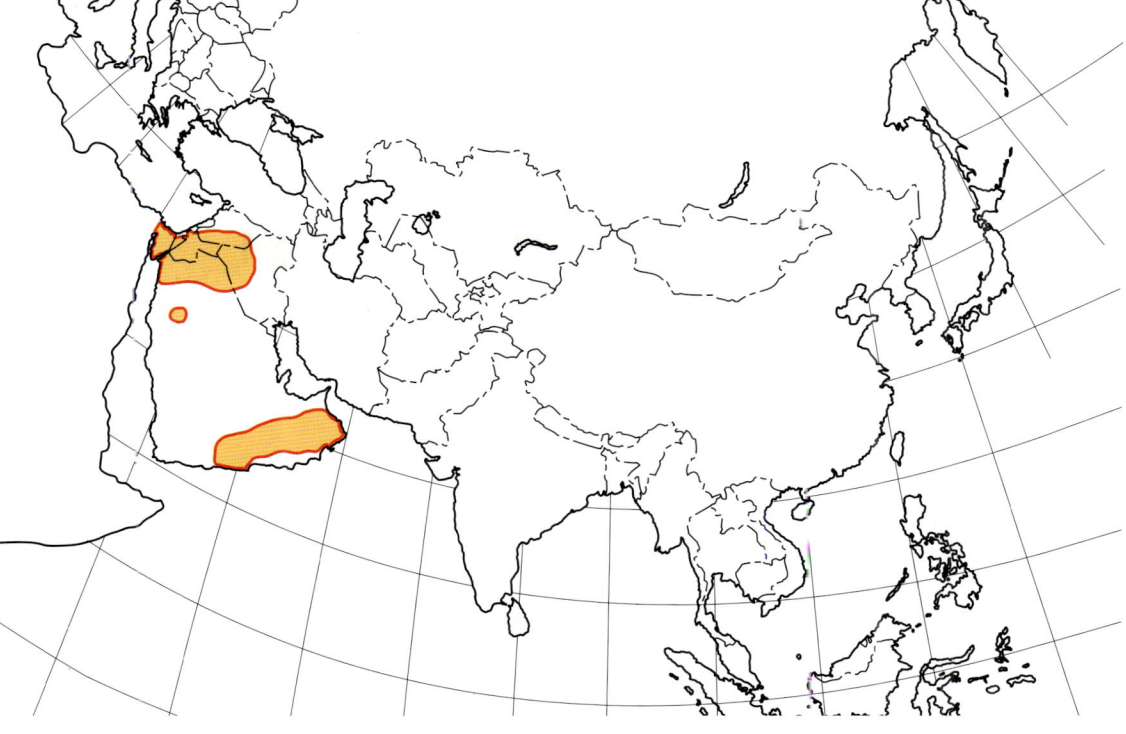

Les Bédouins

MOYEN-ORIENT

Habitant du désert, telle est la signification de l'arabe *badawi*, d'où dérive le mot Bédouin. Le terme souligne bien le trait commun aux nombreuses tribus disséminées dans les immenses territoires désertiques et steppiques du Moyen-Orient, qu'elles soient sédentaires, semi-nomades ou nomades.
La plupart des Bédouins sont des musulmans de confession sunnite, même s'il subsiste, au sein des divers groupes, des croyances et des pratiques pré-islamiques, relatives aux esprits malins, à la sorcellerie et à la divination.
Certaines tribus, notamment en Arabie, exercent l'élevage nomade de dromadaires et se déplacent continuellement avec leurs troupeaux – sauf durant les mois d'été, beaucoup trop chauds ; elles suivent un itinéraire très précis à l'intérieur d'un territoire donné (*dirab*), comprenant des puits, des oasis et des pâturages. Ce sont principalement les dromadaires femelles qui font l'objet d'un élevage, car elles fournissent de grandes quantités de lait (un animal peut en produire près de 7 litres par jour). Le lait ainsi que les céréales échangées avec les groupes d'agriculteurs sédentaires et les dattes cueillies dans les oasis constituent la base de l'alimentation du berger bédouin. Les tribus qui se consacrent à l'élevage des chèvres et des moutons pratiquent un semi-nomadisme transhumant, avec des migrations saisonnières, à la recherche d'eau et de pâturages. Les Bédouins gèrent aussi le transport caravanier de diverses marchandises, comme les céréales, les tissus et les bijoux, très appréciés des femmes, qui en font un large usage ornemental.
La tribu bédouine (*qabila*) comprend des groupes parentaux formés de familles élargies, qui descendent d'un ancêtre commun. La cohésion sociale est renforcée par les liens familiaux et par un rigoureux code d'honneur et de loyauté, fondé sur des valeurs telles que la générosité, l'obéissance et, surtout, l'hospitalité.

Page de gauche et ci-dessus Un groupe de Bédouins abreuve ses dromadaires dans le nord du Sinaï. Pour les Bédouins, le désert a longtemps représenté une sorte de forteresse inexpugnable contre l'avancée du progrès. Mais la construction de routes traversant le désert et l'explosion du tourisme ont largement modifié leur mode de vie.

À droite Les rôles des individus sont rigoureusement définis et répartis entre les sexes et les classes d'âge : fumer le narguilé, par exemple, est le privilège des hommes, tandis qu'il incombe aux enfants de leur servir la nourriture.

Les sociétés bédouines sont caractérisées par une nette distinction des tâches individuelles et par la séparation des rôles masculins et féminins, qui se reflète dans les habitations elles-mêmes : les tentes de peaux et de laine de chèvre, typiques des campements, ont des quartiers distincts pour les hommes et pour les femmes et les enfants. En général, les hommes s'occupent des troupeaux de dromadaires.

Autrefois, les Bédouins se livraient régulièrement à des razzias, surtout en période de sécheresse, pour pallier la pénurie de ressources. Étonnamment, cette pratique était menée de façon très codifiée : ainsi, les Bédouins se devaient d'éviter toute effusion de sang et les victimes, caravaniers ou sédentaires, pouvaient échapper aux razzias lorsqu'elles acceptaient d'acquitter une sorte de droit de passage.

Les femmes s'occupent des jeunes enfants, surveillent les troupeaux de chèvres et de moutons, organisent les campements, se chargent des travaux domestiques et du

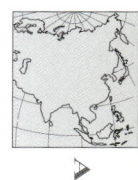

A S I E

Ci-contre à gauche et ci-dessus Fondement de l'économie bédouine, les troupeaux de chèvres et de moutons, en général composés d'une vingtaine de têtes, sont confiés aux femmes de la tribu.

Ci-dessous Des pains sont disposés devant un four, prêts à la cuisson. Le pain pita, ou arabe, connu et apprécié en Occident, joue un rôle essentiel dans l'alimentation des Bédouins.

En bas à gauche La tente bédouine typique est constituée de toiles de laine (chèvre et mouton) tissées à la main. À l'intérieur, les pièces sont pourvues de tapis et de coussins.

Ci-dessous Deux Bédouins à dos de dromadaire se confondent avec le paysage désolé du Sinaï. Les Bédouins du Néguev ont l'habitude de concentrer l'eau des rares pluies hivernales dans des zones limitées, qui restent ainsi fertiles.

Page de gauche (en bas) Une femme bédouine portant une robe traditionnelle récolte des herbes près de Bir Taba, non loin du golfe d'Aqaba, dans le Sinaï. Dans ces régions arides, il est indispensable de prévenir les dégâts causés par le bétail sur la maigre végétation. Les animaux (chèvres, moutons ou dromadaires) en libre pâturage, qui tendent naturellement à dévorer tout ce qu'ils trouvent, contribuent pour une grande part à la désertification des zones déjà arides.

Page de droite Objet de controverses en Occident, mais aussi en Orient, le voile peut être un accessoire d'une élégance raffinée, comme le montre le magnifique hijab qui divulgue le visage de cette femme bédouine des environs du Sinaï. Plusieurs passages du Coran font référence au voile, dont le port serait à la fois un insigne honorifique permettant de distinguer les femmes (à l'origine celles du prophète, puis les croyantes en général) des esclaves et une façon de se cacher pour ne pas exciter la convoitise des hommes.

Les vêtements portés par les femmes des tribus bédouines se conforment aux principes de l'islam, qui imposent le port du voile à la femme adulte. Avec le processus de sédentarisation, la condition des femmes au sein des tribus nomades est en train d'évoluer, et parfois en leur défaveur : dans cette société organisée selon des tâches individuelles bien précises, empêcher les femmes de remplir leur mission principale, à savoir le soin des troupeaux de chèvres et de moutons, risque de leur enlever une part de dignité.

tissage. En principe, les mariages sont endogames : ils se passent à l'intérieur du groupe ; dans le cas contraire, ils ont généralement pour objectif de nouer des alliances stratégiques, qui permettent d'établir des liens de solidarité et de coopération avec d'autres groupes, facilitant aussi l'accès à des ressources situées dans des territoires éloignés.

Chaque groupe reconnaît l'autorité d'un chef (*shaikh*), choisi pour son courage et sa générosité tout autant que pour sa sagesse, et secondé par un conseil d'hommes qui traite des questions relatives à la justice. Les conflits internes sont réglés par le droit coutumier tribal, qui tient compte du critère de responsabilité collective, selon lequel tout le groupe est responsable des actions commises par un de ses membres.

Les États tentent aujourd'hui de limiter l'autonomie et les déplacements des Bédouins. Les divers contrôles qui entravent le déroulement des activités traditionnelles ont enclenché un lent processus de sédentarisation. Beaucoup d'hommes savent néanmoins mettre à profit l'expérience qu'ils ont acquise dans le désert en devenant, par exemple, guides touristiques, militaires – ou encore agriculteurs.

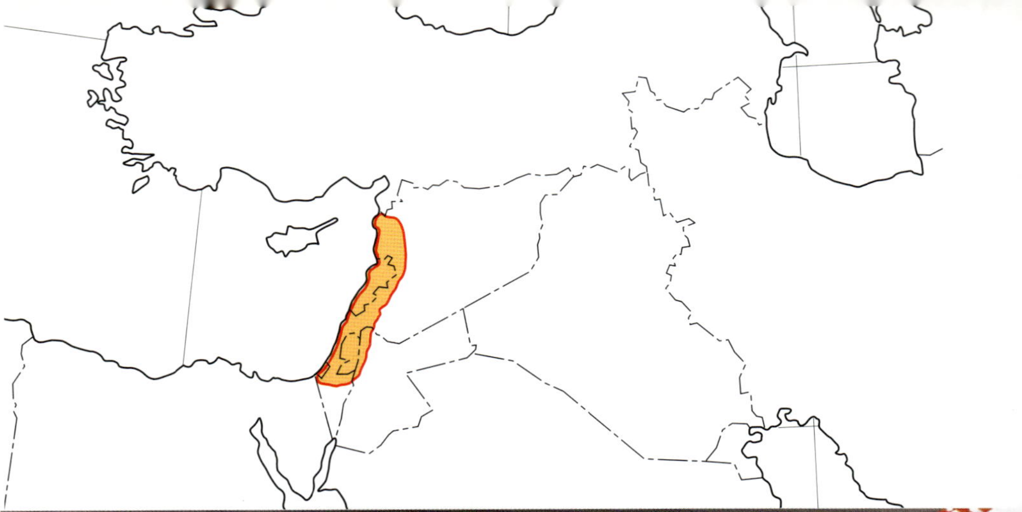

Les Palestiniens
MOYEN-ORIENT

Le nom du peuple palestinien a une histoire ancienne, familière à ceux qui connaissent l'Ancien Testament : il dérive en effet de *Pelishtim*, ou Philistins, nom que l'on donnait à une des populations d'origine obscure (les Peuples de la Mer) qui envahirent la côte orientale de la Méditerranée vers le XIIe siècle av. J.-C., soit un siècle après l'arrivée des Israélites dans la région. L'histoire de la Palestine, comme nous le savons par la Bible, est marquée depuis lors par une succession de guerres, qui peut s'expliquer notamment par la particularité du territoire, difficilement définissable comme région géographique indépendante. La seule frontière certaine et intouchable de la Palestine a été – pendant des millénaires – la frontière occidentale, naturellement délimitée par la Méditerranée. Cette indétermination a rendu particulièrement délicate l'identification entre territoire et ethnies, et ce n'est pas sans raisons que la Palestine a été le théâtre d'innombrables invasions, depuis l'époque des rois impérialistes du Moyen Empire égyptien jusqu'à celle des sultans ottomans. Cependant, la transformation culturelle la plus significative, dans la mesure où elle caractérise aussi la Palestine actuelle (la définition la plus correcte pour ce peuple est d'ailleurs arabo-palestinien), fut l'invasion musulmane

du VIIe siècle apr. J.-C. Les Palestiniens, qui furent les premiers à la subir, empruntèrent aux Arabes leur langue, rattachée à la famille hamito-sémitique, ainsi que la religion islamique de confession sunnite.

Après la constitution de l'État d'Israël, en 1947-1948, certains Palestiniens restèrent dans le pays, où ils forment aujourd'hui une population à part, mais ayant la nationalité israélienne et un système d'enseignement en arabe. Les autres Palestiniens vivent dans les territoires autonomes et occupés (Cisjordanie et Gaza), en Jordanie, où ils représentent plus de 50 % de la population, en Syrie et au Liban. Certains se sont pleinement intégrés à la population locale (en Jordanie surtout), d'autres

Page de gauche (en bas) et ci-contre à gauche Le keffieh, coiffure traditionnelle composée d'un tissu rouge et blanc ou noir et blanc, est devenu une sorte de symbole nationaliste pour les Palestiniens.

En haut à gauche Dans une mosquée, tranquillement assis sur un tapis, un homme se consacre à la lecture. La culture palestinienne possède une tradition littéraire ancienne, surtout dans le domaine de la poésie.

conservent le statut de réfugiés. De nombreuses communautés palestiniennes sont également présentes aux États-Unis.
À cause du conflit qui, depuis des années, fait feu dans la région du Proche Orient, la condition des femmes palestiniennes est, dans l'ensemble, tout à fait particulière : souvent, en raison de l'absence forcée des hommes, elles ont pris la direction des villages, alors que, dans les zones urbaines, elles travaillent comme ouvrières dans l'industrie textile, comme infirmières ou comme enseignantes.
Dans la culture traditionnelle, l'unité de base de la société palestinienne est la famille nucléaire, formée donc uniquement du couple des parents et de leurs enfants. Les mariages sont

En haut Débordant de la boutique d'un commerçant palestinien de Jérusalem, des amoncellements de savoureux fruits et légumes ferment presque le passage dans un des trois bazars de la vieille ville. Contrairement à l'image commune de région aride et inhospitalière, la Palestine est une terre fertile, généreuse, façonnée par des millénaires d'intense activité humaine.

Ci-dessus Les souks, marchés caractéristiques du monde arabe, sont aujourd'hui encore le lieu préféré des Palestiniens pour tous leurs achats. Ils sont traditionnellement organisés sur une base coopérative, c'est-à-dire selon l'activité exercée dans un quartier donné. On trouve donc des souks de teinturiers, de forgerons, d'artisans du bois et de marchands d'épices aux mille parfums.

Ci-contre à droite Des étudiantes rigoureusement voilées dans une école de Gaza. L'enseignement supérieur, étendu depuis plusieurs années aux femmes, est aujourd'hui organisé dans douze établissements palestiniens, du secondaire jusqu'à l'université.

Ci-dessous Deux jeunes filles de Gaza observent le monde depuis leur fenêtre. Dans cette image emblématique, on devine un regard rieur, peut-être un sourire : la paix n'a jamais vraiment existé dans cette région, mais l'espoir peut encore germer.

généralement monogamiques et conclus de préférence entre cousins directs. L'autorité du chef de famille s'exerce en ce qui concerne les questions relatives à l'éducation, au choix du métier et au mariage.

Les groupes parentaux des communautés rurales arabo-palestiniennes font référence à une importante institution traditionnelle, l'*hamula*, qui a plus ou moins bien survécu aux aléas de l'Histoire comme à la mobilité et à l'urbanisation de ce peuple. Des groupes formés d'individus résidant dans le même quartier ou village revendiquent la descendance d'un ancêtre commun et sont unis par des liens de solidarité sur les plans social, économique et rituel. L'organisation sociale et politique des villages palestiniens a subi des transformations au fil des régimes qui se sont succédé, changements qui ont naturellement affecté la structure et la fonction de l'*hamula*.

À l'époque de l'Empire ottoman, cette dernière exerçait une fonction de coopération et de défense des intérêts communs dans le cadre de l'économie agricole de subsistance, qui prévoyait la répartition de la terre entre tous les membres du village. Sous la domination britannique, elle a perdu son caractère coopératif puisque la terre est devenue une propriété individuelle, créant des différenciations sociales entre les membres de l'*hamula*.

Avec la naissance d'Israël et l'urbanisation, les nouvelles possibilités de travail induites par le développement économique ont finalement permis de rééquilibrer la disparité entre les divers groupes parentaux, de telle sorte que l'*hamula* a retrouvé un rôle de facteur de cohésion, en partie grâce aux revendications d'autonomie des Palestiniens qui vivent dans les territoires occupés.

Ci-dessus Épouses, belles-filles et petits-enfants sont assis à côté de l'homme le plus âgé de la famille, qui est investi de la plus grande autorité. Les Palestiniens sont pour la plupart sunnites, donc liés à la loi et au droit islamiques, sharia et fqiq.

Ci-contre La situation de guerre a contribué à transformer les rôles et les coutumes. Au cours des dernières années, beaucoup de femmes palestiniennes ont dû exercer des fonctions nouvelles, travaillant dans l'enseignement, l'industrie et la santé.

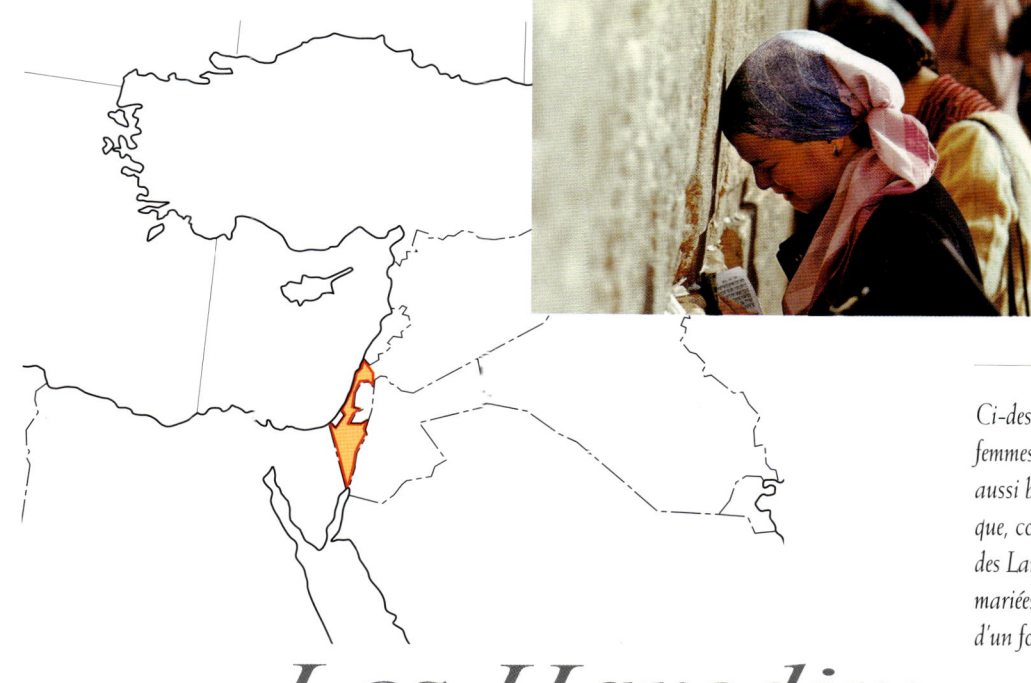

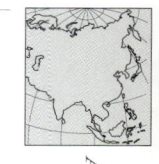

Ci-dessus à gauche Hommes et femmes prient dans des zones séparées, aussi bien dans les synagogues que, comme ici, devant le mur des Lamentations. Les femmes mariées doivent se couvrir la tête d'un foulard.

Ci-dessus à droite À 13 ans, âge de la maturité religieuse, les jeunes garçons passent leur Bar mitzva : ils assument leurs pleines responsabilités religieuses devant les rouleaux sacrés de la Torah et sous les yeux de la communauté.

Les Haredim
ISRAËL

Page de gauche Habillé selon les règles qui régissent les prières du matin, un orthodoxe de Jérusalem récite une prière devant le mur des Lamentations, dernier vestige du Temple détruit par les Romains.

Ci-dessous Selon les préceptes du Lévitique, troisième livre du Pentateuque, contenant les prescriptions relatives au sacerdoce, la barbe du fidèle ne doit pas être taillée.

À droite au centre La tête couverte du tallit (le châle de prière), cet homme porte au front et au poignet les tefillin, des petites boîtes de cuir reliées par des lanières contenant des passages de la Torah qui lui rappellent l'obligation d'observer les commandements.

À droite en bas La tradition religieuse distingue les fêtes joyeuses et les fêtes tristes. Le jeûne du Ticha be-Ab est consacré au souvenir de la destruction du Temple.

D'après le Pentateuque, la Torah des juifs, le peuple hébreu descend du patriarche Abraham, originaire de la ville d'Our, en Chaldée, sur le cours moyen de l'Euphrate. Pour les historiens, cependant, la première localisation des Hébreux et le moment où ils acquièrent une unité en tant que peuple remontent au XIIIe siècle avant notre ère, quand fut accomplie la conquête de la Palestine, la Terre promise, et que fut définie l'organisation en douze tribus regroupées autour d'un temple unique.

Au cours des millénaires, les Hébreux ont subi de violentes persécutions, justifiées tour à tour par des prétextes de nature religieuse, politique et économique. Aussi ont-ils été contraints d'émigrer, ce qui explique que la société juive moderne soit extrêmement composite : dispersée à travers le monde (on parle de diaspora), elle est intégrée dans la culture des différents pays tout en étant unie par un fort sentiment d'identité et d'appartenance qui se manifeste, dans tous les endroits où elle s'est installée, par le respect de la tradition religieuse et qui trouve à Jérusalem le lieu d'élection où concrétiser l'aspiration à la renaissance, à la réunion et à la liberté. Sans être représentatifs de la réalité contemporaine du peuple juif, les Haredim, c'est-à-dire les juifs orthodoxes de Jérusalem, sont d'une certaine manière les représentants de ce profond attachement à la tradition.

La culture juive se distingue par une profondeur et une complexité exceptionnelles. L'orthodoxie juive reconnaît dans les livres de la Torah le texte de la révélation de Jhwh, Dieu unique, créateur du Ciel et de la Terre, et dans le Talmud une rédaction révélatrice parallèle, destinée à la transmission orale. Une des prières les plus importantes, prescrite quotidiennement et prononcée au début et à la fin de la journée, est *Shema Israel*, « Écoute, ô Israël », contenant la profession de foi fondamentale dans l'unicité de Jhwh. Aux textes de la révélation s'ajoute la Loi, un vaste corpus de prescriptions concrètes, exprimées dans plus de six cents commandements individuels et sociaux, qui établissent des principes éthiques et définissent des règles d'alimentation et de purification. En ce domaine priment les ablutions rituelles et les principes kashers, relatifs aux aliments

Ci-dessous Des élèves portant la kippa (calotte), en signe d'humilité vis-à-vis de Dieu, déjeunent au réfectoire d'une école orthodoxe de Jérusalem. Dans les établissements de ce type (yechiva), la formation commence à l'âge de 3 ans avec l'apprentissage de l'alphabet hébreu et se poursuit pendant dix ans, jusqu'à ce que l'élève ait atteint la maturité religieuse, marquée par la cérémonie de la bar-mitsva.

Ci-contre Si l'enseignement des textes religieux (Torah et Talmud) dans les écoles orthodoxes se fait en hébreu, on y enseigne aussi parfois le yiddish, la langue élaborée au Moyen Âge par les juifs d'Europe de l'Est à partir d'un dialecte allemand, mais utilisant des caractères hébraïques.

Ci-dessus et ci-dessous Selon la tradition juive, les hommes ne doivent pas se raser. Les pattes, qui sont à la limite des cheveux et de la barbe, ne sont donc pas coupées chez le jeune garçon. Le port de la kippa (calotte) est beaucoup plus largement répandu (même les non-juifs doivent se couvrir la tête dans une synagogue).

autorisés et interdits, à la manière de consommer la nourriture (il est interdit de mélanger viande et lait) et à l'abattage des animaux. Un autre élément capital de l'orthodoxie est la sanctification du shabbat, jour de repos et de prières, qui va du vendredi avant le coucher du soleil au samedi à la tombée de la nuit et durant laquelle toute forme de travail est proscrite. Nombreuses sont les fêtes religieuses qui rythment l'année juive, comme la fête du *Shavu'ot* (semaines), qui est célébrée sept semaines après la Pâque (*Pesach*) pour commémorer le don de la Torah, offerte par Dieu à Moïse sur le mont Sinaï. Cette fête coïncide aussi avec la période de la récolte : l'habitude est donc de décorer de fleurs les synagogues, où l'on offre du café, des gâteaux et des plats à base de fromage. *Roch Hachana* désigne la fête du nouvel an juif (en septembre) et Yom Kippour est le jour du Grand Pardon, durant lequel on jeûne pendant vingt-quatre heures. Cette fête est l'une des plus respectées, y compris par les juifs non pratiquants. Des cérémonies importantes marquent les différentes phases de la vie des individus. La circoncision (*Berith mila*), qui a lieu le huitième jour après la naissance de l'enfant, signe l'Alliance (*Berith*) du peuple juif avec Dieu. L'opération est exécutée par le *mohel*, tandis que le parrain (*sandak*) porte l'enfant sur le siège du prophète Élie, qui, dit-on, assiste à la cérémonie. À 13 ans, âge de la majorité religieuse pour les hommes, a lieu la bar-mitsva (mot hébreu signifiant « fils du précepte ») : après cette célébration, les garçons, entrés dans l'âge adulte, peuvent participer à la lecture de la Torah dans la synagogue. La tradition ne permet pas les mariages mixtes mais, le cas échéant, les enfants nés de cette union ne sont considérés comme des membres du peuple juif que si leur mère est juive. Le mariage est célébré par le rabbin et a lieu dans la *huppa*, le baldaquin nuptial qui symbolise la maison où vivront les époux. L'époux enfile la bague au doigt de son épouse, puis, après la lecture du contrat de mariage (*ketubba*), il brise le verre dans lequel, avec son épouse, il a bu le vin, commémorant par ce geste la destruction du Temple de Jérusalem par les Romains en l'an 70 apr. J.-C., un événement dont le souvenir est toujours vivant dans la mémoire de ce peuple extraordinaire.

Les Kurdes

TURQUIE, SYRIE, IRAQ, IRAN, ARMÉNIE

Population de langue indo-européenne appartenant à la branche iranienne, les Kurdes ont des origines plutôt obscures, rattachées, selon certains historiens, à la population kardaka, mentionnée dans les textes sumériens du IIe millénaire av. J.-C. Plus concrètement, il s'agirait de peuples autochtones de la région comprise entre la mer Noire, la mer Caspienne et l'actuel Iran septentrional. Cependant, les données les plus anciennes dont nous disposons ne remontent qu'à l'époque de l'invasion arabe, au VIIe siècle apr. J.-C. : elles font allusion à des groupes tribaux qui défendent farouchement leur autonomie en organisant régulièrement des soulèvements. Ces deux traits – fierté et indépendance – dominent l'histoire du peuple kurde jusqu'à nos jours et ont sans aucun doute contribué à préserver une forte homogénéité culturelle. Même si les recensements sont difficiles à établir, on estime que 20 millions de Kurdes sont aujourd'hui répartis entre la Syrie, la Turquie, l'Iraq, l'Iran et la république d'Arménie. Les États issus du morcellement de l'Empire ottoman ont démembré politiquement la région historique du Kurdistan, habitée pendant des siècles par des communautés kurdes : installées dans des villages de montagne isolés, celles-ci se consacraient à l'élevage nomade et transhumant. L'organisation traditionnelle de la société kurde se fondait sur le groupe tribal, dont le chef, ou *agha*, était investi d'une fonction héréditaire et servait de guide dans les déplacements ainsi que de médiateur dans les conflits internes. Figure influente, garant de la cohésion de la communauté, l'*agha* était en général propriétaire terrien et percevait les loyers de ses terres. Son prestige se mesurait à la générosité dont il faisait preuve lors des assemblées de la communauté, qui se tenaient d'ordinaire dans sa résidence. Étant donné l'importance des liens de parenté, la position du chef au sein des groupes sédentaires était moins influente parce que, contrairement à ce qui se passait à l'intérieur des groupes semi-nomades, les habitants des villages appartenaient à des groupes familiaux différents : l'autorité du simple représentant d'une branche n'était donc pas toujours respectée.

Ci-dessus À l'intérieur de la maison, le rez-de-chaussée sert d'étable, tandis que l'étage supérieur, accessible par le plafond, accueille la famille.

Page de gauche (en haut) Farine sans levain, eau et sel sont les ingrédients du yufka, le pain traditionnel qui est cuit sur une pierre plate et se conserve tout l'hiver.

Page de gauche (au centre) Les villages kurdes sont constitués d'habitations en pierre établies sur différents niveaux.

Ci-contre à droite Des nuages de poussière soulevés par les moutons envahissent un campement kurde durant la transhumance saisonnière.

Cette structure tribale fondée sur l'unité territoriale du groupe et sur les liens du sang fut progressivement affaiblie par l'éclatement et l'annexion de la région au sein de divers États après la Première Guerre mondiale : la création de frontières fit obstacle aux migrations saisonnières, de sorte que la plupart des Kurdes furent contraints d'abandonner l'élevage nomade et de pratiquer l'agriculture sédentaire, ou bien d'émigrer dans les villes pour s'intégrer aux activités économiques des États.

L'organisation tribale survit encore parmi de rares groupes nomades, qui sont restés résolument isolés dans les montagnes. Les Kurdes sont en majorité des musulmans sunnites, mais certains groupes installés dans les zones rurales appartiennent à des confréries et à des ordres soufis : ils adhèrent au courant mystique de l'islam qui préconise l'ascèse et l'accomplissement divin *(rida)* de l'homme. D'autres ont rallié la secte syncrétique des Yazidis, fondée au XIIe siècle par le *shaikh* mésopotamien Adi. Les Yazidis reconnaissent l'existence de deux entités surnaturelles, l'une divine et bienveillante, l'autre malveillante, et pratiquent une série de cultes associés au feu, à l'eau, à la Lune et au Soleil. Dans chaque village, il y a différents chefs spirituels : le *mullah*, responsable de l'éducation coranique et officiant des cérémonies religieuses ; le *shaikh*, chef de la confrérie religieuse soufi ; et le *sayyd*, le devin.

Les femmes kurdes jouissent d'une plus grande liberté que dans d'autres populations musulmanes et ont toujours eu un rôle actif dans la société. Elles ne sont pas obligées de porter le voile, peuvent accéder à l'enseignement et exercer des charges politiques à l'intérieur de la communauté. Il existe même un genre poétique, le *laùk*, qui est composé et chanté exclusivement par des femmes.

À côté de la religion islamique, adoptée au VIIe siècle, les Kurdes conservent quelques croyances préislamiques, notamment le culte des ancêtres et les croyances animistes, attribuant une âme aux éléments naturels (pierres, arbres, eau, feu). Ils ont ainsi pour habitude de dresser près des lieux sacrés des tumulus de pierres associés au culte des ancêtres, sortes d'autels qu'ils honorent avec des offrandes de pain et de gâteaux.

Page de gauche (en haut)
Conformément à la coutume musulmane, les hommes prennent leur repas séparément des femmes. Les habitations kurdes sont rudimentaires, mais agréables.

Page de gauche (en bas)
Un cortège de femmes franchit le portail d'un complexe d'habitations, apportant la nourriture pour une fête. Les kibbeh, boulettes de bœuf épicées, sont une spécialité kurde.

Ci-dessous D'anciennes chorégraphies revivent dans les danses qui animent la fête du 1er Mai à Ruwanduz. Dans le calendrier kurde, le mois correspondant est gullan (du 20 avril au 21 mai).

Ci-contre à gauche Dans le nord de l'Iraq, les invités d'un mariage participent à une danse. Dans ce cas, le groupe comprend aussi des femmes, qui, conformément à la tradition kurde, ne sont pas voilées.

Ci-dessous Les Kurdes élèvent des moutons et des chèvres. À l'abri de sa tente, un berger tond une chèvre ; il lui a lié les pattes. La laine produite est notamment employée pour le tissage de magnifiques tapis.

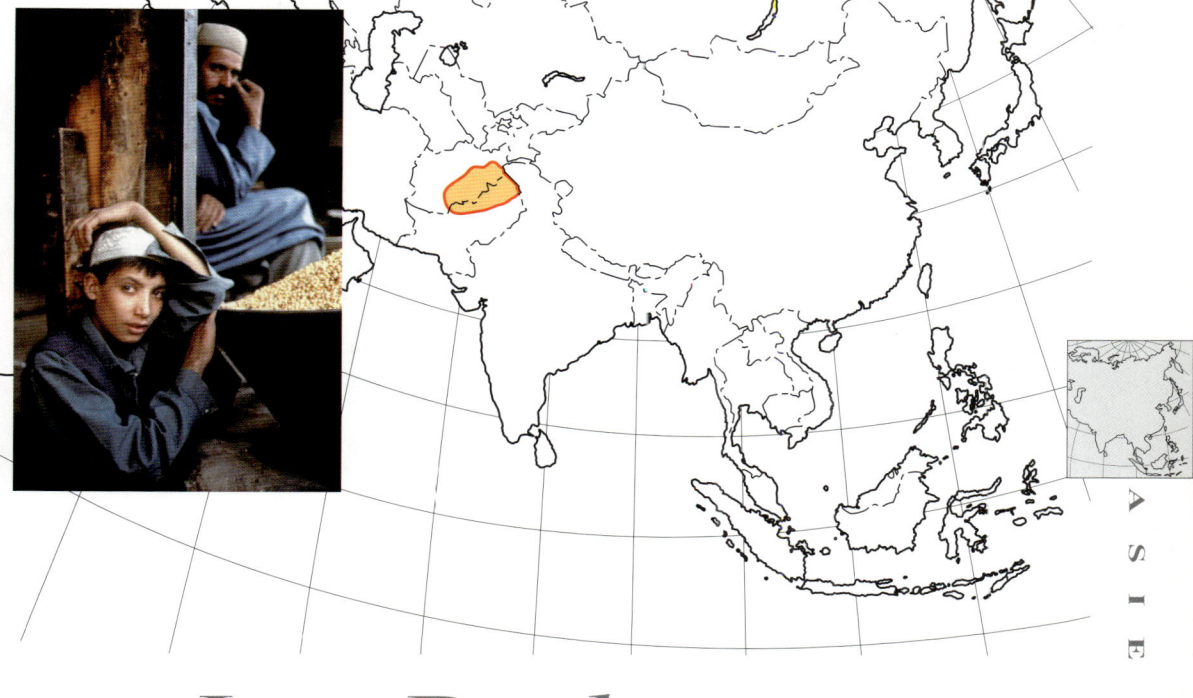

Les Pachtouns
AFGHANISTAN, PAKISTAN

Les Pachtouns, population de langue pachto, appartenant à la branche iranienne de la famille linguistique indo-européenne, sont établis dans le sud-est de l'Afghanistan et dans le nord-ouest du Pakistan. Avant la guerre contre l'Union soviétique (1979-1989), les groupes pachtouns – durranis et ghilzais – de l'Afghanistan représentaient une élite politique tribale assimilée à la structure administrative de l'État : c'est de ce groupe que sont issus les talibans.

Les Pachtouns sont divisés en tribus composées de clans, eux-mêmes constitués de familles élargies et soumis à l'autorité d'un chef, le *malik*. Les chefs de clan, les anciens et les hommes adultes du groupe forment l'assemblée, ou *jirga*, qui discute des questions relatives à la communauté et des litiges internes au groupe. Ces derniers sont réglés par des sanctions que la famille de l'offenseur doit acquitter à la famille de l'offensé, à titre de compensation, conformément au principe de la responsabilité collective en usage dans les cultures pastorales. Un code de comportement traditionnel, ou *pukhtunwali*, régit les mécanismes de sanction : il est fondé sur l'honneur, l'hospitalité et la protection des femmes, c'est-à-dire leur exclusion du regard des étrangers et des affaires publiques. Les actes de vengeance peuvent être sanglants, impliquant des familles et des clans entiers. Pour prévenir de tels conflits, il existe une assemblée élargie, ou *loya jirga*, formée de chefs tribaux et religieux de différents groupes.

De confession sunnite, comme 90 % des musulmans, les Pachtouns suivent le calendrier liturgique musulman. Leurs chefs spirituels sont les *mullah*, qui dirigent les écoles coraniques et président aux cérémonies, notamment les célébrations qui rythment les phases du cycle vital : naissance, circoncision (qui a lieu à l'âge de 7 ans), mariage et mort. La pratique funéraire reflète en partie les coutumes d'un autre peuple du Moyen-Orient d'origine pastorale : les Hébreux, qui ont l'habitude de laver le corps et de le couvrir d'un suaire blanc ; dans le cas des Pachtouns, une différence importante tient à la position du défunt, qui est inhumé le visage tourné vers La Mecque. À côté de la religion musulmane, les

Page de gauche et ci-dessus Les Pachtouns constituent environ 40 % de la population de l'Afghanistan et 8 % de celle du Pakistan.

Ci-dessous Alors que le jour tombe, un homme récite sa prière du soir sur le col de Salang, au nord de Kaboul. Les Pachtouns, en majorité musulmans sunnites, ont subi l'influence arabe dès le VIIe siècle, mais ils n'ont été islamisés que deux siècles plus tard.

En bas Les habitations traditionnelles disposent toujours d'un *charpoy* pour s'asseoir, discuter, se reposer ou dormir.

Ci-contre à gauche et ci-dessous L'école est une des faiblesses de la culture pachtoune, et afghane en général. Le manque chronique d'enseignants, de livres et de matériel scolaire provoqué par la guerre est venu en effet s'ajouter aux restrictions imposées aux jeunes filles, exclues pendant des siècles de l'école. Les efforts actuels du gouvernement, cependant, visent à améliorer cette situation.

Page de gauche (en bas) Dans les villages, il n'y a pas de magasins : les vendeurs s'organisent en plein air. Les maisons de thé (à droite) sont des lieux de rencontres qui ont une longue tradition.

Pachtouns conservent des croyances préislamiques, comme la foi superstitieuse dans les esprits malins (*jinn*), les esprits des morts (*ruh*), les fées et les sorcières, les anges et les démons. Outre l'agriculture, les activités traditionnelles dominantes sont l'élevage transhumant et le commerce caravanier, dont la pratique, cependant, est de plus en plus souvent supplantée par le développement de petites industries. Aujourd'hui, la sédentarisation des groupes pachtouns se généralise. L'histoire récente de ce peuple laisse entrevoir une crise des valeurs traditionnelles. La culture de l'opium est source d'affrontements entre groupes pour le contrôle du marché clandestin. Mais c'est surtout la guerre, interminable, qui constitue la plus grave menace pour ce peuple : ce n'est qu'avec la paix et la collaboration internationale que les Pachtouns seront en mesure de retrouver leur identité tout en s'intégrant à la société moderne.

En haut à gauche Un passé proche : un groupe de femmes portant le chadri quitte Kunduz afin de fuir les talibans. Les traditionalistes pachtouns ont soutenu le mouvement fondamentaliste des talibans, dont 90 % appartiennent à l'ethnie des Pachtouns.

En haut à droite Ces grands écheveaux de laine bouillie pour la teinture serviront à la confection de tapis et d'étoffes. Avant la vente, le produit fini sera encore lavé à froid dans la rivière pour fixer les couleurs.

ASIE

Les Rabaris
INDE
[RAJASTHAN ET GUJERAT]

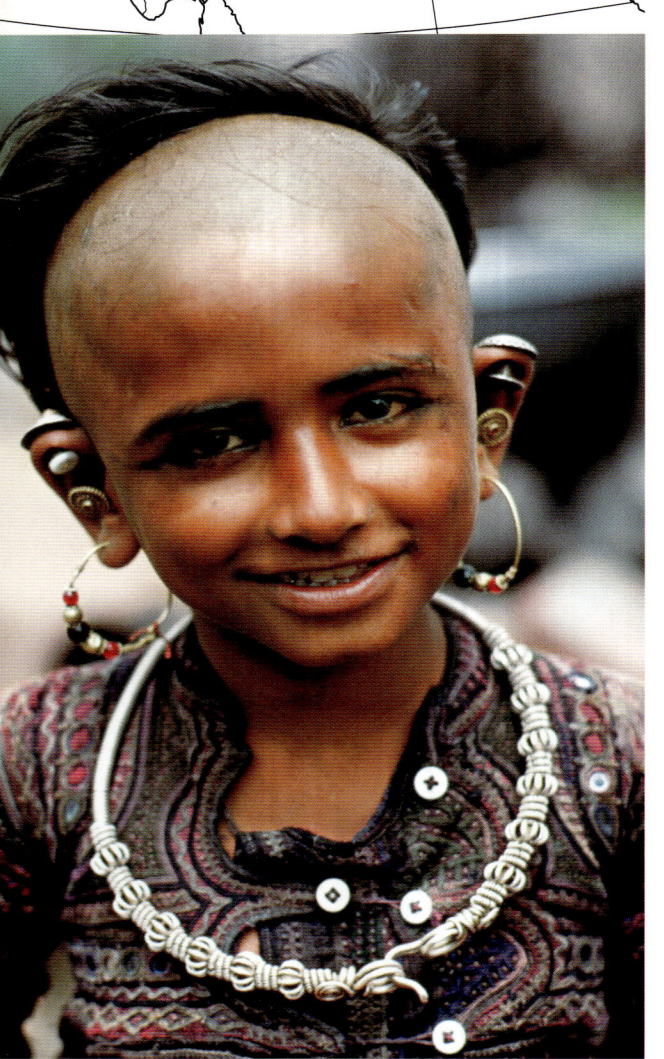

Semi-nomades du désert du Thar, dans l'État indien du Rajasthan, mais également présents dans le nord du Gujerat, les Rabaris sont une tribu composée d'environ 12 000 personnes et divisée en petites communautés villageoises. Même s'ils parlent une langue néo-sanskrite, une variante du rajasthani, ils ont vraisemblablement une origine étrangère, qui n'est pas bien identifiée. Selon l'hypothèse la plus probable, les Rabaris seraient issus d'une souche de Huns hephtalites, ou Huns blancs, qui, à la fin du Ve siècle apr. J.-C., renversèrent la dynastie hindoue des Guptas impériaux. Ces Huns, redoutables guerriers provenant du cœur de l'Asie, déferlèrent dans le Rajaputana, l'actuel Rajasthan, où un grand nombre d'entre eux devinrent sédentaires, se mêlant à la caste locale des ksatriyas (des guerriers) et s'alliant aux maisons princières des rajas et des maharajas. Quelques-uns, cependant, conservèrent une forme de semi-nomadisme, ainsi que des traits culturels et religieux d'Asie centrale, mais ils finirent par décliner socialement, réduits au rang de bergers. Un lent processus de « sanskritisation » s'opéra alors au fil des siècles : les Rabaris superposèrent les divinités hindoues à leurs divinités de village, dont certaines survivent encore, et adoptèrent pour langue une variante du rajasthani proche du hindi. À partir du Moyen Âge, le mode de subsistance des Rabaris fut fondé sur l'élevage (chevaux, chameaux, bovins et chèvres) et le commerce, puisqu'ils fournissaient les caravanes qui transportaient les marchandises d'une ville à l'autre. Quand les temps étaient difficiles, ces cavaliers intrépides n'hésitaient pas à se livrer au brigandage. En dépit de leurs humbles occupations – et de leurs pratiques illégales –, les Rabaris ont toujours été reconnus comme de lointains parents pauvres de la caste aristocratique hindoue, et considérés comme une forme devenue sauvage de rajputs. Ainsi, les mariages entre rajputs rabaris et nobles rajputs de ville ne sont pas rares. Et les Rabaris eux-mêmes estiment qu'ils constituent non pas une tribu, mais une authentique caste de l'hindouisme.

En haut Les traits de cet homme évoquent immanquablement ceux des anciens rajputs. Les Rabaris, en effet, ont eu des contacts très étroits avec cette caste exclusive de guerriers nobles, dont ils ont assimilé en partie la culture – en conservant leurs traditions de nomades des steppes.

À gauche L'artisanat rabari compte parmi les plus appréciés de l'Inde. L'argent, allié au zinc pour en augmenter la malléabilité, donne des formes élégantes et savantes.

Ci-dessus Un groupe de femmes forme un cercle vibrant de couleurs durant la danse Rasada, rythmée par quatre tambours et accompagnée par le son mélodieux des flûtes doubles. À l'occasion des fêtes du Gujerat (plus de 1 500 par an), les femmes rabaris arborent de magnifiques tissus brodés (bharat kaam).

Ci-contre à droite Parée de ses plus beaux atours, une petite Rabari participe à la fête de l'imposition du nom, un genre de baptême hindouiste.

Page de gauche et à droite Les
enfants rabaris revêtent leurs plus
beaux habits durant les fêtes. Ici,
ils participent au Namakaran,
la fête de l'imposition du nom,
une cérémonie très importante car
on considère qu'elle constitue un bon
départ dans la vie. À cette occasion,
le père murmure à l'oreille droite
de son enfant les noms qui seront
les siens : le premier est choisi sur
la base de critères zodiacaux ;
le deuxième d'après le mois ;
le troisième, moins formel, est
destiné à l'usage quotidien.

En bas Dès le berceau, les enfants
portent les bijoux en argent produits
par les artisans rabaris : des
boucles d'oreilles à pendentifs,
de grands colliers et des bracelets.
Le plus souvent, ces bijoux sont
anciens, la coutume voulant qu'ils
soient transmis d'une génération
à l'autre. Dans certains villages
du Kachh, la région la plus
occidentale habitée par les Rabaris,
l'artisanat s'est spécialisé dans des
objets d'une exceptionnelle richesse,
comme en réaction à la monotonie
de cette terre désertique.

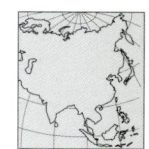

Les Rabaris

Les Rabaris habitent des petits villages composés de maisons aux toits de paille. Périodiquement, les hommes valides partent en transhumance, confiant la direction du village à leurs femmes. Il est intéressant d'observer comment le milieu du désert a conduit les Rabaris à adopter un mode de vie très proche de celui d'autres peuples évoluant dans des conditions analogues, tels les Bédouins ou les Touaregs. Par ailleurs, certaines de leurs pratiques se distinguent de celles qu'imposerait l'environnement religieux ou juridique de la région où ils se sont établis. Ainsi, l'autonomie des femmes rabaris a été – et reste de nos jours – jugée inconvenante par la société hindoue, qui considère leur aisance comme un signe inquiétant. Aujourd'hui encore, les femmes rabaris passent volontiers pour des êtres malfaisants, qui se livrent à des pratiques magiques et à la sorcellerie. La légende qui en fait les compagnes sanguinaires de leurs époux dans les razzias d'autrefois n'a pas tout à fait disparu.

De l'ancienne religion des steppes, les Rabaris n'ont pas conservé grand-chose, mais il n'est pas rare qu'une forme oraculaire de chamanisme apparaisse spontanément de temps en temps. Il arrive même que des Rabaris entrés en transe aillent rendre leurs oracles près des temples hindous, ce qui prouve leur assimilation à la religion dominante.

Les Rabaris portent de hauts turbans et aiment se déplacer en armes. Les femmes arborent des saris multicolores et de grands bracelets métalliques qui rappellent les costumes tsiganes. Et, comme de nombreuses populations d'origine nomade, ce peuple aime la musique, le chant et la danse, très présents durant les fêtes. Habiles sculpteurs sur bois, les Rabaris sont célèbres pour leurs portes richement sculptées, qui contrastent avec la modestie de leurs maisons, pour les icônes de leurs divinités de village, pour leurs lits *charpai*, superbement ornés, pour leurs instruments de musique, dont la facture évoque leurs lointains ancêtres d'Asie centrale.

ASIE

*En bas et en haut à gauche
Ce chapeau typique des
Ladakhis rappelle par
sa forme les coiffures tibétaines.
Dans cette partie frontalière
de l'Inde, les costumes
traditionnels n'ont rien
à voir avec ceux de l'Inde.*

*Ci-contre à droite et page de droite
Une cascade de turquoises orne
le perak, coiffure des femmes
ladakhis, lors des cérémonies.
Les ornements de ce type, d'une
grande valeur traditionnelle et
matérielle, font partie de la dot
des épouses. Selon une opinion*

*répandue, la condition féminine
serait meilleure au Ladakh
que dans le reste de l'Inde,
mais des recherches récentes
mettent en lumière des disparités
dans l'éducation, la charge
de travail et le revenu, très
inférieur au revenu masculin.*

Les Ladakhis

INDE
[JAMMU-ET-CACHEMIRE]

La majorité des Ladakhis sont bouddhistes, même si une communauté musulmane s'est développée récemment. Leur langue, le ladakhi, est une variante méridionale du tibétain. La composition ethnique du Ladakh est complexe et difficile à retracer sur le plan historique. On sait que, du IIIe au IIe siècle avant notre ère, la région était sous l'influence du royaume grec de Bactriane, qui avait succédé aux Séleucides et qui était le représentant le plus oriental de l'hellénisme. Puis, au Ier siècle apr. J.-C., la Bactriane fut envahie par les Kushanas, nomades d'Asie centrale proche des Scythes. Durant cette période, le Ladakh fit partie de l'aire culturelle du Gandhara, qualifiée de gréco-bouddhique parce qu'elle fut le berceau d'une extraordinaire civilisation, associant l'Occident hellénistique et le bouddhisme. L'empire des Kushanas, qui s'étendait de l'Asie centrale à l'Inde du Nord, fut renversé au début du IIIe siècle par des hordes de Huns venus d'Asie centrale. Toutes ces populations, si différentes soient-elles, finirent par se mélanger d'une façon inextricable. En 842, le roi du Tibet, Glang-dar-ma, qui avait organisé un mouvement de répression contre le bouddhisme, fut assassiné. Certains de ses successeurs s'enfuirent avec leurs partisans et leurs gardes vers la région du mont Kailas ; là, ils parvinrent à fonder un petit royaume, le Nga-ri, qui, sur son versant méridional, comprenait aussi le Ladakh. Les souverains de ce royaume regardaient naturellement avec intérêt en direction du Tibet, considéré comme un centre politique et religieux important. Cependant, entrés en contact avec l'Inde par l'intermédiaire du Ladakh, ils furent aussi sensibles aux attraits culturels de ce pays. Il faut rappeler que l'Inde est le berceau du bouddhisme et qu'à cette époque les universités monastiques de Nalanda et de Vikramashila étaient florissantes. Au XIe siècle, l'avènement de l'islam en Inde et la consolidation d'une puissante dynastie musulmane au

ASIE

Ci-dessous en haut Le yack et la dri, respectivement le mâle et la femelle du bovidé himalayen, constituent depuis des siècles une ressource importante pour les Ladakhis. Ils fournissent de la laine, du lait et de la viande, mais servent aussi de moyens de transport dans ces régions montagneuses, les plus hautes du monde.

Ci-dessous en bas La condition des femmes ladakhis a beaucoup changé avec le développement de la région. Déjà habituées à effectuer des travaux pénibles, et en altitude, elles sont astreintes à des tâches encore plus épuisantes depuis que leurs enfants sont scolarisés et que leurs maris ont un emploi permanent.

Les Ladakhis

Cachemire ne représentèrent pas un danger immédiat pour le petit État. En revanche, la dynastie royale de Guge, au Tibet, priva le royaume de Nga-ri de ses territoires himalayens – désormais, on parlera de royaume du Ladakh. Au XVe siècle, le Ladakh devint le vassal du royaume du Cachemire et dut résister aux efforts déployés pour islamiser le pays. Deux cents ans plus tard, il fut le théâtre d'affrontements entre les armées tibétaines du cinquième dalaï-lama, engagées dans une guerre de conquête en direction des plaines du sous-continent, et les troupes du Grand Moghol de Delhi (suzerain du Ladakh depuis le XVIIe siècle) venues défendre l'Inde.

Après cela, les Ladakhis bouddhistes vécurent en paix avec les Ladakhis musulmans, concluant régulièrement des mariages interreligieux. Les seconds, du reste, continuèrent à utiliser la langue ladakho-tibétaine et ce n'est qu'à une époque récente, sous la pression du fondamentalisme pakistanais, que la langue ourdou s'est imposée.

Les villages ladakhis sont situés sur les pentes des montagnes, tournés de préférence vers le sud. Les habitations, tout à fait semblables aux maisons tibétaines et à celles des peuples de montagne, comprennent deux ou trois étages. Comme dans la plupart des régions froides, le rez-de-chaussée sert d'étable, de bûcher et de fenil, tandis que le premier étage est une vaste pièce à vivre, à la fois salle de séjour et chambre à coucher collective, avec un coin consacré au temple de famille. Enfin, le grenier est utilisé comme entrepôt pour les denrées alimentaires. Habiles négociants, les Ladakhis dépendaient de leurs pistes caravanières pour l'acquisition d'aliments venant d'Inde et du Tibet. Leurs terres étaient en effet rocailleuses et arides : rares y étaient les parcelles cultivées. Si l'agriculture ne faisait donc pas partie des activités principales de ce pays, l'élevage transhumant était – et reste aujourd'hui – l'une de leurs principales sources de revenus. Au Ladakh, peut-être plus souvent qu'au Tibet, on note la présence d'un chamanisme populaire, toléré par les moines bouddhistes peut-être parce qu'il est limité à la fonction de guérison.

Ci-dessus Spécialité du Ladakh comme du Tibet, le fameux thé salé mélangé avec du beurre de dri (la femelle du yack) est une boisson très riche. Il accompagne les pains ronds et plats dont on voit ici la préparation.

Page de droite (en bas) Dans la vallée du Ladakh comme au Tibet, la nourriture est très frugale. Elle se compose essentiellement de soupes (à gauche) à base de céréales et de tsampa (à droite), farine d'orge cuite. Même si le pays est couvert de neige une grande partie de l'année, il manque chroniquement de réserves d'eau.

145

Ci-dessus Deux femmes apportent des offrandes devant des simulacres d'esprits, réalisés avec des gerbes de raphia.

Ci-contre Outre le sacrifice animal, les Gallongs implorent la faveur divine avec des offrandes et des danses traditionnelles.

Ci-dessus Le sacrifice du mithun, bison des régions subhimalayennes, est une tradition des Gallongs. Les pratiques ancestrales sont en train de disparaître au profit du donyi-polo, une religion destinée à contrebalancer les influences culturelles extérieures.

Les Gallongs

INDE

[ARUNACHAL PRADESH]

Établis dans le district du Siang de l'Ouest, dans l'État indien de l'Arunachal Pradesh, les Gallongs sont aussi connus sous le nom d'Adis occidentaux, par opposition aux Adis orientaux, ou Padam, avec lesquels ils forment une vaste tribu de langue tibéto-birmane. Venus probablement de la vallée du Brahmapoutre, les Adis occidentaux et orientaux arrivèrent dans la région où ils sont aujourd'hui installés vers le XVIIe siècle. Les Gallongs pratiquent l'exogamie (ils se marient avec un partenaire appartenant à un autre groupe) et considèrent comme un inceste le mariage entre des membres du même sous-clan. Comme ils n'envisagent pas non plus d'échanges matrimoniaux avec les Padam, les deux sous-tribus sont devenues, de fait, deux communautés bien distinctes. La famille est patriarcale et patrilinéaire, et la polygamie est modérément pratiquée. Si le père meurt, l'héritage revient pour l'essentiel à l'aîné des fils, tandis que la veuve part généralement vivre avec son fils cadet. Des grands-parents aux petits-enfants, la famille patriarcale comprend aussi les membres non mariés du foyer. Les maisons, construites sur des pilotis de bois ou de bambou, sont divisées en plusieurs parties correspondant aux appartements des différents cercles familiaux. Les hommes et les femmes ont des échelles distinctes pour accéder à leurs appartements respectifs.
Les activités principales des Gallongs sont la chasse et la pêche, ainsi qu'une agriculture rudimentaire et un peu d'élevage. Dans le passé, ces hommes belliqueux organisaient des expéditions pour capturer des prisonniers et en faire des esclaves ; ce n'est qu'en 1961 que le gouvernement indien a réussi à acheter et à libérer leurs dernières victimes.
Les Gallongs prétendent être les descendants du Ciel et de la Terre, deux divinités primordiales qui auraient donné naissance à l'Univers tout entier. Depuis la fin des années 1960, ce peuple, pourtant attaché à ses traditions, a accueilli une nouvelle religion, le *donyi-polo*, un monothéisme né en réaction au prosélytisme chrétien, hindou et bouddhiste, qui se fonde sur l'unité du dieu Soleil-Lune. Cette nouvelle religion supplante peu à peu le vieux chamanisme extatique et les sacrifices du *mithun*, le bison subhimalayen, mais elle parvient aussi à unir les Adis dans une même foi, suscitant l'éveil d'un sentiment national.

En haut Un Gallong pose en tenue de chasse. Sa coiffure, rigide, est réalisée avec une structure de bambou, le matériau le plus employé dans la région de l'Arunachal, où il sert à fabriquer des ustensiles.

Ci-dessous Des chefs de village en veste rouge, symbole d'autorité et d'équilibre, débattent de politique.

En bas De jeunes Gallongs exécutent la danse de l'épée. Vêtues du sobre habit traditionnel, elles arborent de longs colliers de perles, auxquels est attribuée une valeur spéciale selon la couleur et l'éclat. Parfois, les ornements de ce genre, utilisés par les femmes comme par les hommes, sont si massifs qu'ils couvrent entièrement la poitrine de celui qui les porte.

Ci-dessus Portant des paniers de bambou à l'aide d'une bandoulière tendue sur la tête, un groupe de femmes nishis exécute les mouvements de la danse de la récolte. De nombreuses danses tribales de l'Arunachal Pradesh sont dédiées à la fertilité.

Ci-dessous Ce guerrier nishi prêt à décocher une flèche porte le *bopa*, une coiffure caractéristique de ce peuple, ornée d'une plume et d'un bec de calao peint en rouge. La structure du chapeau, de forme légèrement conique, est faite de fibres de bambou.

Les Nishis
INDE
[ARUNACHAL PRADESH]

Ci-dessus Oblongues, comme souvent dans le sud de l'Arunachal, les maisons des Nishis sont spacieuses et confortables, avec une grande véranda en façade.

Page de droite Le regard vaguement menaçant de ce Nishi semble exprimer un trait de caractère de cette population, qui a la réputation d'être aussi fière que belliqueuse.

Avec près de 55 000 individus, les Nishis constituent la population majoritaire du district de Subansiri, dans l'Arunachal Pradesh. Les premiers documents que l'on possède sur cette ethnie de langue tibéto-birmane, probablement originaire de l'est de l'Himalaya, remontent au début du XIXe siècle. La tribu se divise en trois sous-groupes – *dopum*, *dodum* et *dol* – qui, selon leur mythologie, empruntent leurs noms aux trois fils du premier homme. Ces sous-groupes se divisent à leur tour en dix clans exogames. L'économie est fondée sur une agriculture primitive, utilisant la technique du brûlis, ce qui oblige les Nishis à quitter leurs terres tous les douze ans pour partir en quête de nouveaux territoires fertiles. Cette errance périodique favorise la survivance de la chasse. Le chasseur jouit d'ailleurs d'un statut particulier parce que, potentiellement, il est un guerrier : son autorité est reconnue immédiatement après celle du chef du village et du chaman. Moutons, porcs et volailles sont élevés presque à l'état sauvage, alors que les bisons (*mithun*) marqués circulent librement dans les forêts et sont chassés à l'occasion d'une fête religieuse. Les villages des Nishis sont composés de quelques maisons (quatre à vingt au maximum), éloignées les unes des autres et assez vastes pour abriter soixante-dix à quatre-vingts personnes. Elles sont construites en bambou et dressées sur pilotis. Les habitants d'une maison sont généralement plus fidèles au chef de famille qu'au chef de village. Les Nishis ont la réputation d'être un peuple fier et belliqueux, et il n'est pas rare que des litiges opposent des habitants d'un même village et qu'ils dégénèrent en de véritables batailles. Les *nyat*, des personnes choisies pour leur pondération et leur sagesse, jouent alors le rôle de médiateurs et de juges. Les croyances religieuses des Nishis sont encore fortement empreintes du chamanisme ancestral, qui s'exprime par un attachement au monde des esprits et à des dieux spécifiques. On connaît ces derniers par la transmission orale de chants et d'histoires, qui racontent comment le dieu suprême, le dieu de la Forêt, créa d'abord le tigre, puis l'homme, incarné par un chasseur. L'ensemble de ce mythe fondateur est centré sur le thème du respect que le chasseur doit au tigre, plutôt que sur la figure du dieu. Les chamans ont une fonction religieuse et sociale importante, car ils sont capables de contrôler les esprits.

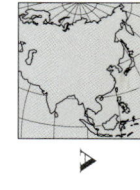

A S I E

Ci-dessus Les Nishis sont très souvent armés d'une longue épée, qu'ils tiennent en position presque horizontale. Celui-ci porte un sac à dos de joncs couvert de fibres de coco.

Ci-contre à gauche Ce jeune homme occupé à fumer une belle pipe d'argent – objet typique et très réputé de la production artisanale des Nishis – présente des traits qui témoignent de l'origine orientale des quelque 25 communautés tribales vivant dans l'Arunachal Pradesh, le pays du Matin.

Ci-dessus Une femme répand des graines de millet devant sa maison pour les faire sécher. Les Apatanis se distinguent des autres tribus de l'Arunachal Pradesh : plus avancés et scolarisés, ils utilisent l'alphabet latin pour écrire leur langue, parfois avec des intentions littéraires, et jouissent d'une économie stable.

Ci-contre à gauche Un chaman (catégorie qui est en train de disparaître) procède à un rituel funèbre. Certains Apatanis croient en une nouvelle vie après la mort.

Page de droite (en haut) Alors que l'on expliquait l'habitude d'insérer des nœuds de bambou dans le nez comme une tentative d'enlaidir les femmes apatanis pour éviter qu'elles ne soient prises comme esclaves par les voisins nishis, il est en réalité probable que l'objectif était d'imiter les naseaux d'un fauve.

Page de droite (au centre) Coiffure traditionnelle des Apatanis : les cheveux sont enroulés sur le front et maintenus par des aiguilles.

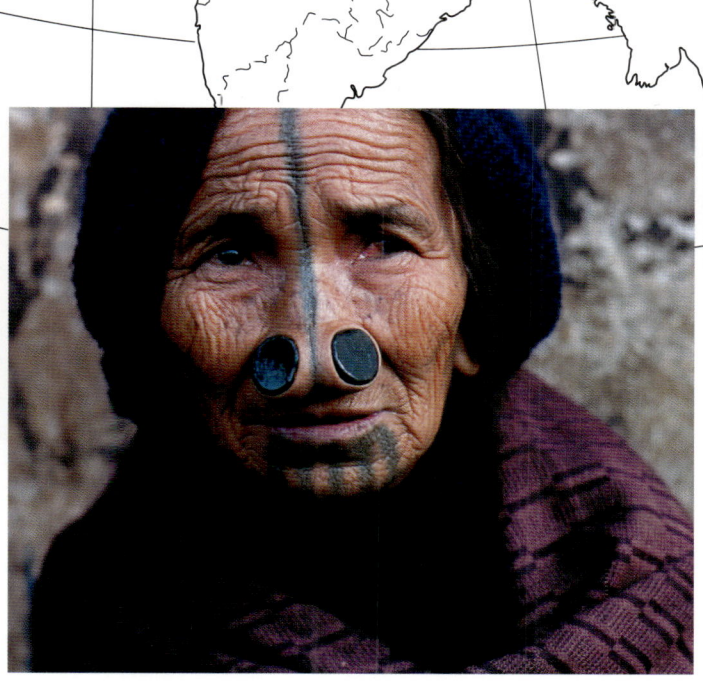

Les Apatanis
INDE
[ARUNACHAL PRADESH]

Les villages apatanis sont établis depuis au moins quatre siècles sur le haut plateau Apa Tani, tout autour de la petite ville de Ziro. Cette zone du district de Subansiri, dans l'Arunachal Pradesh, est ceinturée par le territoire des Nishis, tribu traditionnellement rivale. Les Apatanis, population de langue tibéto-birmane d'environ 17 000 individus, représentent la tribu la plus avancée de cette région. Vivant de l'agriculture, ils ont développé, depuis plusieurs siècles déjà, un système d'irrigation assez sophistiqué, qui leur a permis de cultiver le riz. À partir de là, ils se sont organisés pour vendre leur production aux autres tribus. Afin de se défendre contre les incursions des belliqueux Nishis, les Apatanis se sont répartis en sept grands villages dans lesquels on trouve des représentants des treize clans de la tribu, chacun d'eux étant installé dans un quartier autonome. Les villages apatanis suivent ainsi un plan bien précis : les rues principales séparent les quartiers des clans, qui comprennent des rues secondaires et une place où se dresse le poteau totémique de chaque clan. L'ancienne religion ancestrale survit à travers le sacrifice du *mithun* (bison), qui est accompli à la fin de l'hiver pour la communauté ou, dans un cadre privé, pour des funérailles. La cosmologie apatani, peuplée de dieux et d'esprits, est assez complexe. L'âme du défunt se libère dans l'atmosphère jusqu'à ce qu'elle rejoigne le monde souterrain des défunts. C'est là qu'elle séjournera pour l'éternité. Certains prêtres admettent néanmoins qu'à la faveur d'un jugement des dieux elle pourra, finalement, renaître sur la Terre. La propagation de la néoreligion *donyi-polo* est toutefois en train de bouleverser les anciennes croyances, provoquant aussi la disparition des chamans.

Les Wanchos

INDE

[ARUNACHAL PRADESH]

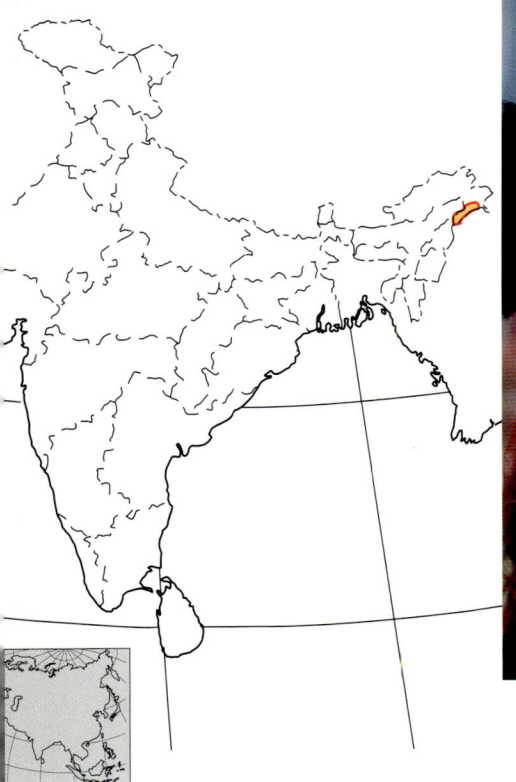

En haut Les Wanchos, tribu connue pour ses traditions belliqueuses, fabriquent de somptueuses coiffures, qui sont de véritables casques de guerre, ornés de becs de toucan, de plumes multicolores et de défenses de sanglier.

À droite Les rapports entre les membres des communautés wanchos sont régis par une structure en quatre castes, différente de celle des hindouistes, les chefs et les esclaves se situant aux extrêmes.

Ci-dessus et à droite en bas La pêche se pratique en piégeant la proie au milieu de la rivière, puis en la tuant avec une épée dao à large lame, celle qui était utilisée pour trancher les têtes humaines.

Page de droite Aujourd'hui christianisés, les Wanchos avaient la réputation d'être féroces, même s'ils semblent plutôt modérés comparés à leurs cousins naga-nocte, dont ils furent souvent les victimes.

Les Wanchos sont une tribu naga de langue tibéto-birmane originaire du nord de la Thaïlande mais installée depuis le XVe siècle dans l'actuel district de Tirap, dans l'Arunachal Pradesh. Connus pour leur caractère belliqueux et pour leur habitude de collectionner les têtes humaines, les Wanchos organisaient des expéditions en vue de se procurer leurs macabres trophées, destinés à garantir la fertilité de leurs cultures. Cette coutume a disparu à la fin du XIXe siècle suite à la répression britannique et aux prédications missionnaires. Aujourd'hui, les Wanchos forment une tribu d'environ 30 000 individus, vivant d'une agriculture fondée sur la technique du brûlis. Toutefois, les missionnaires chrétiens leur ont aussi enseigné la culture de la pomme de terre, de la tomate, du tapioca et du piment.

La famille wancho est une entité nucléaire, constituée seulement du père, de la mère et des enfants. Une fois marié, le fils aîné reste dans la maison, dont il héritera plus tard, tandis que les autres enfants quittent le foyer pour fonder leur propre famille. Organisée de façon patriarcale et patrilinéaire, la famille est la cellule de base du village. Les jeunes garçons quittent un temps leur famille pour vivre en communauté avec les autres enfants et se consacrer à l'apprentissage des traditions de la tribu, sous une discipline de fer.

La religion traditionnelle des Wanchos repose sur la croyance en deux dieux suprêmes : Rang, le bienfaisant créateur, et son frère Bau Rang, le malfaisant destructeur. Le devenir cosmique dépend ainsi de la lutte éternelle entre ces deux divinités. L'attitude du fidèle à l'égard des dieux ne relève pas d'une quelconque morale : l'essentiel est de conforter le bon Rang avec certaines victimes sacrificielles et de calmer l'irascible Bau Rang avec d'autres victimes. L'offrande la plus importante est le buffle ou, dans certaines régions de montagne, le *mithun* (bison).

Désormais, la plupart des Wanchos sont christianisés, de sorte qu'il ne reste de leur passé que les tissus artisanaux aux tons vifs, décorés de sobres motifs, ainsi que les magnifiques coiffures ornées de défenses de sanglier et de plumes multicolores.

Les Bondos
INDE [ORISSA]

Les femmes bondos utilisent les perles comme une sorte de tissu pour confectionner des coiffures qu'elles portent sur leur tête rasée (en haut et ci-contre à droite) ou des colliers si grands qu'ils deviennent de véritables vêtements (page de droite en haut). Les lourds anneaux de métal autour du cou sont un autre ornement typique.

La religion prévoit toute une série de sacrifices pour s'attirer les faveurs des divinités et des esprits relatifs à la vie agricole. Une fois par an, au début du printemps, on sacrifie un porc en l'honneur de la déesse de la Terre, mais le sacrifice le plus solennel, réservé aux cas exceptionnels, a comme victime le taureau. Les divinités et les esprits sont telluriques (liés à la terre) ou chtoniens (liés au monde souterrain), à l'exception de Singi-arke, dieu soli-lunaire, la seule divinité céleste – aucun sacrifice n'est rendu à ce dieu, auquel on adresse des prières. L'économie des Bondos repose sur l'agriculture (la chasse effrénée a entraîné l'extermination du gibier local), mais les maigres récoltes obtenues par la technique primitive du brûlis font que cette population est l'une des plus pauvres de l'Inde. Pour gagner un peu d'argent, les femmes confectionnent des balais de sorgho qu'elles vendent au marché.

Les Bondos forment une communauté d'environ 5 000 personnes, installée sur les collines sauvages du district de Malkangiri, dans le sud de l'État de l'Orissa. Connus aussi sous le nom de Pygmées de l'Orissa, ils font partie d'une ethnie de langue austro-asiatique (ou austrique) que l'isolement a rendue incompréhensible, y compris pour d'autres tribus rattachées à la même souche linguistique. S'il n'y avait les marchés, où ils peuvent acheter des outils de fer et de plastique aux marchands indiens, les Bondos seraient encore, du point de vue technologique, à l'âge du paléolithique.

Leurs monuments religieux et funéraires sont des mégalithes : quand un membre de leur famille meurt, ils dressent un menhir près du village et, trois ans après le décès, ils érigent un dolmen en souvenir du défunt le long du sentier qui part du centre habité du village. Même s'ils sont divisés en sous-tribus et en clans, leur village est la seule unité sociale exogame. L'épouse peut donc appartenir à n'importe quel clan, mais elle doit être choisie dans un autre village. La particularité la plus curieuse de leur vie sociale est que les mariages sont célébrés entre des femmes adultes et des jeunes garçons. De cette façon, la femme a la garantie d'être entretenue par son mari jusqu'à un âge avancé sans risquer le veuvage. Dans la réalité, les épouses deviennent les maîtresses de leur beau-père.

Page de gauche (en bas à gauche)
Techniquement peu avancés, les Bondos tirent du bambou des matériaux utiles à la construction de leurs cabanes. Les villages ne comprennent généralement que quatre ou cinq habitations.

Au centre et ci-dessus
Les vêtements des Bondos sont assez rudimentaires. Aux heures les plus froides (la nuit et le matin), les femmes portent une simple couverture de coton. En revanche, les ornements en perles et en métal sont très riches.

Les Sherpas
NÉPAL

Les Sherpas (*sharpa* signifie « homme de l'Est » en tibétain) sont une ethnie d'origine mongoloïde parlant une langue sino-tibétaine. Ils vivent au Népal oriental et sont répartis dans les régions du Khumbu, du Pharak et du Solu, près du mont Everest, à une altitude moyenne comprise entre 4 000 et 4 500 mètres. Les Sherpas sont probablement originaires du Kham, la région la plus orientale de l'actuelle province autonome du Tibet, au nord-est des vallées qui constituent aujourd'hui leur territoire. Ils migrèrent vraisemblablement au début du XVIe siècle à la suite de conflits régionaux et d'invasions musulmanes.

La nature ingrate de leurs terres a, depuis toujours, contraint les Sherpas à une vie de semi-nomadisme, conjuguant l'élevage transhumant et le commerce de marchandises entre l'Inde et le Tibet. De mai à octobre, à la période chaude (en vérité, à plus de 3 000 mètres d'altitude, la température moyenne ne dépasse pas 0 °C, avec des amplitudes thermiques de 15 °C les jours de soleil), les bergers mènent leurs troupeaux de yacks dans les alpages. Profitant de la belle saison, les Sherpas cultivent la pomme de terre, devenue depuis deux siècles la base de leur alimentation, par ailleurs très pauvre. À mesure que les pâturages s'épuisent, les bergers grimpent en altitude. On dit avec raison que les Sherpas ont trois demeures : la première est leur maison au village, la deuxième un modeste chalet de moyen alpage et la troisième une cahute très rustique sur les hauts pâturages, où ils ne se rendent qu'aux moments où la température est le plus supportable.

Les villages des Sherpas regroupent un petit nombre d'habitations dont les façades sont toutes orientées dans la même direction. Les maisons, construites en pierres et revêtues de crépi, sont entourées de jardins clos par des murs de pierre. Elles s'articulent sur deux étages : le rez-de-chaussée sert généralement d'étable, le premier étage est constitué d'une unique pièce où la famille prend ses repas, travaille et dort. Le long des murs, des banquettes de bois font office de bancs le jour et de couches la nuit. Les familles les plus aisées disposent d'une pièce supplémentaire pour dormir. Outre l'élevage et l'agriculture saisonnière, les Sherpas pratiquent le commerce caravanier, transportant par exemple

Ci-dessus et en haut La prodigieuse capacité des Sherpas à exploiter le peu d'oxygène disponible en haute montagne (37 % de moins qu'au niveau de la mer) ne s'explique pas, comme on l'a longtemps cru, par un plus grand volume thoracique : elle résulte d'une plus forte concentration d'hémoglobine dans le sang.

Page de droite Contrairement à une opinion répandue, les Sherpas n'ont jamais été un peuple de porteurs par tradition. Ils ne le sont devenus qu'à partir des années 1920, quand l'Himalaya a commencé à attirer les alpinistes. Aujourd'hui, la plupart des porteurs appartiennent à d'autres ethnies himalayennes. Au fond, le Masherbrum.

ASIE

du fer au Tibet et rapportant du sel gemme au Népal. Malheureusement, avec l'invasion du Tibet par la Chine (1950), la fermeture des frontières a quasiment tari cette source de revenus. Les Sherpas se sont alors tournés vers d'autres activités, notamment celles de porteurs d'altitude et de guides pour les trekkeurs et les alpinistes qui escaladent les sommets de l'Himalaya. Leur expérience de la montagne, leur résistance à l'altitude, leur robustesse qui leur permet de porter des charges de façon particulière (le front ceinturé par une sangle retenant le lourd bagage qu'ils ont sur les épaules), l'entière confiance qu'accordent les étrangers aux Sherpas, surtout à leur chef, le *sirdar*, tous ces éléments et qualités ont fait d'eux des figures quasi légendaires dans le paysage himalayen.
Les Sherpas sont répartis en dix-huit clans principaux. Ils sont contraints de se marier dans leur propre clan, ce qui va à l'encontre des préceptes universalistes du bouddhisme. Si cette règle d'endogamie est sévère, on ne peut en dire autant de leurs comportements amoureux, très libres, surtout durant l'adolescence. Et, s'il s'ensuit une grossesse, cela ne trouble pas la vie familiale ni n'empêche une union avec un autre partenaire. Les femmes mariées ont une relative indépendance vis-à-vis de leur belle-famille et la dot qu'elles reçoivent leur reste acquise, quoi qu'il advienne. Hommes et femmes participent de façon égale au travail, aux décisions de l'assemblée de villages et à la gestion du foyer.
Bien que la monogamie soit de règle, les Sherpas peuvent être polygames ou polyandres (une femme a plusieurs maris, généralement deux frères). Bouddhistes d'obédience nyngmapa, les Sherpas accordent une grande importance à leur monastère (*gompa*), où se tiennent les assemblées et les fêtes, et où s'effectue le commerce entre villages. Un chamanisme teinté d'influences *bön* est toléré par le clergé *nyngma*. Le chaman en transe exerce la fonction de guérisseur, d'exorciste et, avec le concours du prêtre bouddhiste, de psychopompe, c'est-à-dire de guide des âmes des défunts vers le royaume des morts.

Page de gauche (en haut et au centre) Plus présentes dans la vie publique que d'autres femmes du Népal, les Sherpanis ont les mêmes responsabilités et les mêmes devoirs que les hommes. Ainsi, l'on peut voir des femmes porter des charges très lourdes, tandis que des hommes s'occupent des enfants.

Page de gauche (en bas) Les Sherpas, de foi bouddhiste, considèrent leurs montagnes comme la demeure des dieux et leur vouent une grande vénération. Ils sont très critiques à l'égard des étrangers qui leur témoignent peu de respect.

Ci-dessus La cuisson des aliments – ici du lait caillé de dri (la femelle du yack) – s'effectue sur de petits fours en terre battue qui sont aussi l'unique source de chaleur des maisons. Dans les dernières décennies, pour ne pas déplaire aux touristes, le combustible traditionnel, la bouse de yack, a été remplacé par du bois – ce qui a entraîné la déforestation des zones montagneuses.

Ci-contre à droite Les plus petits sont confiés à leurs aînés, qui vont aussi ramasser le bois et la bouse de yack. Il n'est pas rare que de très jeunes enfants soient porteurs.

Les Sherpas

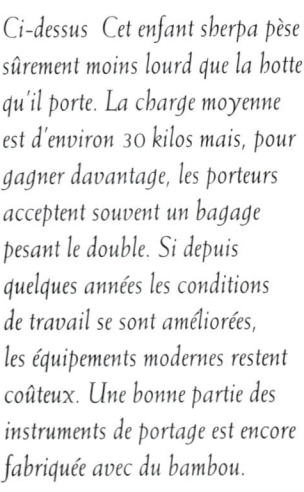

Ci-dessus Cet enfant sherpa pèse sûrement moins lourd que la hotte qu'il porte. La charge moyenne est d'environ 30 kilos mais, pour gagner davantage, les porteurs acceptent souvent un bagage pesant le double. Si depuis quelques années les conditions de travail se sont améliorées, les équipements modernes restent coûteux. Une bonne partie des instruments de portage est encore fabriquée avec du bambou.

À gauche et en bas Le taux de croissance des enfants sherpas reflète en partie leur adaptation aux conditions extrêmes de la haute montagne, notamment au froid constant. Dans leur petite enfance, en effet, ils tendent à être plus grands et plus forts que les enfants des plaines, et même que les jeunes Tibétains. Leurs muscles sont plus vascularisés, ce qui leur permet de mieux conserver la chaleur du corps.

Ci-dessus La laine, travaillée à la main sur de grands métiers, est l'une des principales ressources des familles sherpas. Les produits textiles sont exportés avec succès vers Katmandou, la capitale du Népal, où le commerce avec les étrangers est d'un bon rapport, et même vers l'étranger, surtout l'Amérique du Nord. Dans la région du Tibet et de l'Himalaya, la tradition de la filature et du tissage de la laine brute remonte probablement au XIe siècle. La qualité de la matière première est absolument unique, car les animaux qui la fournissent n'ont jamais fait l'objet de croisements.

Page de droite Il y a peu encore, dans les vallées himalayennes, la mortalité infantile était l'une des plus élevées du monde, en raison essentiellement de maladies pulmonaires et intestinales. Les conditions de vie des Sherpas, parmi les plus difficiles de la planète, ont radicalement changé avec l'amélioration de l'hygiène et, surtout, l'introduction des techniques de purification de l'eau, dont la pollution était la principale cause de décès chez les enfants. Il faut y ajouter l'accès à des structures sanitaires qui n'existaient pas jusqu'aux années 1960 et un taux accru de scolarisation.

Les Tibétains
CHINE

Le terme Tibet est un mot turc. Les Tibétains appellent leur terre *Peu* et se baptisent *Peu-ba*, mais cette dénomination a une acception plus culturelle qu'ethnique. En effet, les Tibétains sont issus du brassage de diverses populations qui se sont rapprochées et mêlées au cours de l'Histoire. La plus ancienne tribu que nous connaissions, celle dont les membres se flattent aujourd'hui d'être les Tibétains les plus « purs », fut le clan mongol des Khampas. Ces derniers commencèrent à peupler la chaîne de l'Himalaya à partir du VIIIe siècle av. J.-C, probablement sous la menace de guerriers mongols qui les contraignèrent à chercher refuge dans la montagne. On ne sait si au cours de sa migration ce groupe rencontra des populations préexistantes. De fait, des vestiges archéologiques donnent à penser que la région environnant Tingri, au sud du fleuve Tsangpo (le Brahmapoutre), fut peuplée dès le paléolithique supérieur. Au cours des siècles, d'autres groupes tribaux entrèrent en contact avec les Khampas, parmi lesquels les Na-Khi, les Mosos, les Lolos, les Wassus, les Nashis ou les Ngoloks. Venues d'Occident, des populations scytho-parthes et toungouses pénétrèrent au Tibet. À partir du VIIe siècle, les trois groupes dominants au Tibet furent la tribu mixte scytho-kham, la tribu mixte toungouso-kham et les Khampas « purs ». Les Tibétains avaient développé leur propre religion, le *bön*, fondamentalement chamanique et reposant sur quelques figures de rois divinisés. Ils y avaient intégré des notions issues de religions étrangères, telles que le nestorianisme (venu d'Iran), le manichéisme (transmis par les Turcs) et l'islam. C'est grâce au bouddhisme que le Tibet apparut comme un État à la structure assez homogène dès le VIIe siècle. Le roi Srong-btsan sgam-po (ou Songtsen Gampo) contribua de façon capitale au développement du bouddhisme. Il fit établir des textes de lois, fut à l'origine de l'alphabet tibétain (voir ci-après) et mena une politique d'expansion. En quelques années, ce souverain s'enfonça profondément en Chine, allant jusqu'à contraindre l'empereur chinois à demander la paix. Dans le même temps,

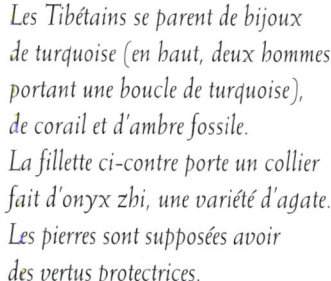

Les Tibétains se parent de bijoux de turquoise (en haut, deux hommes portant une boucle de turquoise), de corail et d'ambre fossile. La fillette ci-contre porte un collier fait d'onyx zhi, une variété d'agate. Les pierres sont supposées avoir des vertus protectrices.

Page de gauche La femme porte le vêtement tibétain traditionnel tandis que la petite fille est vêtue d'une robe qui se veut de style occidental, très en vogue actuellement en Chine.

Ci-dessus Au Tibet, il arrive que les mères allaitent leurs enfants jusqu'à l'âge de 3 ans. La pauvreté de l'alimentation (la malnutrition est un problème grave au Tibet) et la faible diversité des produits font que le lait maternel est un gage de santé pour ces enfants de la terre si inhospitalière.

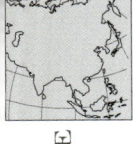

En haut à gauche Un fidèle s'approche d'un imposant moulin à prières. Les Tibétains ne prient pas uniquement par oraisons, mais aussi au moyen de ces cylindres, grands ou petits, gravés de textes et de formules sacrés.

En haut au centre et à droite Les pèlerins empruntent le chemin qui fait le tour du temple du Jokhang, à Lhassa. Cette voie sacrée, appelée barkhor, doit être parcourue dans le sens des aiguilles d'une montre. Cette pratique hautement rituelle s'effectue au milieu des étalages d'articles sacrés, d'objets d'usage courant et de produits alimentaires.

Ci-dessous La dévotion des bouddhistes tibétains se manifeste aussi par des offrandes de nourriture (tels ces bols de riz dans lesquels sont plantés des bâtons d'encens) ou de lampes à beurre de yack (au premier plan).

Ci-dessus Résidence des dalaï-lamas depuis le VIIe siècle, le palais de Potala, à Lhassa, reste le lieu le plus sacré pour les Tibétains, même si le « maître de l'océan de sagesse » n'y séjourne plus depuis 1959.

Page de droite Les Tibétains expriment leur piété par une prosternation totale du corps. Un pèlerin doit se prosterner cent huit fois à un endroit précis ou tout au long de son parcours.

il obligea le roi du Népal à se déclarer son vassal et parvint à obtenir des deux souverains la main de leurs filles. La princesse chinoise comme son homologue népalaise étaient bouddhistes. Srong-btsan sgam-po se convertit donc au bouddhisme (c'est lui qui fit construire les temples de Jokhang et de Ramoche, à Lhassa) et en fit sa religion d'État. Cette opération ne rencontra pas, semble-t-il, un franc succès et le souverain, d'ailleurs, eut des funérailles chamaniques. De fait, les *bönpo* (pratiquants du *bön*) opposèrent une forte résistance au bouddhisme et il fallut attendre la venue au Tibet de Padmasambhava, à la fin du VIIIe siècle, pour voir son instauration définitive. Le *bön* survécut mais se réforma à l'image de la structure monastique bouddhiste et fut finalement intégré au bouddhisme tibétain. Les *bönpo* qui n'acceptèrent pas la réforme et refusèrent l'assimilation demeurèrent marginaux. Ils ont désormais leurs propres monastères et canon d'Écritures sacrées.

Le bouddhisme tantrique eut un prodigieux effet d'unification. Il harmonisa les croyances d'individus appartenant à des ethnies très diverses et fut à l'origine de la création d'un alphabet, inspiré de ceux utilisés en Inde, pour traduire les textes sacrés du bouddhisme indien. Contrairement au chinois, qui repose sur des pictogrammes, l'écriture tibétaine est alphabétique. À partir de sa création, au VIIe siècle, elle évolua peu à peu et eut pour effet d'unifier les peuples du Tibet. L'introduction du bouddhisme fit tomber les barrières des structures tribales et modifia en profondeur l'âme tibétaine. Le plus surprenant fut effectivement la transformation d'un peuple plutôt belliqueux en ce qu'il est aujourd'hui : pacifique et très pratiquant, résolu à affirmer sans violence sa foi bouddhique. Certes, l'isolement a pu faire perdurer certaines pratiques tribales dans les vallées les plus reculées, où, à une époque récente, la population se livrait encore au brigandage sur les caravanes de yacks, ainsi que dans des îlots voués au chamanisme et à la magie. Mais cela n'entame en rien la cohésion de la nation tibétaine. On en veut pour preuve la solidarité des Tibétains exilés au Népal et en Inde après l'annexion de leur pays, devenu région autonome de la République populaire de Chine en 1959. Aujourd'hui, on estime qu'il y a entre 5 et 6 millions de Tibétains en Chine, dont 2 millions vivent dans la région autonome. La majorité des élites tibétaines a quitté le pays en 1959 avec le 14e dalaï-lama.

Les Tibétains

Ci-dessus À l'occasion de fêtes importantes comme le jour de l'an, ou Losar, de nombreux monastères créent une immense thangkha, peinture religieuse réalisée sur une tenture qui est déroulée à flanc de colline.

Ci-contre Sous le portrait du 14e dalaï-lama, chef spirituel des Tibétains, un vieux moine lit des sutras, les textes qui contiennent les enseignements de Bouddha.

En bas à gauche Quand les lamas tibétains entonnent des prières de leur voix basse et profonde, les salles des monastères résonnent d'échos impressionnants.

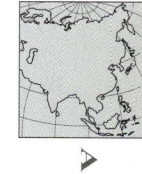

En haut Le service monastique peut être effectué par des femmes au sein de monneries. Bien que la vie des moines soit austère, entrer dans les ordres est une façon d'échapper aux aléas de la vie pastorale et de recevoir une éducation.

Ci-dessus Les monastères tibétains traditionnels se repeuplent lentement. Ce sont des lieux de culte et d'étude : les jeunes y entrent comme novices et deviennent moines après une douzaine d'années de service.

Ci-contre à gauche Un jeune moine étudie dans l'atmosphère sereine d'un collège tantrique, où l'on s'initie à l'aspect le plus ésotérique du bouddhisme, le vajrayana, introduit au Tibet au VIIIe siècle.

Ci-dessus Un moine, frappant sur un grand tambour, rythme la psalmodie des mantras (formules sacrées composées de séries de syllabes) et autres litanies de la doctrine, dont la récitation mène à l'illumination.

Ci-dessus Au cours des déplacements, les enfants en bas âge prennent place parmi les bagages, bien installés sur le feutre de la tente (ou ger). De nombreux Mongols, réfractaires à la vie sédentaire, trouvent peu d'intérêt à l'idée de posséder une maison.

Ci-contre Dans l'immense steppe de Mongolie, un groupe de pasteurs nomades charge des chameaux. L'élevage est la principale source de revenus des Mongols, même si certains pratiquent désormais l'agriculture.

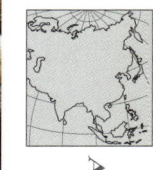

Les Mongols

MONGOLIE, CHINE

Les populations mongoles se sont répandues en grand nombre au cours des millénaires dans les lieux les plus disparates de l'Eurasie. De fait, les Kalmouks de la Volga, les Bouriates sibériens, les Oïrats, les Dörbets et les Torguts du Xinjiang chinois, comme les Moghols de l'Inde, sont issus de tribus mongoles qui se sont disséminées sur la carte de l'Asie au gré d'incursions éclairs et de conquêtes. Et que dire des différentes tribus de Turcs, cousins si proches qu'on a pu les confondre à de nombreuses périodes ! Le groupe prédominant est celui des Khalkhas, qui, avec d'autres tribus moins importantes, descend de Gengis Khan. Ces pasteurs nomades, errant dans la taïga et les déserts de sable subsibériens, étaient organisés en tribus formées de la réunion d'un certain nombre de familles à descendance patriarcale. Les tribus elles-mêmes étaient liées au sein d'un regroupement plus vaste, l'*aimaq*. Cette organisation élémentaire se complexifia quand vint le temps des conquêtes. Elle se transforma en une structure de type militaire, divisée en unités commandées par des myriarques, des chiliarques, des centurions et des décurions.

À l'instar des anciens Turcs, les Khalkhas vénéraient le dieu ouralique Tengri, auquel ils sacrifiaient des chevaux. Tous les autres dieux et esprits (ceux du feu, de l'eau, des animaux ou des ancêtres) peuplaient l'atmosphère et la Terre ; ils étaient consultés et contrôlés par les chamans. Seul Tengri était inaccessible, pur et infini comme la taïga elle-même. Éleveurs de bétail (chevaux, rennes, moutons et yacks surtout) ces Khalkhas entrèrent probablement en contact avec les Scythes et les Shakas des steppes, auxquels ils se mêlèrent.

Les Khalkhas sont entrés dans l'Histoire avec Gengis Khan, qui au XIIIe siècle unifia l'ensemble des Mongols des steppes d'Asie centrale et édifia les bases d'un empire qui allait des portes de Vienne jusqu'à la Chine et la Corée. On sait que l'autorité des khans (princes) était placée sous le contrôle des chamans, dont le pouvoir d'évocation et les prodiges conféraient à la tribu un charisme sacral, fondé sur la superstition. Pour assumer le pouvoir suprême et fédérer tous

En haut Les Mongols élèvent surtout des chameaux, des chevaux et des ovins. Mais il reste encore quelques pasteurs nomades de rennes, des cervidés domestiqués il y a très longtemps en Asie septentrionale.

Ci-dessous et en bas La steppe est le royaume des Mongols, gardiens d'un prodigieux héritage historique. On raconte que ces terres immenses et désolées sont intolérables pour ceux qui n'y sont pas nés.

À gauche et ci-contre Beaucoup de Mongols continuent à vivre dans des tentes, mais certains, surtout près des villes, possèdent des maisons de briques dotées de téléviseurs et d'autres biens d'équipement propres à la vie des sédentaires. Dispersé entre la Chine (région autonome de Mongolie-Intérieure, notamment), la république de Mongolie et la Russie, ce peuple vit en partie dans le souvenir du grand Gengis Khan.

les clans mongols, Gengis Khan restaura et érigea en principe impérial le culte de Tengri, divinité hors de l'influence des chamans. Au XVIe siècle, les Mongols se convertirent de façon massive au bouddhisme tibétain, qui devint le lien le plus puissant entre les différentes communautés ethniques mongoles. Les chamans réfractaires furent marginalisés. Prodigieux cavaliers, nomades dans l'âme, les Mongols furent des guerriers invincibles, armés d'arcs courts très efficaces (leur portée était bien supérieure à celle des autres armes de jet du Moyen Âge). Rapides dans leurs déplacements, cruels et invulnérables, les Mongols étaient considérés comme des diables tout droit sortis du fleuve Tartare – raison pour laquelle les chrétiens les appelèrent les Tartares.
Leur habitation traditionnelle était le *ger*, une tente ronde, soutenue par un pieu central, un *axis mundi* (axe du monde) figurant leur cosmogonie. Leurs vêtements de fourrure et de feutre les protégeaient contre les rigueurs de l'hiver subsibérien. Ils étaient grands consommateurs de viande (préparée en bouillie ou consommée sèche), de produits laitiers et d'alcool. Les femmes, souvent très belles, étaient d'excellentes guerrières car elles recevaient, comme les hommes, un entraînement militaire intensif. Gengis Khan lui-même, dit-on, prenait conseil auprès de son épouse, Yesui, et il était recommandé qu'un homme s'unisse avec une femme plus âgée que lui afin de bénéficier de sa sagesse. Des siècles ont passé sans que la vie des Mongols ait beaucoup changé. Gengis Khan est encore aujourd'hui vénéré comme l'ancêtre tutélaire et le symbole de l'unité nationale.
Si la motocyclette a souvent remplacé le cheval et que le fusil

a pris la place de l'arc, la majorité des Mongols continue de vivre dans des tentes et méprise cordialement les habitants des villes, même si nombre d'entre eux se sont sédentarisés et travaillent comme ouvriers. La population mongole est aujourd'hui dispersée entre la Chine (dont 5 millions environ dans la région autonome de Mongolie-Intérieure), la république de Mongolie (2,5 millions), communiste jusqu'en 1990, et la Russie (Bouriates et Kalmouks). Avec la réouverture de monastères bouddhistes, on assiste aujourd'hui à un renouveau du bouddhisme mais aussi à un réveil du chamanisme, quelques prêtres essayant de transmettre leurs rituels aux jeunes générations.

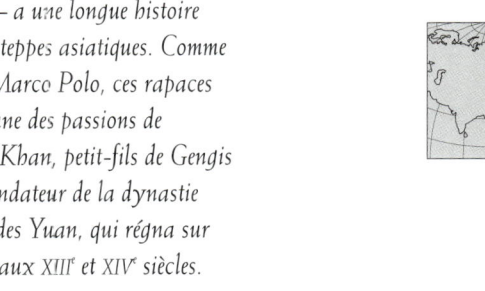

Ci-dessous à gauche L'art de la chasse à l'aigle ou au faucon – ici, un aigle – a une longue histoire dans les steppes asiatiques. Comme le narre Marco Polo, ces rapaces étaient l'une des passions de Kubilay Khan, petit-fils de Gengis Khan, fondateur de la dynastie mongole des Yuan, qui régna sur la Chine aux XIIIe et XIVe siècles.

Ci-dessous Ce jeune Oroqen est coiffé d'un chapeau de fourrure rehaussé de cornes et d'oreilles. Cette minorité vit en Mongolie-Intérieure et dans le Heilongjiang, province du nord-est de la Chine. Bien que réduite à quelques milliers d'individus, sa population est en augmentation.

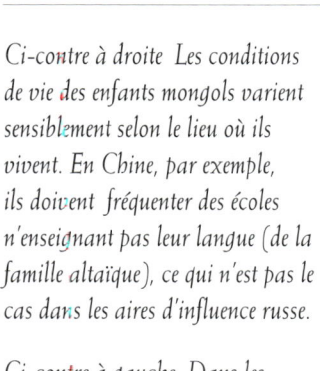

Ci-contre à droite Les conditions de vie des enfants mongols varient sensiblement selon le lieu où ils vivent. En Chine, par exemple, ils doivent fréquenter des écoles n'enseignant pas leur langue (de la famille altaïque), ce qui n'est pas le cas dans les aires d'influence russe.

Ci-contre à gauche Dans les yourtes des nomades de Mongolie, l'espace n'est pas divisé par des tentures, comme c'est souvent le cas chez les nomades d'Asie occidentale. Les couleurs sont généralement vives et chaleureuses, et tout a un emplacement déterminé.

Page de gauche (en bas) Près de Xilinhot, au cœur de la Mongolie-Intérieure (région autonome de Chine), une femme fait cuire des aliments dans un trou creusé à même la terre. Le bois étant très rare, le feu est alimenté avec de la bouse sèche appelée argol.

Ci-dessus au centre et ci-contre à droite La tente ger est un prodige d'efficacité : bien que le toit conique soit formé d'environ deux cent cinquante perches, le temps moyen de montage n'excède pas une heure. À l'entrée, la porte en bois de couleur porte généralement des inscriptions.

À droite En général, l'économie pastorale n'offre aux populations qu'une alimentation pauvre en vitamines (peu de fruits et de légumes). En Mongolie, le lait de jument donne, par fermentation, une boisson alcoolisée, le kumys ou aïrak, qui pallie en partie cette carence. Ce liquide, riche en nutriments essentiels, en graisses et en sucres, est très nourrissant et facile à digérer. Les produits laitiers sont, avec la viande, l'ingrédient principal de l'alimentation mongole.

Ci-dessus « Il faut raser les villes au sol, pour que le monde soit une steppe où les mères puissent allaiter des enfants libres et heureux » : cette formule de Gengis Khan résume tout l'idéal de liberté des Mongols.

Ci-contre à droite Cet enfant partage son lit avec les animaux du troupeau familial. Les habitations stables, généralement à un seul étage, n'existent pratiquement que près des villes.

En bas Au pied des montagnes du Gurban Bogdo, premier contrefort de la chaîne occupant l'aire nord-ouest de la république de Mongolie, un groupe de pasteurs à cheval prend le galop. Le cheval mongol, assez proche du poney, est plutôt petit et trapu. D'aspect moins noble que les coursiers européens, sans doute moins rapide, il est cependant extrêmement robuste et fiable. Les Mongols apprennent très tôt à monter : dès l'âge de 5 ans, les enfants sont capables de parcourir des dizaines de kilomètres dans la steppe, au galop. Ces cavaliers émérites peuvent ainsi couvrir des distances incroyables en une journée et même, dit-on, dormir en selle. On raconte que Gengis Khan lui-même (Temüdjin de son vrai nom) avait inventé une monture qui permettait de parcourir plus de 100 kilomètres par jour. Quoi qu'il en soit, les chevaux l'ont sans aucun doute aidé à conquérir une grande partie de l'Europe et de l'Asie.

En haut Une scène de lutte mongole : les adversaires, qui ne doivent se saisir que par la veste, se projettent à terre par une série de croche-pieds. À l'issue de cette démonstration de force, très prisée par les garçons, la victoire distingue les « vrais hommes » des jeunes gens.

Ci-dessus Il semble que les selles mongoles, très peu commodes selon les critères occidentaux, furent les premières à disposer d'étriers. Le rapport étroit entre l'homme et le cheval fut un élément déterminant dans la fondation de l'empire des khans.

Les Mongols

Ci-dessus Dans une prairie de la Mongolie-Intérieure, un cavalier surveille les chevaux au pacage, muni d'une longue perche terminée par un fouet, accessoire traditionnel des pasteurs mongols.

À droite Le festival naadam (littéralement, jeu) présente un large éventail des compétitions traditionnelles mongoles : tournois à cheval, tir à l'arc – auquel participent aussi les enfants –, danses et chants anciens.

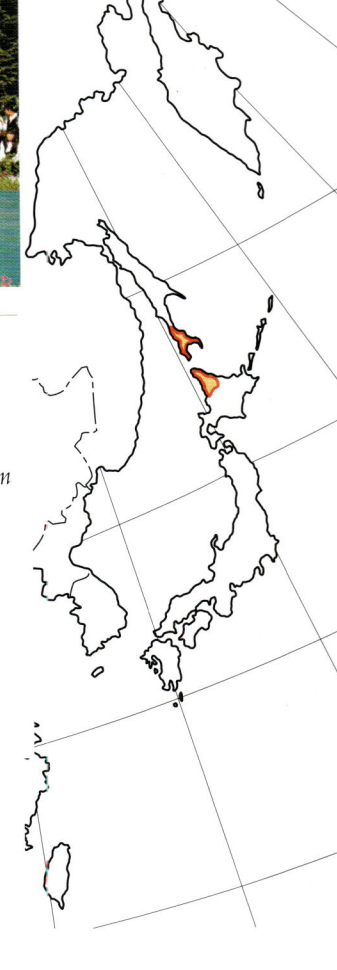

En bas Les Aïnous portent traditionnellement une casaque brodée tombant jusqu'aux chevilles. Le tissu (attush) est confectionné avec la fibre extraite de l'écorce d'orme.

Au centre Les bâtons votifs (inau) ont une place importante dans les cérémonies des Aïnous, qui les couvrent de copeaux et les plantent dans les jardins des maisons ou le long des sentiers de chasse.

Les Aïnous
JAPON

Ci-dessus Lors des fêtes traditionnelles, les villageois dansent au son d'instruments à cordes, de tambours et de guimbardes. Les Aïnous ont des coutumes distinctes de celles des Japonais.

Page de droite Les hommes aïnous portent une sorte de couvre-chef avec un débord sur le front et la nuque. On estime que la population aïnoue ne dépasse pas aujourd'hui 25 000 individus.

On désigne actuellement par Aïnous une population qui vit majoritairement sur l'île japonaise d'Hokkaido, même si quelques centaines d'individus habitent les îles environnantes et la partie méridionale de l'île de Sakhaline, en Russie. Du point de vue historique, les Aïnous comprennent plusieurs groupes ethniques, que certains historiens apparentent aux Emishi, également appelés Ezo (Ezochi étant l'ancien nom de l'île d'Hokkaido). Jusqu'au XIXe siècle, Hokkaido ne figurait pas sur la plupart des cartes du Japon et les Aïnous étaient considérés comme une ethnie étrangère : ils passaient pour barbares aux yeux des habitants du pays du Soleil-Levant. De fait, les Aïnous ne ressemblent pas physiquement aux Japonais. Ils ont souvent été définis comme un peuple d'origine caucasoïde ou australoïde, mais cette classification ne se fonde que sur des rapprochements fortuits concernant, par exemple, les traits du visage ou la pilosité abondante (ils étaient surnommés les poilus). De récentes études ont démontré des liens plus étroits avec d'autres peuples voisins, tels que les Toungouses, les populations altaïques et, surtout, les populations ouraliques de la Sibérie.

Vers le début de l'ère Meiji (1868), les Aïnous adoptèrent progressivement un mode de vie à la japonaise, tant par le style des habitations que par les vêtements et les habitudes alimentaires (le riz fut introduit par les Japonais sur l'île), même s'ils conservèrent en partie leurs coutumes et cérémonies.

Ce peuple se distingue notamment par le tatouage qui était pratiqué sur les femmes, autour de la bouche et sur le dos des mains, parfois sur les bras, jusqu'aux coudes. Commencés à la puberté et terminés avant le mariage, ces tatouages symbolisaient vraisemblablement l'entrée dans le monde adulte. Chaque village (kotan) aïnou comptait une vingtaine de maisons, situées le long d'une rivière ou près des territoires de chasse. La demeure traditionnelle avait une forme rectangulaire. Elle était soutenue par une structure de pieux et consistait en une pièce principale, flanquée d'une autre petite pièce servant d'entrée. Les murs et le toit étaient faits de feuilles de bambou ou de pisé. Au centre du toit se trouvait une cheminée couverte permettant d'évacuer la fumée du foyer, lequel était placé au centre de la pièce principale. La porte d'entrée était protégée par une peau d'animal ou une tenture. Sur le côté est de la maison s'ouvrait une fenêtre qui ne servait qu'à l'occasion des cérémonies. Les Aïnous pratiquaient la pêche au saumon et à la truite, à bord de canoës creusés dans des troncs d'arbres, et la chasse à l'arc. L'ours, le cerf, le lapin et la loutre constituaient leur gibier de prédilection.

Tandis que les hommes chassaient et pêchaient, les femmes cueillaient des baies, des bulbes et des racines comestibles. Aujourd'hui, la culture du riz et d'autres plantes ainsi que la pêche en mer professionnelle ont remplacé la chasse, la traditionnelle pêche fluviale et la cueillette. La caractéristique la plus insolite de la société aïnoue est le double système de descendance : patrilinéaire pour les garçons (qui héritent de leur père) et matrilinéaire pour les femmes (qui héritent de leur mère). Les hommes se transmettent des blasons d'animaux (itopka) et les femmes reçoivent des ceintures de chasteté héréditaires (ponkut ou upsor).

Le rapport entre l'aïnou et les autres langues parlées à Hokkaido n'est pas encore clairement établi. Les phonèmes (sons) sont proches de ceux des langues paléoasiatiques de la Sibérie nord-occidentale, mais le lexique et les fonctions grammaticales rappellent plutôt les langues du Sud-Est asiatique et de l'Océanie. Bien qu'il n'existe pas de langue écrite, la tradition orale est riche en poèmes épiques (yukar) et récits en prose et en vers. Toutefois, avec le processus d'assimilation et les récentes obligations scolaires, les plus jeunes générations d'Aïnous parlent de plus en plus couramment le japonais.

Ci-dessus Des jeunes filles miaos dans une rizière du sud-est du Guizhou. Dans cette région, il existe un riz réservé aux jours de fête que l'on récolte en coupant les tiges une à une à l'aide d'un couteau en demi-lune (à droite sur la photo) que l'on tient dans le creux de la main.

Ci-contre à droite Dans les villages de montagne où vivent de nombreuses communautés miaos, tout doit être porté à dos d'homme dans des hottes ou bien, comme ici, dans des paniers de bambou suspendus à une palanche. Ce type d'objet est répandu dans toute l'Asie orientale depuis des millénaires.

Les Miaos

CHINE, THAÏLANDE, VIÊT NAM, LAOS

Les Miaos sont l'une des plus nombreuses minorités ethniques du sud-ouest de la Chine. Dans ce pays, leur effectif s'élèverait à environ 10 millions d'individus, principalement établis dans les provinces du Guizhou, du Hunan, du Sichuan, du Yunnan et dans la région autonome du Guangxi. De petits groupes vivent également dans le sud-est de la province du Hubei. Il existe aussi d'importantes communautés de Miaos en Thaïlande, au Laos et au Viêt Nam. La plupart des Miaos vivent en groupes très fermés, y compris dans les territoires occupés en majorité par les Han ou par d'autres minorités ethniques.
La dispersion des groupes de Miaos sur un territoire aussi vaste est le résultat de plusieurs mouvements migratoires. Selon les sources chinoises, les ancêtres des Miaos sont originaires du centre de la Chine. Chassés par les Han, ils s'installèrent dans le Hunan occidental et le Guizhou oriental à partir du IIIe siècle avant notre ère. Ils commencèrent à migrer vers l'ouest, vers le nord-ouest du Guizhou et le long du fleuve Wu Jiang, dans le sud du Sichuan. Au Ve siècle, des groupes se déplacèrent vers l'est du Sichuan et l'ouest du Guizhou. 400 ans plus tard, d'autres furent faits prisonniers et déportés au Yunnan. Cette très large répartition géographique explique l'extrême diversité des coutumes et des dialectes. D'un point de vue linguistique, les Miaos appartiennent au groupe sino-tibétain des Miaos-Yaos. Les peuples réunis par les autorités chinoises après 1949 sous l'appellation de Miaos se divisent principalement en trois groupes : les Hmong, les Hmu et les Qoxiong. Ces trois peuples parlent des langues apparentées, mais incompréhensibles entre elles.
À cela s'ajoutent des subdivisions en plus petites entités caractérisées par des parlers locaux. Jusqu'à une époque très récente, les membres de ces communautés refusaient de se marier à l'extérieur de leur groupe linguistique. Dans certaines aires, les Miaos utilisent les langues d'autres groupes ethniques. Les us et traditions varient selon les communautés. Les vêtements – habits de tous les jours comme costumes de

En haut Chez les Miaos, la viande, qui n'est consommée que les jours de fête, provient exclusivement des animaux domestiques ou du poulailler que chaque famille possède.

Ci-dessous Lors de la phase de repiquage du riz, les femmes miaos du sud-est du Guizhou portent des habits neufs, en signe de respect à l'égard du dieu des céréales. Selon d'antiques légendes, le riz ne peut se repiquer qu'en nombre de plants impairs et après que le village a rendu hommage au dieu. La cérémonie se déroule généralement en avril.

En bas Après la récolte du riz, les grandes gerbes sont rapportées au village pour être mises à sécher au soleil. Ensuite, la rizière reste en eau, ce qui permet d'y élever des poissons.

Les Miaos des ravines

ASIE

Ci-dessus Chez les Miaos des ravines, les femmes relèvent leurs cheveux en un chignon dans lequel elles plantent un peigne en forme de corne (d'où le nom de Miaos à longue corne qu'on leur donne parfois). Autour du peigne, elles enroulent en huit un épais postiche de 2 mètres de long, qu'elles fixent avec une bande de coton blanc.

À gauche Les Miaos des ravines vivent à près de 2 000 mètres d'altitude. La population totale s'élève à 4 000 personnes environ, réparties en 12 villages.

Ci-dessus et en haut Les Xiaohua Miaos (littéralement, « Miaos à petits dessins multicolores ») habitent les régions de Shuicheng, de Nayong et de Hezhang, dans le nord-ouest de la province du Guizhou. Actuellement, cette tribu qui appartient au groupe miao des Hmong compte environ 80 000 personnes. Ces imposantes coiffures ne sont arborées que les jours de fête. En haut à droite, une petite fille qui n'arrive pas à se coiffer seule se fait aider d'une aînée.

Ci-contre à droite Les femmes de la communauté des Xiaohua Miaos, établie dans la province du Guizhou, portent de splendides vestes en coton décorées d'applications et de broderies réalisées au point de croix. L'art de la broderie se transmet de génération en génération, de mère en fille.

Les Xiaohua Miaos

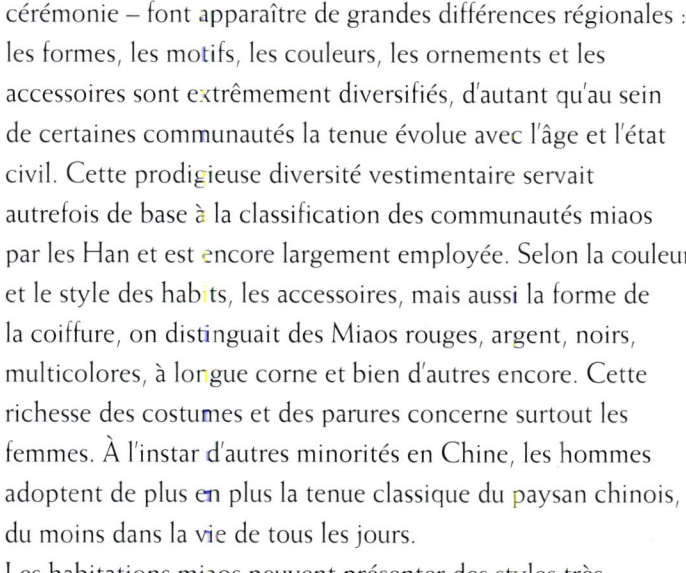

cérémonie – font apparaître de grandes différences régionales : les formes, les motifs, les couleurs, les ornements et les accessoires sont extrêmement diversifiés, d'autant qu'au sein de certaines communautés la tenue évolue avec l'âge et l'état civil. Cette prodigieuse diversité vestimentaire servait autrefois de base à la classification des communautés miaos par les Han et est encore largement employée. Selon la couleur et le style des habits, les accessoires, mais aussi la forme de la coiffure, on distinguait des Miaos rouges, argent, noirs, multicolores, à longue corne et bien d'autres encore. Cette richesse des costumes et des parures concerne surtout les femmes. À l'instar d'autres minorités en Chine, les hommes adoptent de plus en plus la tenue classique du paysan chinois, du moins dans la vie de tous les jours.

Les habitations miaos peuvent présenter des styles très différents d'une région à l'autre. Dans le sud-est de la province du Guizhou, elles sont souvent construites à flanc de montagne ou de colline et reposent sur des plates-formes sous lesquelles s'abritent les animaux domestiques. Elles sont bâties en bois, un matériau abondant. Ailleurs, elles peuvent être en torchis ou en pierre, ce qui les rend moins vulnérables aux incendies.

Les Miaos sont monogames. Même si les mariages sont parfois arrangés, les garçons et les filles sont libres de se courtiser, notamment lors des fêtes populaires, quand des jeunes gens provenant de divers villages se rassemblent pour chanter des chansons d'amour qui ont la forme de dialogues alternés (contrepoint). Si deux jeunes ressentent un attrait mutuel, ils échangent un gage d'amour, mais l'approbation des parents est nécessaire pour contracter le mariage. À Chuxiong, dans la province du Yunnan, il existait encore récemment des « maisons de cour », dans lesquelles les jeunes pouvaient se réunir après leur journée de travail pour chanter, danser et se faire la cour. L'enlèvement de la fiancée est quelquefois pratiqué, encore faut-il préciser qu'il est le plus souvent organisé d'un commun accord entre les amoureux, avec le concours d'amis et le consentement de la famille du fiancé. Après moult tractations menées par les anciens des villages des deux promis et l'offrande de cadeaux de noces, la famille de la mariée s'incline et approuve le mariage. Dans le cas contraire, la femme peut habituellement retourner sans problème dans sa famille. Les dates et le déroulement des fêtes populaires varient énormément d'une communauté à l'autre. Certaines festivités sont spécifiques à une tribu miao : fêtes des Sœurs, des Vaches, des Fleurs de la montagne, dégustation du riz nouveau… D'autres, comme les fêtes des Bateaux dragons, de la Pure Lumière et de la Mi-Automne, relèvent de la tradition chinoise la plus classique. La plupart des groupes miaos célèbrent le nouvel an chinois, qui revêt chez eux une solennité particulière. Durant les festivités, on chante et on danse au son des tambours et du *lusheng* (orgue à bouche en bambou) ; on assiste à des combats de taureaux et à des courses de chevaux. Dans le Yunnan se tient une fête très populaire, dite du Foulage des fleurs des prés, au cours de laquelle les couples sans enfant adressent leurs prières au dieu

Ci-dessus Les Chinois han désignaient les différents groupes miaos en fonction des caractéristiques de leurs costumes (noirs, verts, bariolés…), et certains de ces noms sont encore utilisés aujourd'hui.

À gauche, ci-dessus et page de droite Chaque année, le quinzième jour du deuxième mois lunaire, une fête rassemble les membres du groupe Xiaohua Miao à Nankai, à l'est du Guizhou. Les fillettes sont vêtues de leur costume traditionnel et coiffées d'un turban rouge (ci-dessus et ci-contre à gauche). Une jeune mère assiste à la fête, abritant son enfant dans un porte-bébé richement décoré (page de droite en bas). Les hommes arborent des couvre-chefs ornés de plumes de faisan (page de droite en haut).

de la fertilité. Les jeunes gens non mariés reçoivent du vin dans des bouteilles accrochées à un pin, sous lequel ils chantent et dansent. Et, s'ils trouvent là l'âme sœur, c'est de bon augure pour le couple. Les populations miaos investissent beaucoup d'argent dans certaines de ces cérémonies, surtout à l'occasion des fêtes organisées en l'honneur des ancêtres, qui ont lieu tous les douze ans dans de nombreux villages du sud-est du Guizhou. Chez les Miaos de Xijiang, les familles doivent pouvoir offrir à leurs filles la magnifique tenue traditionnelle des jours de fête, couverte de plaques d'argent.

Dans le Hunan occidental et le nord-ouest du Guizhou, les rituels pour avoir un enfant ou guérir d'une maladie sont parfois accompagnés du sacrifice d'animaux (en général des poulets) et sont suivis de célébrations qui peuvent durer de trois à cinq jours. Le chant et la danse sont les piliers de

Ci-contre à droite Les groupes miaos n'ont pas développé d'écriture propre. Cela explique sans doute qu'ils accordent autant d'importance au décor de leurs costumes, qui est pour eux un moyen d'exprimer l'essence de leur culture.

En bas à gauche Lors d'une fête locale, des femmes portent une coiffure en pointe typique de la communauté de Yangchang (un groupe parfois appelé Miaos à chapeau pointu).

En bas à droite Un groupe de musiciens jouant du lusheng, orgue à bouche en bambou, qui est l'instrument traditionnel le plus utilisé par les Miaos. Le chant est également très présent chez ce peuple, au travers notamment de ballades chantées contant l'histoire mythique des ancêtres.

Les Miaos de Yangchang

Ci-dessus et en bas Les enfants portent le costume traditionnel des Miaos de Yangchang. Plusieurs groupes miaos utilisent encore des textiles très anciens comme le chanvre et la ramie, à la fois beaux et agréables à porter. Mais, aujourd'hui, ces derniers sont de plus en plus souvent remplacés par des cotonnades industrielles.

la culture de toutes les communautés miaos. La littérature orale occupe une place de choix ; elle inclut des chants, dont la longueur peut aller de quelques vers à des dizaines de milliers. Les instruments de musique sont nombreux : outre le *lusheng*, sans doute le plus courant, les Miaos jouent de la flûte droite ou traversière, du tambour, du gong, du cor...

Le sens artistique des Miaos est très développé, comme en témoignent l'art sanat textile (costumes, couvre-lits, porte-bébés, chapeaux...) ainsi que les bijoux et autres ornements en argent (colliers, boucles d'oreilles, bagues ciselées...), surtout portés à l'occasion des fêtes. Les femmes utilisent le procédé du batik (nom indonésien désignant un type de teinture à réserve), de tradition millénaire, pour teindre des panneaux de tissu, qui sont parfois brodés de couleurs vives et dont elles se servent pour confectionner leurs habits. En général, ces costumes sont réalisés pour un usage personnel.

Les Miaos de Xijiang

En haut à gauche L'argent est réputé avoir des vertus protectrices. Ce bébé, du groupe des Miaos de Xijiang, porte un chapeau orné de décorations en argent représentant des petits bouddhas.

Ci-contre à gauche et en haut L'argent, symbole de richesse et de beauté, est le métal préféré des Miao, qui le travaillent depuis très longtemps. Les Miaos de Xijiang, qui vivent à l'est de la province chinoise du Guizhou, sont renommés pour leurs ornements en argent. Finement ciselés, ces derniers comprennent des colliers, des bracelets, des tiares, des épingles, des broches et des plaques de différentes formes, qui sont appliquées sur les vêtements. Ces parures peuvent être très ouvragées, comme celle de gauche, d'inspiration végétale. Aujourd'hui, les artisans utilisent de plus en plus de cuivre blanc argenté, car l'argent est très cher.

Ci-dessus La petite ville de Kaili, au sud-est du Guizhou, est la capitale du Qiandongnan, la préfecture autonome Miao-Dong (les Dongs étant une autre ethnie de Chine). La population de Kaili est constituée à 70 % de minorités ethniques, les Miaos représentant la plus nombreuse. Ici, lors d'une fête, ils scandent les chants et les danses en frappant dans leurs mains. Les multiples célébrations populaires des Miaos revêtent une somptuosité sans pareille, ainsi qu'en témoignent les costumes et parures portés ici par les enfants, placés devant les adultes.

Les Miaos noirs

En dehors de la Chine, les Miaos sont nombreux en Thaïlande, dans le nord du Viêt Nam et au Laos. Il semble que la migration hors des frontières chinoises ait débuté au XVIIIe siècle, quand les Miaos descendirent du Yunnan vers le Tonkin et l'Annam, pour s'achever au XIXe siècle avec leur entrée en Thaïlande, dont ils constituent aujourd'hui 2 % de la population. Dans ces pays, les Miaos vivent principalement dans les zones montagneuses, le plus souvent au-dessus de 1 000 mètres d'altitude.

Appelés Méos par les Thaïlandais (terme péjoratif signifiant Barbares), les Miaos se sont essentiellement répandus dans le nord de la Thaïlande. Ils font, pour la plupart, partie du groupe des Hmong et sont classés en deux sous-groupes – les Miaos blancs et les Miaos bleus. Autour de Chiang Mai et à l'ouest, les villages appartiennent en majorité au sous-groupe des Miaos bleus, tandis qu'à l'est on ne trouve que des villages de Miaos blancs. Les femmes de la communauté bleue nouent traditionnellement leurs cheveux en un grand chignon. Elles sont vêtues de jupes plissées de satin noir à rayures horizontales, de hauts à larges poignets et cols brodés de motifs orange vif et jaune. Les hommes portent d'amples pantalons noirs et des vestes semblables à celles des femmes et fermées par un bouton sur l'épaule gauche. Les femmes des Miaos blancs ont de larges pantalons noirs, serrés à la taille par une écharpe bleue qui tombe jusqu'aux pieds, ainsi que des vestes simples aux poignets bleus. En Thaïlande, certains groupes sont coiffés d'une sorte de calotte de couleur bleue. Comme en Thaïlande, les Miaos du Viêt Nam sont souvent appelés Méos et appartiennent en majorité au groupe des Hmong – même si l'on trouve aussi des Hmu (Miaos noirs). Installés dans 13 provinces, les Hmong sont subdivisés en plusieurs sous-groupes – blanc, bleu, rouge, bariolé… Pour la plupart, ces groupes sont venus des provinces de la Chine méridionale, en trois vagues de migration successives. La première, qui les mena du Guizhou à Dong Van, à l'extrémité nord du Viêt Nam, remonterait au XVIIIe siècle, époque de

En haut La population du district de Sapa, au nord-ouest du Viêt Nam, est composée en majorité de Miaos, qui vivent en petits groupes dispersés et se réunissent à l'occasion de fêtes populaires – moins fastueuses que celles des communautés de Chine.

À gauche, au centre et en bas Les Miaos constituent la huitième minorité ethnique en nombre du Viêt Nam. Les Miaos blancs, verts, rouges, bariolés et noirs sont quelques-uns des groupes locaux. La jeune femme et son enfant ainsi que l'homme au collier d'argent sont des Miaos noirs.

En haut et ci-dessus Le style vestimentaire des Miaos noirs est sobre, avec peu de décorations, hormis sur les ceintures des femmes. Les ornements les plus courants sont en argent ou en cuivre.

Ci-contre à droite Portant des gerbes sur les épaules, un groupe de femmes miaos du Viêt Nam septentrional rentre des champs. En raison de l'altitude, les rizières ne fournissent qu'une récolte par an.

ASIE

*Ci-dessous et ci-contre à droite
Les A-hmao, un sous-groupe de
Miaos présent dans les provinces
chinoises du Yunnan et du Guizhou
ainsi qu'au Viêt Nam, sont appelés
Miaos bariolés en raison de la
variété des broderies et des tissus
de leurs costumes tribaux.
Les Miaos qui se sont installés
dans les régions septentrionales
du Viêt Nam ont été contraints
d'édifier leurs villages dans des
zones difficiles d'accès, loin de tout,
dans les provinces de Ha Giang
et de Lao Cai. Ils ont construit
des terrasses pour la culture
du riz, pratiquée selon la
technique traditionnelle
de la coupe et du brûlis.*

Les Miaos bariolés

révolte des Miaos contre la poussée des populations han liée à la politique expansionniste des dynasties Ming, puis Qing. La phase suivante fut la conséquence de l'échec de la rébellion des Miaos dans le Guizhou (1775-1820), qui poussa certains groupes, dépossédés de leurs terres, à passer au Yunnan puis au Viêt Nam par le nord, pour se déplacer ensuite au nord-ouest. La troisième et dernière vague de migration fut causée par un nouveau soulèvement des Miaos, qui s'étaient ralliés au mouvement antimandchou des Taiping. Lorsque les insurgés furent vaincus par les troupes impériales, les Miaos durent fuir les provinces du Guizhou, du Yunnan et du Guangxi pour s'établir à Ha Giang, Lao Cai et Yen Bai, à l'extrême nord

Page de gauche (en bas à droite) Le village de Bac Ha, dans la province vietnamienne de Lao Cai, est connu pour son marché dominical. Les Miaos bariolés y affluent des environs pour vendre leurs produits, dont une liqueur de maïs réputée.

Ci-dessus et à droite Le port des habits traditionnels est d'usage chez les Miaos bariolés. Ils participent ainsi à l'économie locale car ils attirent de nombreux touristes. Les conditions de vie des Miaos vietnamiens sont généralement plus difficiles qu'en Chine. Leurs villages sont perchés sur les hauteurs, aux sols très pauvres. Pourtant, les Miaos cherchent à moderniser les systèmes d'irrigation et d'exploitation de la terre. Mais leur condition d'émigrés (leurs ancêtres ont quitté la Chine entre le XVIIIe et le XIXe siècle) et leur particularisme font obstacle à leur intégration. Toutefois, les groupes miaos sont souvent majoritaires dans les provinces de l'extrême nord du pays.

du Viêt Nam. Cette histoire tumultueuse montre bien que les migrations furent toujours provoquées par des conflits entre les Miaos et les autorités impériales chinoises. De nos jours, les communautés miaos du Viêt Nam vivent dans des zones montagneuses, entre 300 et 1 500 mètres d'altitude, dans des habitations rudimentaires. En raison de la pauvreté des sols, ils doivent parfois transporter de la terre provenant d'autres localités pour combler les cavités de la roche et pouvoir ainsi pratiquer l'agriculture. L'altitude ne permet qu'une récolte de riz par an, quantité à peine suffisante pour satisfaire les besoins des familles. Les rendements sont faibles, bien que les Miaos utilisent aujourd'hui des techniques plus modernes d'irrigation, de fertilisation et de protection de la terre contre l'érosion. Outre l'agriculture, les Miaos du Viêt Nam pratiquent le tissage, l'artisanat et la fabrication d'ustensiles en bambou. Dans la région du Triangle d'or, à la frontière de la Thaïlande, de la Birmanie et du Laos, certaines tribus montagnardes cultivent le pavot, malgré les interdictions.

Les Padaungs

BIRMANIE

Les Padaungs constituent un sous-groupe des Karens, également connus comme Karens padaungs. Les populations karens sont établies dans le sud de la Birmanie et parlent des langues du groupe tibéto-birman, influencées par l'austro-thaï. Elles ne forment pas une ethnie homogène car toutes présentent de fortes différences du point de vue linguistique, donc, mais aussi religieux et économique. Selon une classification générale, on distingue les Karens blancs et les Karens rouges. Les premiers comprennent les tribus sgaw, pa'o et pwo, les seconds les tribus bre, yinbaw, zayein et padaung. Cette dernière occupe le sud-est du Myanmar (le long du cours inférieur du Salween), la zone contiguë à la Thaïlande, la chaîne montagneuse de Pegu Yoma et le delta de l'Irrawaddy, sur la côte méridionale birmane. Elle se fait plus rare dans les régions de plaine, à l'exception des villages proches de la frontière avec la Thaïlande.

Bien que leurs effectifs soient très faibles (on estime qu'ils ne sont pas plus de 7 000), les Padaungs ont attiré l'attention des anthropologues et des touristes en raison d'une de leurs pratiques : l'allongement du cou par des anneaux – en réalité un fil de laiton enroulé en spirale autour du cou des femmes. D'autres spirales plus longues sont ajoutées plusieurs fois au cours de la vie d'une femme. Chaque fois qu'une nouvelle série d'anneaux est mise, le cou semble s'allonger (en fait, les vertèbres restent intactes : les muscles des épaules sont abaissés et les côtes sont enfoncées vers le bas). Les premiers anneaux sont placés avant la puberté, vers 5-6 ans, au cours d'une cérémonie à laquelle tout le village participe. La date est choisie avec soin, sur la base de calculs effectués par le chaman du village. Le cou de la fillette est massé pendant des heures avec un onguent, avant que l'officiant n'enroule la première spirale de laiton. Pour éviter les plaies, des coussinets sont insérés entre la peau et le métal ; ils seront retirés dans un second temps. Chaque fois que l'on renouvelle les anneaux (tous les trois ans), quelques jours sont nécessaires pour que le corps s'habitue à l'augmentation de la pression, mais la femme

En haut à gauche Dans son roman Tragédie birmane *(1933), l'écrivain George Orwell (1903-1950) évoque les belles femmes au cou long comme celui des girafes. C'était la première fois que la littérature occidentale faisait état des femmes padaungs. Depuis, la singularité de leur pratique est devenue l'une des grandes attractions du tourisme ethnique dans le Sud-Est asiatique. Les conditions de vie des Padaungs sont très difficiles, tant en Birmanie qu'en Thaïlande, où la rapacité des tour-opérateurs a profondément dénaturé la vie de ce peuple pacifique.*

Ci-dessous Le nombre d'anneaux qui enserrent le cou des femmes padaungs détermine le prestige de celles qui les portent et constitue un moyen d'exhiber la richesse de la famille : vingt-cinq spires indiquent une condition sociale très élevée. Cette pratique, qui avait quasiment disparu il y a une vingtaine d'années, retrouve une certaine vogue pour des raisons économiques. Aujourd'hui, des fillettes de 5-6 ans se voient contraintes de porter des anneaux de cou pour assurer un revenu à leurs parents.

Ci-dessus et ci-dessous La première spirale d'anneaux est posée vers l'âge de 5-6 ans. À cette occasion, la famille reçoit des cadeaux de la communauté. Dans le passé, peu de femmes portaient ce type d'ornement, en tout cas pas plus d'une fille par famille ; ses parents pouvaient alors prétendre à une dot plus importante de la part du fiancé.

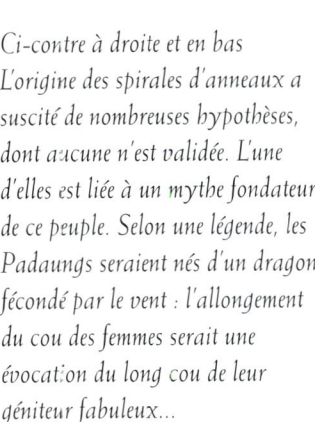

ASIE

*Ci-contre à droite et en bas
L'origine des spirales d'anneaux a
suscité de nombreuses hypothèses,
dont aucune n'est validée. L'une
d'elles est liée à un mythe fondateur
de ce peuple. Selon une légende, les
Padaungs seraient nés d'un dragon
fécondé par le vent : l'allongement
du cou des femmes serait une
évocation du long cou de leur
géniteur fabuleux...*

*... D'autres théories sont plus
concrètes, mais guère plus
convaincantes. Pour certains
chercheurs, les anneaux serviraient
à protéger les femmes des tigres.
Pour d'autres, ce serait un moyen
d'assurer la fidélité conjugale : en
cas d'adultère prouvé, les anneaux
sont retirés, ce qui contraint la
malheureuse à soutenir sa tête avec
les mains jusqu'à la fin de ses jours.*

reprend bientôt le cours normal de son existence. Les femmes adultes peuvent porter jusqu'à vingt-cinq anneaux, ce qui représente un poids de 5 à 10 kilos. Des précautions sont nécessaires pour les actes les plus simples de la vie quotidienne. Il faut du temps et de la prudence pour procéder à sa toilette et se vêtir. Durant le sommeil, le cou doit reposer sur un haut coussin de bambou, afin de soutenir le poids des anneaux. En outre, les femmes padaungs ne peuvent diriger leur regard vers le haut ou regarder leurs enfants quand elles les allaitent. Si les anneaux leur étaient retirés, les muscles atrophiés de leur cou ne pourraient soutenir le poids de leur tête. Comment expliquer cette coutume ? Certains chercheurs affirment qu'il s'agissait d'un moyen de protéger les femmes contre les tigres, qui s'attaquent d'abord au cou, d'autres, que les hommes déformaient le cou de leurs épouses pour leur éviter d'être enlevées par des ethnies rivales. Les femmes portent également des anneaux aux chevilles, ainsi que des bracelets d'argent aux poignets.

L'habitation traditionnelle des Padaungs est une petite cabane de forme carrée, faite de tiges de bambou tressées et surmontée d'un toit en branches de palme. En face de chaque maison se dresse un vaste portique ouvert, sous lequel les femmes tissent ou filent. Les hommes se consacrent aux travaux des champs. Comme pour de nombreuses tribus de Karens situées à la frontière entre la Birmanie et la Thaïlande, l'économie traditionnelle des Padaungs repose sur la culture du riz sec, des légumes et du tabac, qui est pratiquée sur des parcelles de forêt déboisées et brûlées. Les Padaungs échangent des produits agricoles ou du bétail sur les marchés des villes voisines, contre des outils et des produits industriels. Ils effectuent parfois des travaux rémunérés.

Vers la fin des années 1980, pendant la guerre entre l'armée régulière birmane, les groupes de rebelles karens et les chefs mafieux de la drogue, les habitants de nombreux villages cherchèrent refuge en Thaïlande. Les Padaungs, qui, des siècles durant, avaient mené une existence immuable et isolée, se trouvèrent brutalement propulsés dans le XXe siècle. Sans ressources ni expérience, ils furent exploités par les industries du tourisme local, qui inscrivaient à leur programme la « visite des femmes girafes », recherchée par les voyageurs en quête d'émotions ethniques. Pour accueillir les réfugiés padaungs, le gouvernement thaïlandais a créé un village près de Mae Hong Son. En vérité, il s'agit plutôt d'une réserve, constituée d'un ensemble de pavillons dans lesquels les Padaungs mènent une vie relativement indépendante. Les femmes vendent des étoffes, des poupées et des cartes postales aux touristes ou posent en groupe devant les objectifs des photographes, exploitant ainsi leur particularité pour gagner un peu d'argent. Certains hommes, quant à eux, travaillent dans des fabriques locales.

Ci-dessus et à droite L'histoire récente du peuple padaung est à la fois étonnante et triste : les femmes qui se laissent photographier par les voyageurs en tirent des bénéfices substantiels. Et l'on voit de plus en plus d'hommes délaisser les travaux des champs et dépendre entièrement des femmes pour leur subsistance.

Ci-contre à droite Les coiffures des femmes balinaises sont célèbres dans le monde entier pour leur élégance et leur complexité. Mais, au quotidien, celles-ci portent des *tenguluk*, couvre-chefs agencés plus sommairement, ou même de simples foulards de couleur.

Les Bali-Aga

INDONÉSIE

[BALI]

Les Bali-Aga vivent dans les villages de montagne situés au cœur de Bali. Ils sont considérés comme les habitants autochtones de l'île. Ce sont pour la plupart des agriculteurs organisés en coopératives, qui cultivent le riz en terrasses sur les pentes montagneuses. Chaque village constitue une communauté autonome, dirigée par une assemblée formée d'hommes mariés et présidée par un conseil d'anciens. Cette assemblée est responsable des affaires du village et des cultes associés aux divers temples : le temple des ancêtres, habituellement situé au point le plus haut du village, celui consacré aux morts, en contrebas des habitations, et celui de la communauté, où sont célébrés les rites propitiatoires de fertilité et où se réunit le conseil.

Profondément ancré dans la vie quotidienne, le système de croyances balinaises associe l'hindouisme javanais et le bouddhisme, avec persistance d'antiques traditions animistes, comme le culte des ancêtres et des esprits des mondes aérien (soleil, terre, eau, montagnes) et souterrain (esprits du mal et démons). Ce syncrétisme permet un certain équilibre entre des croyances parfois antagonistes. Les nombreux temples (plus de vingt mille) répartis sur toute l'île constituent un véritable système d'édifices sacrés ; ils sont considérés comme des lieux de repos pour les divinités en visite sur la Terre. Parmi les multiples cérémonies, la plus importante est celle de l'*odalan* (venue, apparition), qui évoque le jour où la divinité s'est installée pour la première fois dans le temple. Lors de cette sorte d'anniversaire, célébré tous les deux cent dix jours, le dieu descend du monde céleste pour rendre visite au temple. La congrégation organise alors, aux confins du village, une parade pour l'accueillir dignement par des danses et des chants et l'escorter jusqu'au temple, tandis que les femmes font des offrandes de fleurs et de mets préparés avec soin. Des simulacres de la divinité sont ensuite

Ci-dessus Un groupe de femmes balinaises cueille le riz sous le soleil cuisant. Le couvre-chef visible à droite est en réalité un panier, le sok. Les Balinais sont passés maîtres dans la fabrication de ce type de vannerie.

Ci-dessous Les Balinais sont de grands producteurs de vannerie en tout genre, en fibres de bambou et de rattan tressées, comme les paniers que l'on voit ici, qui servent à transporter des feuilles de palme ou de bananier.

Page de gauche (en bas) Cet éleveur balinais, que suit un petit groupe de canards, ne porte qu'un sarong, la tenue classique des hommes comme des femmes.

Ci-dessus À la culture traditionnelle du riz s'est récemment ajouté le ramassage des algues, dont le commerce a ouvert de nouvelles perspectives de développement à l'île.

Ci-dessus Les danses traditionnelles constituent l'un des aspects les plus intéressants de la culture balinaise. La plus fascinante est le legong, une chorégraphie de pas, de gestes et de regards fort élaborée et très codifiée.

Ci-contre à droite De blanches fleurs de frangipanier au parfum pénétrant ornent la couronne de cette danseuse de legong. Les chorégraphies sont complexes et les détails des costumes définis par une riche nomenclature.

À gauche au centre Au début du XXᵉ siècle, les danses et le théâtre de cour (réservés au souverain) étaient en déclin sur l'île. Ce patrimoine balinais inestimable a été en partie préservé grâce au tourisme de masse.

À gauche en bas Dans la danse de cour, aucun geste, y compris ceux des doigts, n'est le fruit du hasard. Par le passé, les danseuses étaient la propriété du prince, qui les choisissait parmi les plus belles des villages.

Ci-dessus Le compositeur et chorégraphe donne des indications à deux danseuses. La carrière de ces jeunes femmes, dont le long et difficile apprentissage débute vers l'âge de 5 ans, dure une dizaine d'années.

portés en procession vers la mer ou le cours d'eau le plus proche, où ils sont immergés avant d'être ramenés au temple. La célébration se prolonge jusqu'à l'aube par des fêtes, des danses et des représentations théâtrales, très présentes dans les cérémonies balinaises. Parmi ces dernières, citons notamment le combat entre deux personnages mythologiques : Rangda, une sorcière maléfique, et le démon Barong, à l'allure de dragon. Les personnes qui en revêtent les costumes et les masques miment un drame dont l'issue reste toujours incertaine : la sorcière se retire invaincue et les danseurs représentant le dragon, entrés en transe, retournent contre eux-mêmes sa furie destructrice en feignant de se frapper avec leurs *kriss*, poignards sacrés à lame ondulée. La musique qui accompagne les représentations est exécutée par les orchestres *gamelan* (chaque village possède le sien), composés de tambours, gongs, clochettes, cymbales, xylophones, vibraphones, flûtes et violons. Les rites funéraires revêtent aussi une grande importance car, si les funérailles ne se déroulent pas dans les règles, les ancêtres peuvent en concevoir du dépit et attirer malheurs et maladies sur la famille. Le faste des cérémonies reflète la caste ou le prestige du défunt. Le corps est enterré, puis exhumé pour la crémation, qui vise à libérer l'âme de son enveloppe charnelle. Un fastueux cortège, auquel tout le village prend part, escorte le cercueil (généralement sculpté en forme de taureau, de vache ou de lion, selon la caste du défunt), qui est conduit sur le lieu de la crémation. Les effets personnels sont brûlés avec le défunt, puis les cendres sont dispersées dans la mer. La division en castes, propre à l'hindouisme, est représentée par des titres héréditaires, ou *wangsa*, qui établissent le rang de chacun. Les distinctions sociales sont respectées jusque dans le langage, où coexistent des formes de communication

À droite en haut Durant l'*odalan*, cérémonie majestueuse commémorant l'installation d'une divinité dans un temple, des femmes en costume défilent, portant sur la tête d'énormes offrandes de fruits et de pâtisseries.

À droite en bas Au cours des cérémonies, le port de couvre-chefs, qu'ils soient élaborés ou constitués de simples compositions florales, n'est pas une question de coquetterie : c'est une marque de respect ou un hommage.

distinctes. Selon la catégorie sociale de l'interlocuteur, celui qui lui parle utilisera le bas, le moyen ou le haut balinais. Les combats de coqs sont une autre particularité de l'île : ils font l'objet de règles très précises, consignées sur des feuilles de palme et transmises de génération en génération, traduisant ainsi la volonté des Balinais de conserver et léguer un patrimoine culturel millénaire.

205

OCÉANIE

Peuples d'Océanie

◇ **LES DANIS** – PAPOUASIE-OCCIDENTALE	212	◇ **LES ARAPESH** – PAPOUASIE-NOUVELLE-GUINÉE	222
◇ **LES YALIS** – PAPOUASIE-OCCIDENTALE	216	◇ **LES HULIS** – PAPOUASIE-NOUVELLE-GUINÉE	224
◇ **LES UNAS** – PAPOUASIE-OCCIDENTALE	218	◇ **LES ABORIGÈNES** – AUSTRALIE	228
◇ **LES KOROWAIS** – PAPOUASIE-OCCIDENTALE	220	◇ **LES MAORIS** – NOUVELLE-ZÉLANDE	232
		◇ **LES POLYNÉSIENS** – POLYNÉSIE	238

Textes de **Mirella Ferrera**

En haut à gauche Les Asmats de Papouasie-Occidentale sont restés isolés du reste du monde jusque dans les années 1950. Leur nom a deux significations : « vrai peuple » et « peuple des arbres ».

En haut à droite Le didgeridoo des Aborigènes d'Australie est un instrument en bois tout simple, mais très difficile à jouer : il requiert en effet une parfaite maîtrise du souffle.

Page de droite Découverts seulement au milieu du XXᵉ siècle, les Chimbus et les autres groupes des hauts plateaux de la Papouasie-Nouvelle-Guinée vivaient dans un état de guerre perpétuelle.

Ci-dessus Les inquiétants masques de guerre des Gururumbas, une ethnie de Papouasie-Nouvelle-Guinée, sont des casques d'argile auxquels on ajoute divers éléments, comme des oreilles ou des dents. Le nom de ce peuple signifie « hommes sauvages », mais on les appelle plus couramment mudmen, à savoir « hommes de boue », car ils ont également l'habitude d'enduire leur corps d'argile.

Introduction

Dans son acception la plus large et la plus répandue, l'Océanie comprend l'Australie, la Tasmanie, les grandes îles de la Nouvelle-Guinée et de la Nouvelle-Zélande, ainsi qu'une myriade de petites îles, d'archipels et d'atolls parsemant l'immense océan Pacifique et constituant la Mélanésie, la Micronésie et la Polynésie. Le peuplement humain de cette très vaste zone débuta il y a environ 40 000 ans et s'effectua par vagues migratoires successives de groupes en provenance d'Asie du Sud-Est, qui la colonisèrent progressivement en commençant par occuper la Nouvelle-Guinée et l'Australie. L'extrême variété physique, linguistique et culturelle qui caractérise les populations océaniennes s'explique en partie par les mélanges intervenus entre des groupes arrivés à différents moments et/ou d'origines diverses, par l'isolement de certaines ethnies et par l'adaptation locale à des milieux naturels aussi marqués que le désert australien, les hauts plateaux de la Nouvelle-Guinée, les îles volcaniques et les atolls coralliens du Pacifique. Pour rendre compte de cette diversité, les ethnologues divisent généralement l'Océanie en plusieurs « aires culturelles » : l'aire des Aborigènes d'Australie, celle des Mélanésiens (incluant les groupes de Papouasie-Nouvelle-Guinée) et celles de la Micronésie et de la Polynésie.

On estime que le peuplement de l'Australie, dont le territoire a livré des vestiges archéologiques attestant la présence d'habitats humains il y a 20 000 ans, fut l'œuvre de petits groupes qui auraient parcouru d'un bout à l'autre la longue chaîne des îles indonésiennes à bord d'embarcations primitives pour gagner tout d'abord la Nouvelle-Guinée, avant d'atteindre la péninsule du cap York en franchissant le détroit de Torres. Les grandes étendues désertiques favorisèrent la dispersion des groupes humains, la fragmentation linguistique (on dénombre plus de 600 langues et dialectes parlés par les différentes populations aborigènes) et une économie fondée sur la chasse et la cueillette, tandis que l'isolement permit la conservation de particularités physiques et linguistiques spécifiques à ce peuple de l'Océanie.

L'aire culturelle de la Mélanésie (littéralement « îles des Noirs ») rassemble la Nouvelle-Guinée, l'archipel des Salomon, le Vanuatu (anciennes Nouvelles-Hébrides) et la Nouvelle-Calédonie. Le plus vieux site local remonte à 2 500 ans et se trouve en Nouvelle-Guinée, où s'établirent des populations négroïdes, vraisemblablement des « négritos » originaires d'Asie du Sud-Est. Les stratégies de subsistance des peuplades mélanésiennes reposèrent essentiellement sur une agriculture itinérante en milieu forestier, complétée par la pêche dans les régions côtières et les îles. L'extrême variété linguistique reflète la séparation géographique des groupes résultant de barrières naturelles comme les hauts plateaux de la Nouvelle-Guinée et la distance entre les petites îles. Le millier de langues parlées dans la zone se répartit en deux catégories : on en recense environ 750 en Nouvelle-Guinée (rangées dans le groupe papou, elles n'ont pour la plupart aucun lien de parenté et ne renvoient à aucune famille linguistique) et 250 dans les îlots (appartenant au groupe malayo-polynésien ou austronésien, qui s'étend de Madagascar à la Polynésie en passant par l'Asie du Sud-Est), probablement introduites il y a 4 000 ans.

La colonisation de la Micronésie et de la Polynésie est plus récente. L'aire culturelle micronésienne, qui englobe les archipels des Mariannes, des Carolines, des Marshall et Kiribati, fut colonisée entre 3000 et 2000 avant notre ère par des populations originaires des Philippines et d'Indonésie, apparentées aux groupes mélanésiens. La Polynésie comprend une multitude d'îles et d'archipels disséminés dans le Pacifique : Hawaii, îles de Pâques et de la Société, Phoenix, Tuvalu (anciennes îles Ellice), Tokelau, Samoa, Uvéa, Tonga, Fidji, Cook, Marquises, Tuamotu, Tubuaï, Mangareva, Pitcairn, sans oublier, sur le plan strictement ethnologique, la Nouvelle-Zélande. Les Polynésiens se caractérisent par une remarquable homogénéité en matière linguistique et culturelle. Dans certaines régions, il semble qu'une seconde colonisation se soit superposée à la première et ait été l'œuvre de groupes demeurés isolés suffisamment longtemps pour avoir développé des cultures propres. Ce sont probablement les populations de culture « lapita », provenant de la Nouvelle-Guinée et d'autres îles d'Océanie, qui se diffusèrent dans les milliers d'îlots de la zone en quittant vers 1600 avant notre ère les Tonga pour rayonner vers les Cook, les Salomon, la Nouvelle-Zélande et l'île de Pâques, colonisée au Ve siècle.

OCÉANIE

Certains habitants de Samoa et Tuvalu seraient ensuite retournés vers l'ouest, gagnant la Micronésie et créant les satellites culturels de Nukuoro, Kapingamarangi et des îles Ontong Java, Rennell, Bellona, Rotuma et Tikopia, en Mélanésie. La séduisante hypothèse d'une colonisation depuis les côtes américaines reste encore à vérifier.
La lente « découverte » de l'Océanie par les Occidentaux débuta au XVIe siècle, avec la Nouvelle-Guinée pour point de départ. Elle s'acheva au XVIIIe siècle, quand toute la zone devint le point de mire d'explorateurs en quête du fabuleux continent du lointain Sud – la célèbre *Terra australis incognita* – qui agissaient pour le compte des puissances maritimes européennes désireuses d'étendre leur commerce dans le Pacifique.
Le contact avec les colonisateurs donna très vite naissance à de nouvelles langues, les pidgins, qu'indigènes et colons continuent d'utiliser largement pour communiquer et dont le vocabulaire est en majorité d'origine européenne. En 1788, quand l'Australie devint une colonie pénitentiaire anglaise, les Aborigènes, au nombre d'environ 300 000, formaient 300 tribus de chasseurs-cueilleurs établies chacune sur son propre territoire.
À la même époque, les îles mélanésiennes pratiquaient de subtils systèmes de troc, moyennant quoi les différentes populations nouaient des alliances propices au maintien des relations commerciales. La diffusion du christianisme et du protestantisme par les missionnaires n'empêcha pas la conservation de certains aspects de la religion traditionnelle, comme le culte des ancêtres, dont on vénérait les crânes. Symboles investis d'une puissance surnaturelle, les crânes étaient conservés dans la « maison des hommes », lieu cérémoniel réservé aux membres initiés du groupe. Cette forme de ségrégation témoigne d'un aspect de la culture mélanésienne toujours d'actualité : le contrôle de la vie sociale et rituelle par les hommes, qui se traduit par la stricte séparation des tâches, des rôles sociaux et cérémoniels, ainsi que des lieux d'habitation. La culture des Papous repose ainsi sur des rituels masculins qui exaltent la fertilité virile et, partant, le pouvoir du groupe : les hommes rivalisent de prestige par le nombre de porcs troqués et sacrifiés, la taille des tubercules (de forme phallique) et lors de danses spectaculaires où ils arborent peintures corporelles, coiffures de plumes et masques éclatants. Dans la culture micronésienne, dépourvue de tout antagonisme sexuel, la femme participait en revanche à la vie sociale et, au moins en partie, à la vie cérémonielle. Dans certaines îles, la société s'organisait en clans matriarcaux réunissant les descendants d'une unique ancêtre mythique. Les Micronésiens tiraient leur subsistance de l'agriculture et de la pêche, des activités toujours fondamentales, mais des échanges commerciaux entre archipels éloignés se déroulaient aussi fréquemment à bord de pirogues à balancier. Au moment où les Européens entamèrent leur exploration des routes maritimes du Pacifique, les Polynésiens avaient instauré des sociétés fondées, pour la plupart, sur une organisation complexe, avec des classes aristocratiques, populaires et, parfois, des régimes monarchiques. La culture locale était généralement très féconde, comme le prouve la richesse de langues telles que le hawaïen, dont le système pronominal exprime d'infinies nuances, et le pascuan, doté d'une écriture qui reste encore à déchiffrer. Beaucoup de facteurs environnementaux et historiques ont contribué à transformer les populations océaniennes, profondément distinctes les unes des autres mais que les Occidentaux ont souvent confondues dans une sorte d'Éden insulaire. L'adaptation aux modèles étrangers et l'importance à la fois économique et stratégique de la zone ont effacé plusieurs de ces cultures d'une façon si radicale que seule l'impénétrabilité d'îles comme la Nouvelle-Guinée a pu garantir la survie, même partielle, d'un certain « état originel ». Néanmoins, comme cela se produit ailleurs dans le monde, les peuples de l'immense Océanie, à commencer par les Maoris, ont trouvé la force d'obtenir la reconnaissance de ceux qui, encore récemment, avaient failli les faire anéantir.

Ci-dessus Les recherches archéologiques tendent à prouver que l'usage maori consistant à se tatouer le visage (ta moko) serait originaire de Polynésie orientale. La Nouvelle-Zélande est en effet polynésienne d'un point de vue ethnologique.

Page de droite À l'instar d'autres tribus de l'arrière-pays, les Fores de Nouvelle-Guinée ont depuis quelques années officiellement cessé de pratiquer l'anthropophagie, qui revêtait un caractère exclusivement rituel.

Ci-dessus Une rangée de troncs entoure un village dani traditionnel, dans la vallée du fleuve Baliem, où vivent les membres de cette ethnie. Ce rempart permet au village, érigé au milieu d'une vaste clairière, de se prémunir contre les attaques d'autres tribus.

Les Danis
PAPOUASIE-OCCIDENTALE

Les Danis vivent en Nouvelle-Guinée, dans les hautes terres de la Papouasie-Occidentale (dénommée Irian Jaya jusqu'en 2001), au nord de la ligne de partage matérialisée par les monts Maoke. Leur population est estimée à 100 000 individus. Les différentes communautés occupent des sites disséminés à flanc de montagne et tirent leur subsistance de la culture du taro (dont les tubercules sont comestibles), de la patate douce et de la banane, de l'élevage des porcs utilisés pour le troc et les sacrifices rituels, ainsi que de la chasse.

Comme chez les autres groupes mélanésiens, les villages s'articulent traditionnellement autour de la « maison des hommes » et comprennent des postes de vigie, érigés pour détecter les éventuelles attaques ennemies. La guerre est en effet, par tradition, un état constant chez les Danis et d'autres populations de l'île, engagés dans une belligérance endémique que les gouvernements hollandais d'abord, puis indonésiens, ont tenté d'endiguer par une série de campagnes de pacification. Récemment encore, les combats – à l'occasion desquels les hommes se paraient de coiffures et s'enduisaient le corps de graisse – étaient très fréquents. Ils comportaient une phase rituelle consistant en une bataille formelle livrée en rase campagne, où les corps à corps et l'emploi d'arcs et de flèches faisaient un faible nombre de blessés. À cette phase relativement inoffensive succédaient de véritables attaques surprises, donnant lieu à la destruction de villages entiers et à des massacres aveugles. Les morts se comptaient alors par centaines. Une croyance très répandue voulait que les fantômes des guerriers tués réclament vengeance, d'où des affrontements quasi permanents. Les parenthèses pacifiques résultaient uniquement d'alliances conclues périodiquement entre les chefs des groupes en conflit. Elles étaient célébrées rituellement par les fêtes des Cochons, occasions solennelles de ratifier les accords par des échanges de biens matériels comme des porcs, des plumes de paradisier et des coquillages, mais aussi par des mariages. Des centaines

Page de gauche (en bas à gauche) Vues d'en haut, les parcelles cultivées par un groupe de Danis sont régulièrement découpées par le dense réseau de canaux qu'alimente le fleuve. L'agriculture produit essentiellement des tubercules, dont on extrait une fécule nourrissante.

Page de gauche (en bas à droite) Un pont suspendu sur le fleuve Baliem : bien que morcelées et souvent ennemies, certaines tribus de Nouvelle-Guinée ont aménagé avec ingéniosité le territoire.

En haut Les villages établis au bord du lac Sentani sont réputés pour leur production d'objets d'art traditionnel, depuis les écorces peintes jusqu'aux coupes en bois de sagoutier.

Au milieu et en bas Le toit des huttes (honai) est composé de plusieurs couches de feuillage qui les rendent imperméables. Les hommes habitent une case séparée de celle des femmes, où vivent aussi enfants et animaux.

213

Ci-contre à gauche Les banquets rituels à base de viande de porc constituent des moments forts dans la vie des Danis. Les adultes y prennent part en tenue de guerrier, même s'il s'agit souvent de fêter des réconciliations entre tribus.

Ci-dessous Les femmes d'un village font cercle autour du feu, à l'écart des hommes. La ségrégation sexuelle dans la vie de tous les jours et lors des fêtes est une caractéristique que partagent la plupart des populations de Nouvelle-Guinée.

À gauche Malgré les mélanges entre ethnies, les Danis conservent des caractères nettement australoïdes, communs aux tribus mélanésiennes : une taille plutôt élevée et une conformation longiligne, entre autres. Les Danis, dont la population est estimée à 100 000 individus, vivent en Papouasie-Occidentale et appartiennent à l'ethnie papoue. S'ils sont aujourd'hui officiellement pacifiés, ils conservent une réputation guerrière.

d'animaux étaient enfin sacrifiés pour sceller la paix. La culture traditionnelle des Danis se caractérise par l'abstinence sexuelle que les parents observent durant cinq à six ans après la naissance d'un enfant. Le costume masculin typique, qui symbolise la fertilité et assure une protection efficace au combat, consiste en un long étui pénien attaché à la taille par des lianes et remontant jusqu'aux épaules. Les vêtements féminins se résument à des jupes de fibres végétales. Les rituels funèbres comportent la crémation des cadavres et l'ensevelissement des cendres en dehors du village. La crainte des morts est un élément essentiel de la culture dani. Au point que, pour apaiser les fantômes des défunts, jugés responsables de malheurs et de maladies, le sacrifice d'un porc s'avère souvent nécessaire. La religion chrétienne est aujourd'hui assez répandue au sein des Danis. Sa prédication débuta avec l'implantation de plusieurs missions à partir des années 1950. L'islam ne semble remporter qu'une faible adhésion en raison de l'attachement des Danis au culte du cochon, propre à l'ensemble des cultures mélanésiennes.

OCÉANIE

En haut Cette femme est en deuil, comme l'indique son visage recouvert d'argile jaunâtre. La pratique funéraire des Danis comporte la crémation des cadavres et l'ensevelissement des cendres. L'esprit des défunts inspire une crainte profonde, surtout s'il s'agit d'ennemis tués à la guerre. Mieux vaut également respecter les fantômes des membres de la famille, pour éviter qu'ils ne se vengent.

Ci-contre Entourant une compagne malade ou en disgrâce, un groupe de femmes tente de la réconforter en poussant des lamentations et en agitant des feuillages. La patiente est recouverte du sac caractéristique dont les Danis se servent pour récolter les fruits de la terre et d'autres produits, comme le sel.

Ci-contre Les hommes accomplissent généralement les tâches liées à l'usage des armes, depuis les guerres entre tribus jusqu'à la chasse, sans oublier les vengeances internes aux clans. Les Danis d'aujourd'hui sont pour la plupart christianisés et non loin d'une intégration, du moins partielle, dans la société de la Papouasie-Occidentale. Certains se rendent même dans les centres urbains de la côte pour y travailler ou étudier.

Les Yalis
PAPOUASIE-OCCIDENTALE

Ci-contre à gauche et ci-dessus Les villages yalis se situent à moyenne altitude, souvent vers 2 000 mètres. Les femmes se consacrent pour l'essentiel à la culture et à la cueillette, comme chez les Danis, leurs voisins et parents linguistiques.

Ci-dessous Les Yalis ne font pas la guerre pour conquérir des terres, mais pour obtenir réparation des pertes subies lors de précédents affrontements. Les hommes combattent par petits groupes à l'aide de lances et de flèches.

Ci-contre à droite et en bas
En forme de capuche, les feuilles
de pandanus protègent des pluies,
qui peuvent atteindre
5 000 millimètres par an.

O C É A N I E

Les 30 000 membres environ de la tribu yali vivent dans des villages bâtis à flanc de montagne, au sud et au nord de la chaîne Jayawijaya et au sud-est des territoires danis, dont ils partagent la langue. Leur économie de subsistance repose sur l'agriculture itinérante, la chasse-cueillette et l'élevage des porcs. Commune aux autres groupes néo-guinéens, la répartition des tâches masculines et féminines veut que les hommes se consacrent à la guerre, à la chasse, au défrichement et au déboisement des terres à cultiver, sans oublier la construction des habitations ; les femmes sont pour leur part chargées d'élever les enfants, de cultiver les potagers, de récolter les produits agricoles et forestiers, et de ramasser le bois de chauffage. Les garçons grandissent donc dans un environnement féminin jusqu'au moment de l'initiation, qui marque leur entrée dans la communauté adulte masculine et leur droit d'accéder à la « maison des hommes ». Selon les spécialistes, cette séparation sexuelle des rôles éducatifs, alliée à l'absence d'une autorité centralisée, expliquerait l'état de conflit endémique des Yalis, constamment engagés dans des affrontements inter- et intratribaux. Comme chez les Danis, la guerre n'a pas pour but de conquérir de nouveaux territoires, mais s'inscrit dans un système de vengeance des offenses (adultère, vol, meurtre, non-dédommagement d'un préjudice matériel ou physique...) qui comporte la dette de sang et le cannibalisme rituel pratiqué sur les corps des ennemis tués. Les combats opposent de petits groupes : les assaillants attaquent soudainement leurs adversaires à l'aide de flèches, avant de se lancer à la poursuite des survivants. Une cuirasse en roseaux (*sebiàp*) attachée autour de la taille, une coiffure en filet et un étui pénien composent la tenue protectrice. Les heurts alternent avec des périodes de trêve : au terme de longues négociations, qui durent parfois plusieurs années, les deux parties se réconcilient lors de cérémonies de pacification ponctuées par des échanges rituels, des sacrifices de porcs et des danses.

Ci-dessous et en bas Au milieu des solides huttes rondes d'un village, un groupe de Pygmées Unas fabrique des outils en basalte dont la production est du ressort exclusif d'un clan de la tribu qui compte quelques milliers d'individus. Découverts dans les années 1970, les Unas furent considérés comme les derniers hommes de l'âge de pierre en raison de leurs ustensiles réalisés selon des techniques comparables à celles du paléolithique. Les pierres taillées représentent le bien matériel le plus précieux de cette population, qui attribue au matériau brut une origine divine directe.

Page de droite (en haut) Aussi belliqueux que les autres groupes insulaires, les Unas et les autres tribus pygmoïdes de la Nouvelle-Guinée sont caractérisés par une petite taille résultant peut-être de l'adaptation aux conditions de vie sur les hautes terres de l'île, froides et reculées. L'hypothèse d'une origine africaine de cette population fut autrefois avancée, dans la mesure où les forêts humides de la bande subéquatoriale abritent les seuls autres Pygmées du monde.

Page de droite (au centre) Un Pygmée montre la façon dont il a tué un ennemi. Si ces peuplades ont quasiment abandonné la pratique de l'anthropophagie, les affrontements entre tribus perdurent dans les zones reculées de l'île.

Page de droite (en bas) Des Unas ramassent des blocs de basalte sur la grève d'un torrent, au fond d'une vallée escarpée. Dans la première phase du travail, les artisans brisent le matériau brut à l'aide du feu.

Les Unas

PAPOUASIE-OCCIDENTALE

Sur les hauts plateaux de la Papouasie-Occidentale, à l'est du territoire des Yalis, vivent plusieurs populations pygmoïdes dont la taille moyenne se situe autour de 1,40 mètre. Les Unas, qui descendent vraisemblablement des premiers arrivants en Nouvelle-Guinée, appartiennent à l'ethnie papoue. Établis dans les vallées arrosées par les affluents du fleuve Steenboom, au cœur d'une région montagneuse caractérisée par un climat froid et humide, ils comptaient environ 4 600 individus au début des années 1990. Essentiellement cueilleurs et horticulteurs, ils pratiquent aussi l'élevage des porcs et la chasse, pour laquelle ils se font aider de chiens. Comme d'autres peuplades de l'île, les Unas se livraient encore récemment à l'anthropophagie rituelle. Les villages comprennent quelques dizaines de cases rondes, recouvertes de toits coniques en feuilles de pandanus, qui se dressent à flanc de montagne ou sur les pentes des terres cultivées. Chaque habitat possède une « maison des hommes », lieu de réunion auquel seuls les initiés ont accès. Les Unas se distinguent des autres groupes par leurs outils de pierre, fabriqués à partir de blocs de basalte volcanique ramassés le long de la rivière Heime, qui traverse leur territoire. Façonnés par les membres d'un clan spécifique en minces éclats qui, une fois polis, deviennent de longues lames mesurant une vingtaine de centimètres, ces outils ont une fonction pratique (couper les arbres, arracher les racines…), mais ils conservent aussi leur ancienne valeur de marchandise d'échange. Troqués avec les tribus voisines contre des plumes de paradisier, des fibres servant à confectionner des nattes ou des paniers, ils permettent en outre de consolider des alliances sociales et de payer le « prix de l'épouse ». Ces objets revêtent par ailleurs une autre signification : les Unas attribuent une origine mythique aux pierres brutes, qu'ils considèrent comme issues du ventre d'Alim Yongnum, femme du héros Alim Berekwa, du clan des Balyos, le groupe dont sont originaires les hommes qui travaillent ces pierres. Posséder ces lames confère par conséquent un grand prestige, à la fois social et économique.

OCÉANIE

Les Korowais
PAPOUASIE-OCCIDENTALE

Population mélanésienne établie dans la forêt pluviale, au sud de la grande chaîne alpine centrale de la Papouasie-Occidentale, entre les affluents des fleuves Digul et Eilanden, les Korowais vivent de la chasse, de la pêche et de la cueillette. À l'instar d'autres groupes locaux, ils construisent leurs maisons de bois *(khaim)* dans les arbres, à environ 20 mètres du sol, pour se protéger des inondations, fréquentes dans la région, des insectes et des serpents, mais aussi des attaques ennemies et des esprits maléfiques. Chaque habitation peut loger une à cinq cellules familiales, qui comprennent des aires masculines et féminines, séparées par des cloisons de bois. Ne différant pas des autres populations néo-guinéennes, les Korowais sont en conflit permanent avec les tribus limitrophes. Les affrontements sont en partie attisés par la croyance dans les esprits malins *(lalèoalin)*, censés pouvoir s'incarner dans le corps d'étrangers, à savoir de personnes n'appartenant pas aux clans territoriaux des Korowais. Outre la guerre, la magie permet aussi de lutter contre leur influence néfaste, même si, selon les croyances locales, certains individus exercent parfois les pouvoirs magiques *(khakhua)* qu'ils possèdent à des fins maléfiques. Ce genre de sorciers peut causer des malheurs – épidémies, disettes, crues et maladies – en décochant des flèches invisibles qui viennent frapper le cœur des victimes. Quand l'harmonie cosmique, nécessaire pour garantir la continuité de la vie, s'avère menacée par ces mauvaises influences, les Korowais organisent une fête destinée à apaiser les esprits et à rétablir l'ordre bouleversé par la magie noire. Les mariages, salués par des chants et des danses, sont célébrés à cette occasion, et les responsables religieux exécutent des rites propitiatoires qui s'accompagnent du sacrifice de porcs et de la consommation rituelle de larves de coléoptères. Ces dernières se développent dans les troncs des palmiers dont on extrait le sagou, une fécule en usage dans toute les îles indonésiennes. Ces larves sont considérées par les Korowais comme des gages de fertilité et d'immortalité.

*En haut, à gauche et à droite
Riche en eau et souvent inondé, le milieu forestier de faible altitude oblige les Korowais, tout comme les populations voisines, à construire leurs maisons dans les nuages. Les hauts pilotis en rendent l'accès difficile mais protègent efficacement contre les fréquentes attaques d'hommes ou d'animaux indésirables.*

Page de gauche (au centre) Les vertigineuses demeures des Korowais sont si solides qu'elles peuvent accueillir plusieurs familles, réparties dans des espaces reflétant une séparation sexuelle très stricte.

Les jeunes garçons grandissent dans un environnement féminin jusqu'au jour où on les juge aptes à recevoir l'enseignement réservé aux hommes, qui les mènera, au bout d'une dizaine d'années, vers l'initiation.

Page de gauche (en bas) et en bas Chasseurs-cueilleurs, les Korowais utilisent principalement des outils en pierre et en os. Les os de cochon leur servent également à confectionner les objets dont ils s'ornent le corps.

Ci-dessus Il appartient aux hommes de bâtir les khaim, comme le veut la tradition chez les tribus néo-guinéennes. Les Korowais doivent faire preuve d'ingéniosité pour réaliser des abris sûrs. Beaucoup d'essences équatoriales s'avèrent très dures et fournissent le matériau nécessaire à la structure de l'habitation, cependant que les lianes font des liens solides.

Les Arapesh

PAPOUASIE-NOUVELLE-GUINÉE

Comptant quelques centaines d'individus seulement, la population mélanésienne des Arapesh occupe une partie de la marécageuse vallée du fleuve Sepik, en Papouasie-Nouvelle-Guinée. L'économie de subsistance de ce petit groupe repose traditionnellement sur la culture des tubercules (igname et taro) et de la banane, sur la pêche et sur l'élevage des porcs. Posséder ces animaux constitue la marque d'un rang social élevé et se révèle très utile pour les échanges cérémoniels inter- et intratribaux qui caractérisent toutes les cultures mélanésiennes. Ces échanges permettaient autrefois de conclure des alliances temporaires entre des groupes limitrophes, souvent engagés dans des affrontements. Chaque village, généralement érigé sur les hauteurs, abrite la « maison des hommes » (*haus tambaran*, en pidgin local), centre social et religieux de la communauté, dont l'accès est interdit aux femmes. Comme c'est le cas chez d'autres groupes mélanésiens, les hommes jouissent de prérogatives sociales et rituelles dont

Ci-contre La scarification rituelle en usage chez les Arapesh est un facteur de préparation à la vie. Les motifs s'obtiennent en remplissant de cendres des incisions pratiquées volontairement, ce procédé retardant la cicatrisation de la peau.

En haut à gauche Des Arapesh arborant des coiffures et des costumes enrichis de fleurs, d'ailes de coléoptères, de papillons et de plumes de paradisier. Ces dernières sont également une précieuse monnaie d'échange et un gage de paix.

Ci-contre à gauche Tout jeune Arapesh aspire à devenir un big man (grand homme), un guerrier au courage éprouvé, mais aussi doté de qualités, telle la générosité, qui confèrent aussi le prestige. Ce sont les big men qui livrent bataille et négocient les trêves périodiques avec les adversaires, régissant ainsi les principaux rapports sociaux.

Ci-dessus et en bas à gauche Les peintures faciales, les coiffures très élaborées, riches en symboles totémiques, et les ornements en os sont volontairement impressionnants, mais ils témoignent d'un rapport très étroit et harmonieux avec les différents aspects de l'existence : société, nature et surnaturel. Qu'il s'agisse d'ennemis tués au combat, de parents morts ou d'ancêtres du clan, les défunts continuent de participer à la vie du groupe et sont même exhumés pour transmettre leur « fluide vital ».

les femmes sont généralement exclues. Pour les décisions concernant la communauté, les Arapesh reconnaissent l'autorité d'un chef *(big man)*, désigné en fonction de son influence, de son habileté au combat et de la générosité dont il fait preuve dans les offrandes cérémonielles.
Les Arapesh accordent une attention spécifique au culte des ancêtres, dont les esprits, offensés par une quelconque violation des rites, peuvent provoquer des maladies. Mais les malheurs résultent aussi parfois d'actes de sorcellerie. Chez les Arapesh, les sorciers et les chamans font office d'intermédiaires entre les êtres humains et le monde des esprits. Selon les croyances traditionnelles, l'âme *(mishin)* survit à la mort sous forme d'une entité spirituelle et s'envole vers la mer. Les cadavres sont voués à l'ensevelissement, mais les ossements des personnages particulièrement influents sont exhumés et, quand il s'agit d'un homme, utilisés à des fins magiques – dans le but de s'approprier les vertus du défunt.

À gauche Les Hulis se distinguent des autres populations néo-guinéennes par leurs peintures faciales sur fond jaune. On les appelle aussi wigmen, hommes-perruques, en raison de leurs impressionnantes coiffures, véritables perruques que chaque guerrier confectionne avec ses propres cheveux tout au long de ses années de préparation à la vie adulte.

Les Hulis
PAPOUASIE-NOUVELLE-GUINÉE

Les Hulis vivent sur les hauts plateaux de la Nouvelle-Guinée orientale (Papouasie-Nouvelle-Guinée), juste au sud de la chaîne montagneuse partageant l'île dans le sens de la longueur et à environ 200 kilomètres à l'est de la frontière avec la Papouasie-Occidentale. À l'instar des autres populations de la région, ils pratiquent une agriculture itinérante, complétée par l'élevage des porcs, la chasse et la cueillette. Chez les Hulis aussi, l'antagonisme sexuel typiquement mélanésien se traduit par la séparation des habitations des hommes et des femmes, ainsi que par la stricte répartition des rôles et des tâches. Les femmes s'occupent des enfants, du potager annexé à la maison et des porcs, qu'elles élèvent avec l'aide des filles. Les garçons quittent la demeure maternelle vers 10 ans pour aller vivre avec leur père au sein de la communauté masculine. Ils cessent dès lors de consommer la nourriture préparée par les femmes et reçoivent l'enseignement paternel en matière de culture, de chasse, de guerre, de respect et d'obéissance envers les plus âgés. La période d'apprentissage masculin (*baroli*) dure à peu près trois ans. Les jeunes vivent à l'écart dans la forêt, loin de la communauté et sous la direction d'un vieux célibataire (*daloali*), qui leur enseigne les mythes traditionnels, les techniques de guerre et les stratégies permettant de survivre dans la forêt, de même que les moyens de se protéger de l'influence néfaste des esprits (*damia*) et des femmes. Car les Hulis croient en de nombreux esprits présents dans le ciel, les rivières, les forêts, les montagnes, et qui contrôlent la terre, le climat, la fertilité du sol et du bétail. Ces entités ont la faculté de provoquer des maladies et des malheurs, mais il est possible de contrer leur mauvaise influence, voire de tirer profit de leurs pouvoirs. Les Hulis croient en outre que les femmes possèdent elles aussi un pouvoir (*tomia*) capable d'engendrer la maladie ou la mort. Leur force négative, concentrée dans le sang menstruel, aurait un puissant effet sur les hommes, contraints, par conséquent, d'apprendre des techniques et des formules rituelles pour se défendre.

Ci-contre et ci-dessous À l'instar des populations africaines comme les Bororos et les Surmas, les hommes hulis passent beaucoup de temps à décorer leur corps. Ils sont plutôt moins belliqueux que les autres tribus de Nouvelle-Guinée. Certains ont reçu une éducation moderne et parlent l'anglais, mais rares sont ceux qui quittent les hauts plateaux. Le visage peint de jaune, les oreilles recouvertes de fourrure d'opossum et la bouche surmontée de plumes, l'homme ci-contre porte une coiffure caractéristique de l'haroli, une phase du long processus d'initiation durant lequel les jeunes, séparés du reste de la communauté, apprennent notamment à se protéger contre la mauvaise influence des femmes, sous la direction d'un vieux célibataire.

OCÉANIE

Ci-contre et ci-dessous Le colorant jaune était autrefois tiré d'une argile spécifique, dite *ambwa*, remplacée aujourd'hui par des substances synthétiques. Les autres couleurs provenaient également d'argiles rouge et vermeille, tandis que les perruques étaient teintes avec du noir de fumée.

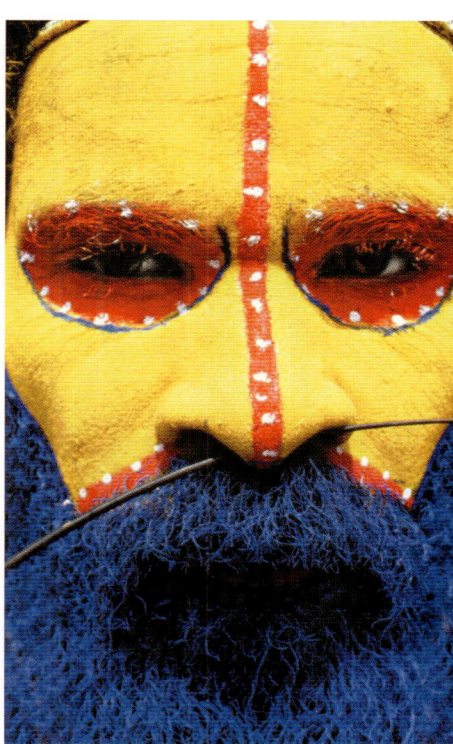

Chez les Hulis, les charges ne sont pas héréditaires : le rang de chacun dépend des facultés innées ou acquises dans des domaines spécifiques, depuis la capacité de faire fructifier son potager jusqu'aux vertus guerrières, en passant par la connaissance des formules rituelles.

Ci-dessus Les Aborigènes sont un peuple de chasseurs-cueilleurs. Traditionnellement, ils ne pratiquent ni l'agriculture ni l'élevage. En fonction des régions, la cueillette, la chasse ou la pêche prédomine.

Ci-contre à droite Les enfants aborigènes qui vivent en milieu rural sont partiellement scolarisés. Pour eux, l'enseignement traditionnel, acquis auprès des adultes, demeure prépondérant.

Les Aborigènes
AUSTRALIE

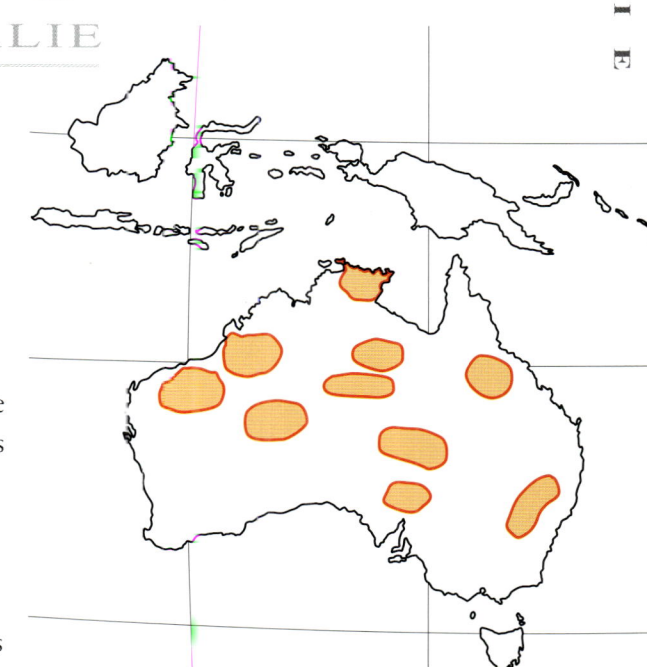

À la fin du XVIIIe siècle, quand les Européens s'établirent en Australie, les Aborigènes, répartis en de nombreuses tribus, formaient des bandes nomades de chasseurs-cueilleurs éparpillées sur l'ensemble du territoire. Les habitants de la côte pratiquaient également la pêche et le ramassage des mollusques, mais ils étaient davantage exposés au contact européen. C'est ainsi que les Tasmaniens, par exemple, furent progressivement exterminés par les colons – ils avaient disparu à la fin du XIXe siècle. Parmi les nombreuses tribus aborigènes, parlant environ 250 langues apparentées, citons les Arandas, les Murngins et les Walbiris du Territoire du Nord, les Karieras, les Karadjeris et les Pitjantjatjaras de l'Australie-Occidentale, les Dieris et les Kamilarois de l'Australie-Méridionale, les Kurnais du Victoria, les Wongaibons de la Nouvelle-Galles du Sud, les Lardils du Queensland et les Tasmaniens, aujourd'hui éteints. Chaque groupe tribal se subdivisait en clans totémiques composés d'individus ayant un ancêtre commun, cette condition interdisant le mariage entre membres d'un même clan (exogamie clanique). L'ancêtre s'incarnait en un être surnaturel assimilé à un totem : un animal, une plante, une pierre ou un phénomène naturel.

Les mythes aborigènes concernant la création renvoient au Temps du Rêve, une époque primordiale où les ancêtres totémiques sillonnèrent le continent en chantant le nom des éléments qui jalonnaient leur parcours (animaux, plantes, fleuves, rochers, montagnes) et donnèrent ainsi naissance au monde. En arpentant le territoire, chaque ancêtre laissa dans son sillage des mots et des notes de musique appelés empreintes des ancêtres ou lignes de chants (songlines, en anglais), qui forment des sentiers tracés sur la Terre pour servir de voies de communication entre les différentes tribus. Les Aborigènes continuent aujourd'hui de les utiliser pour s'orienter dans leurs déplacements, en se mettant à l'écoute des chansons des ancêtres. La possession de la terre était elle aussi régie par les lignes de chants : chaque Aborigène héritait d'une bande de terre marquée par le chant de l'ancêtre, les paroles faisant office de titres de propriété, que l'on pouvait

Ci-dessus Les écorces transportées par ces deux jeunes de la réserve aborigène de la Terre d'Arnhem seront les pages sur lesquelles les artisans illustreront les mythes de la création à l'aide d'ocres naturelles.

En haut Il existe deux sortes de boomerangs : celui de chasse, qui revient vers son lanceur, et celui de guerre, plus lourd, conçu pour se planter dans le corps de l'ennemi.

En bas Un Aborigène de la Terre d'Arnhem revient de la chasse avec une petite proie. Pour attraper les oiseaux, les Aborigènes se servent de grands filets en fibre végétale, qu'ils tendent entre les arbres.

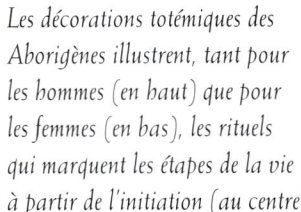

Les décorations totémiques des Aborigènes illustrent, tant pour les hommes (en haut) que pour les femmes (en bas), les rituels qui marquent les étapes de la vie à partir de l'initiation (au centre).

Page de droite Pour pêcher, les hommes se servent de boomerangs, de lances et de pièges. Dans les régions fluviales de l'arrière-pays, ils se déplacent à bord d'embarcations en écorce.

prêter ou échanger lors des *corroboree*, ces cérémonies où divers clans totémiques s'octroyaient des droits de passage sur le territoire, en plus de troquer des objets sacrés, de conclure des mariages et de nouer des alliances. Les anciens étaient les dépositaires des traditions du groupe, transmises aux générations nouvelles par le biais de rituels d'initiation, variables d'une tribu à l'autre. Les apprentis pouvaient subir de rudes épreuves comme la circoncision et la subincision (scarification du pénis) pour les garçons, ou la défloration pour les filles (disparue aujourd'hui), avant de faire leur entrée dans la communauté. Les initiés se voyaient remettre les tablettes sacrées (*tjuringa*), couvertes de dessins illustrant le trajet de l'ancêtre totémique. Les mythes de la création se perpétuaient à travers les différentes formes d'expression artistique rituelles, telles la musique (chants poétiques), la danse et la peinture (gravures rupestres, décorations d'objets rituels, motifs corporels), ayant cours dans les lieux sacrés où les ancêtres mythiques avaient laissé une marque de leur passage (un rocher, un puits, un eucalyptus). En s'accompagnant de chants et de danses, les Aborigènes y célébraient également les rites de fertilité visant à sauvegarder l'existence des espèces totémiques et des hommes. L'implantation des élevages, la construction de voies ferrées et l'excavation des mines ont anéanti ce système de préservation. Des conflits ont éclaté au sein des groupes aborigènes pour le contrôle et l'accès aux lieux sacrés, les batailles juridiques liées à la revendication des droits de propriété sur les terres des ancêtres constituant les derniers exemples de ces dissensions. Désormais sédentarisés, les Aborigènes représentent actuellement moins de 2 % de la population australienne. Il ne reste pas grand-chose de leur culture traditionnelle ou de leurs terres, sur lesquelles ils peinent à obtenir la reconnaissance de leurs droits, même si le gouvernement fédéral a récemment lancé des programmes d'aide et de développement placés sous l'enseigne de l'assimilation culturelle.

Les Maoris
NOUVELLE-ZÉLANDE

Ci-contre à gauche Les Maoris sont l'un des rares peuples de Polynésie à avoir développé un riche artisanat de gravure sur bois et os. Parmi les objets les plus célèbres, les masques tiki honoraient autrefois la mémoire des ancêtres ; ils se transmettent aujourd'hui d'une génération à l'autre en guise de porte-bonheur.

En bas et ci-contre à droite Pour les Maoris traditionnels, les tatouages remplissaient une fonction esthétique mais aussi rituelle, car ils illustraient les différentes étapes de la vie et certains événements marquants de l'existence d'un individu. Aujourd'hui, ce genre de décoration corporelle est également un moyen d'affirmer son identité culturelle.

Population d'origine polynésienne, les Maoris émigrèrent probablement du sud-est de l'océan Pacifique – sans doute depuis les lointaines îles de la Société – et abordèrent la Nouvelle-Zélande vers le IXe-Xe siècle apr. J.-C. Plusieurs légendes locales évoquent par ailleurs une « grande migration » qui, autour de 1350, serait partie d'une île nommée Hawaiki (une des îles Hawaii, selon les Maoris) en direction d'Aotearoa (le « pays du long nuage blanc »), terme polynésien désignant la Nouvelle-Zélande, alimentant l'hypothèse d'une seconde vague migratoire. Les ancêtres des Maoris actuels étaient organisés en sections tribales (*hapu*) placées sous la responsabilité d'un chef suprême (*ariki*) dont le pouvoir était soumis au contrôle des anciens de chaque grande famille. Les villages étaient composés de cellules familiales étendues (*whaanau*) dirigées par un chef de tribu. La société avait une structure hiérarchisée, avec, au sommet, les chefs et les prêtres des classes nobles et, en bas, le petit peuple et les esclaves, descendants de prisonniers capturés au combat. Les Maoris formaient en effet une société belliqueuse. Pour eux, la guerre renforçait le pouvoir et le prestige spirituel (*mana*) de la tribu, le cannibalisme pratiqué sur les ennemis tués constituant d'ailleurs un moyen de s'approprier leur force vitale. Chaque tribu possédait son propre *haka*, une danse-chant de guerre, qui précédait les affrontements. Analogue à celle des autres groupes polynésiens, la religion traditionnelle reposait sur la croyance en un être suprême (réservée aux chefs et aux prêtres) et en des divinités mineures (pour les gens du commun). Le culte des ancêtres et des esprits occupait également une place importante. Des cérémonies raffinées, accompagnées de sacrifices d'animaux, étaient célébrées par les prêtres dans des lieux sacrés spécifiques (*marae*), présents dans chaque village et situés devant la maison où se déroulaient les assemblées de la communauté. Les classes dominantes avaient pour habitude de s'orner le visage et le corps de tatouages (*ta moko*) aux motifs complexes, les femmes ne les arborant que sur le menton et les hommes de haut rang sur l'ensemble du corps.

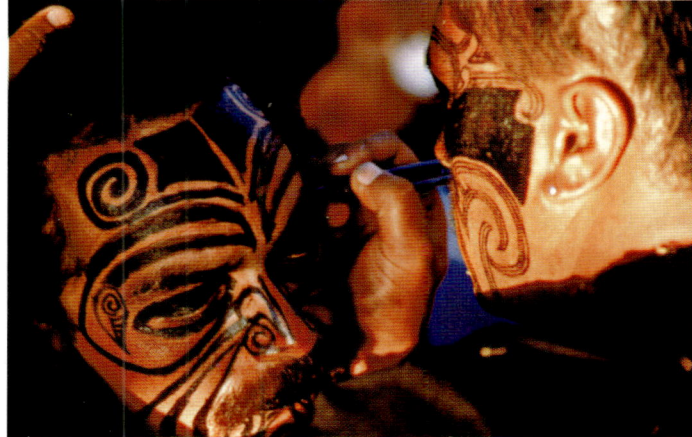

Ci-dessus La technique de tatouage traditionnelle reposait sur l'emploi de ciseaux en os. La taille importante des outils les plus anciens laisse supposer qu'à l'origine les motifs étaient rectilignes.

Ci-contre Le salut traditionnel hongi s'échange en se touchant le nez. Ce signe de bienvenue fit plutôt l'effet d'une menace aux premiers Européens qui débarquèrent en Nouvelle-Zélande.

OCÉANIE

À gauche Les Maoris gardent en mémoire le nom des pirogues qui débarquèrent en Nouvelle-Zélande et de leur commandant. Celles des découvreurs, Matahorua et Tahirirangi, partirent en 925 sous les ordres de Kupe et Ngake.

Ci-dessous Un waka taua (pirogue traditionnelle de guerre maori) est propulsé par deux douzaines de rameurs qui accordent leur rythme en chantant.

Page de droite Les rameurs poussent vers le rivage une pirogue de guerre transportant un prestigieux personnage (à l'arrière-plan, vêtu d'un manteau végétal) attendu à une célébration. La proue et la poupe sont ornées de figures humaines sculptées.

Au centre Ressuscitées dans les années 1990, quand plusieurs tribus du Nord constituèrent une véritable flotte de nouveaux bateaux de guerre, les pirogues maoris sillonnent de nouveau les eaux néo-zélandaises en de nombreuses occasions, lors des célébrations rituelles comme des compétitions sportives.

Ci-dessus Un Maori salue l'aube en jouant du pukaea, un instrument en bois qui s'entend de très loin.

Avec l'arrivée des Européens, la Nouvelle-Zélande devint le point de mire des baleiniers, des missionnaires et des aventuriers cherchant à faire fortune. Les colons, baptisés *pakehas*, occupèrent très vite le territoire, provoquant des affrontements violents qui se soldèrent par la défaite des Maoris, décimés autant par les armes à feu que par les maladies que véhiculaient les nouveaux venus. Les indigènes qui survécurent n'eurent pas d'autre choix que de se replier dans les régions les plus reculées de l'île. Après la Seconde Guerre mondiale, certains descendants de ces communautés sortirent de leur isolement, attirés par les opportunités liées au développement économique. En dépit de l'assimilation à la culture urbaine du pays, la fin des années 1960 vit renaître la *maoritanga* (culture traditionnelle) à travers des revendications identitaires et territoriales qui finirent par susciter l'intérêt de la société néo-zélandaise pour la langue, les arts et les traditions maoris. Proche des autres idiomes polynésiens, la langue maori est actuellement enseignée dans beaucoup d'écoles. Les Maoris tentent de perpétuer leur appartenance ethnique et culturelle en transmettant les traditions ancestrales aux générations nouvelles. Lieux symboliques du renouveau et de l'essor culturels, des *marae* ont été créés à cet effet dans les villes pour abriter les réunions cérémonielles durant lesquelles on parle l'ancienne langue et on relate les exploits et les luttes rituelles des ancêtres. L'équipe nationale de rugby, les All Blacks, ne saurait elle-même commencer un match sans mimer et chanter l'antique *haka*. Les tatouages sont aussi une façon d'affirmer son identité culturelle. Celle-ci s'exprime essentiellement par la reconquête du droit d'accès à la terre familiale, là où les Maoris désirent être enterrés pour se voir accueillis dans le monde de leurs ancêtres. Les Maoris représentent actuellement 15 % de la population néo-zélandaise, une minorité non négligeable sur le plan de l'influence culturelle et de l'intégration : peuple vaincu il y a encore quelques années, ces anciens guerriers ont remporté la plus difficile bataille de leur histoire.

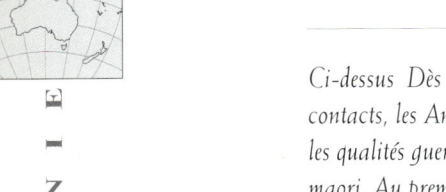

Ci-dessus Dès les premiers contacts, les Anglais reconnurent les qualités guerrières du peuple maori. Au premier rang, un homme porte la pierre symbolisant le mana, le prestige et la dignité de la tribu.

Ci-dessous Le haka, danse en langue maori, est devenu célèbre dans sa version guerrière. L'équipe nationale de rugby néo-zélandaise des All Blacks entame tous ses matchs en faisant le plein d'énergie grâce à cette forme d'exercice physique.

Ci-contre à gauche Une unité d'artillerie de la marine militaire néo-zélandaise exécute l'impressionnante chorégraphie du haka avec force hurlements et gestes agressifs. Ka mate ! Ka ora ! (« C'est la mort ! C'est la vie ! ») : ainsi débute le chant dont le pouvoir repose sur une vocalisation associée à une contraction du diaphragme.

Ci-contre La formation des Maoris à l'art de la guerre débutait dans l'enfance. Le futur guerrier se préparait alors physiquement et mentalement à aborder la phase d'instruction martiale proprement dite. Certains mouvements réalisés lors des combats avec la lance de guerre (taiaha) s'inspiraient de la nature, en particulier de la posture des oiseaux.

Ci-dessus Le haka est un exercice qui requiert un entraînement physique intense. Tout comme d'autres techniques martiales, cette pratique libère tant d'énergie émotionnelle et physique qu'elle soumet l'organisme à un stress considérable, entraînant surtout très vite un état d'anoxie potentiellement dangereux pour tout individu insuffisamment préparé.

Les Polynésiens
POLYNÉSIE

Les îles de la Polynésie ont été colonisées à partir de 1600 avant notre ère par des peuples de navigateurs venus de Nouvelle-Guinée et d'autres îles océaniennes, de culture lapita et considérés comme les ancêtres des Polynésiens actuels. À l'arrivée des Occidentaux, la société traditionnelle s'articulait selon un système de castes, avec des chefs (*ariki*), des familles aristocratiques composées de propriétaires fonciers et de prêtres, des fonctionnaires et enfin la plèbe, dont les membres étaient tenus de cultiver les terres des classes supérieures. Les nobles pratiquaient une stricte endogamie (mariages au sein du groupe), propice au maintien du rang et des privilèges afférents. Le rang régissait les mariages entre les familles des différentes îles et impliquait l'application de tabous comportementaux et alimentaires. Les activités sociales et rituelles du village se déroulaient au sein des *marae*, des enceintes de pierre où se tenaient les assemblées et où les prêtres célébraient les cérémonies, ponctuées d'offrandes et de sacrifices d'animaux. L'économie de subsistance reposait sur l'agriculture, l'élevage des poulets et des porcs, ainsi que sur la pêche dans les lagons et en pleine mer à bord de pirogues à balancier creusées d'un seul bloc dans des troncs (monocoques). De grandes pirogues doubles servaient par ailleurs à accomplir de plus

longs voyages, entrepris dans le cadre des échanges commerciaux entre les îles ou pour des expéditions militaires. En dépit du contact avec les Européens et de la diffusion du christianisme, la culture traditionnelle survit encore aujourd'hui dans certaines îles de la Polynésie occidentale, l'assimilation au mode de vie occidental s'avérant en revanche plus marquée dans l'aire centrale et orientale (Hawaii, Samoa et Nouvelle-Zélande). Dans le premier cas, la tradition cohabite sans trop de heurts avec la modernité. Pirogues et hameçons en bois des pêcheurs côtoient ainsi, dans certains villages, les petits cargos déversant marchandises occidentales et touristes. De la même manière, le gouvernement insulaire

Page de gauche (en bas) Le tatouage est l'une des expressions les plus typiques de la culture polynésienne. Les dessins sont réalisés par de profondes incisions que l'on remplit d'un colorant issu de la combustion de chenilles ou d'une substance caoutchouteuse tirée des cauris.

Ci-dessous Dans un atelier de teinture de Tahiti, la lumière filtre à travers les paréos étendus pour sécher. Ces vêtements polynésiens sont des pièces d'un tissu léger de 2 mètres sur 1 mètre, que les natifs nouent de multiples façons et portent aussi dans les grandes occasions.

Ci-dessus Les cercles de feu que chaque danseur crée en faisant tournoyer deux torches illuminent la nuit du tamuré, la « danse des tambours », qui est redevenue à la mode dans les années 1950.

Ci-dessous Par certains traits, les Polynésiens rappellent les peuples d'Asie du Sud mais, selon une hypothèse, la zone aurait pu être colonisée par l'ouest, depuis les côtes d'Amérique du Sud.

mêle de nouveaux politiciens et des figures emblématiques de la royauté et de la noblesse traditionnelles.
Même le rite de la *kava* demeure d'actualité : autrefois l'apanage des cérémonies, cette boisson qui procure un sentiment de bien-être se consomme aujourd'hui à titre convivial lors des réunions de village, des mariages, des funérailles, des concerts et des rassemblements de la jeunesse.
Le culte des rois antiques revit chaque année sur l'île de Pâques (Rapa Nui), célèbre pour ses colosses de pierre anthropomorphes (*moai*). À l'occasion de la fête commémorant la mort du roi Hotu Matua, les jeunes insulaires s'affrontent dans de rudes épreuves de bravoure dont dépendent l'honneur de toute la communauté ainsi que le respect et les faveurs des femmes. Tout comme par le passé, les champions vêtus d'un simple pagne de feuilles de bananier, se préparent à relever le défi en s'enduisant le corps d'argile et en se couvrant de peintures de guerre. La compétition est suivie d'une cérémonie nocturne sur la plage : tous les habitants de l'île se réunissent autour des doyennes de la communauté, qui racontent les histoires d'autrefois dans l'ancienne langue. Il s'agit d'un moment fort dans la vie des Pascuans, car les récits de ces femmes perpétuent la transmission orale de la mémoire historique du groupe aux générations nouvelles.

AMÉRIQUE

Peuples d'Amérique

◇ **LES AMÉRINDIENS** – CANADA, ÉTATS-UNIS	246	◇ **LES KUNAS** – PANAMA	266
◇ **LES AMISH** – ÉTATS-UNIS	250	◇ **LES YANOMAMIS** – BRÉSIL, VENEZUELA	272
◇ **LES HUICHOLS** – MEXIQUE	254	◇ **LES PÉRUVIENS** – PÉROU	278
◇ **LES MAYAS** – MEXIQUE, GUATEMALA, HONDURAS	256	◇ **LES AYMARAS** – PÉROU, BOLIVIE	286

Textes de **Mirella Ferrera**

À gauche Cette femme quiché, photographiée au marché de Chichicastenango (Guatemala), porte sur la tête un tzute, étoffe traditionnelle de couleurs vives également utilisée en guise de châle.

À droite Loti dans la vallée de l'Urubamba, où se trouve le site inca de Machu Picchu, Pisac est un village de quelques centaines d'âmes, mais une foule venue des environs s'y presse les jours de marché.

Page de droite Les femmes kunas de l'archipel de San Blas (Panama) portent un anneau en or dans le nez : selon les croyances de ce peuple, il protégerait contre les esprits malfaisants.

Introduction

Le continent américain a été progressivement colonisé par des groupes de chasseurs paléoarctiques : au cours de migrations successives s'échelonnant sur des millénaires, il y a 10 000 à 30 000 ans, ils traversèrent le pont de glace ou la bande de terre qui recouvrait le détroit de Béring, reliant l'Asie à l'Amérique. Au sein de ces mouvements de populations, on distingue trois grandes familles, par ordre d'arrivée : les Amérindiens, les Na-dénés et les Inuits-Aléoutes. Aucun vestige archéologique n'atteste la présence antérieure d'hommes sur le continent américain, ce qui laisse supposer que les Amériques étaient inhabitées avant l'arrivée des Amérindiens. Les recherches ethnologiques et linguistiques ont montré que les groupes amérindiens qui peuplèrent l'Amérique du Sud se sont répartis dans trois zones principales : les Andes, l'Amazonie et le haut plateau méridional (Patagonie). Les ethnies appartenant à la souche linguistique na-déné, implantées en Amérique du Nord, colonisèrent le continent il y a environ 15 000 ans. Parmi elles, on trouve les tribus de la côte nord-ouest du Pacifique (Tlingits, Haïdas, Kwakiutls, etc.), les groupes de langue athabascan des plaines canadiennes (Chippewan, Yellowknives) et ceux des hauts plateaux désertiques de l'Arizona (Apaches et Navajos). Les derniers arrivés furent les Inuits-Aléoutes, qui se fixèrent sur les côtes arctiques voilà 10 000 ans. Les peuples d'Amérique sont donc d'origine asiatique. La persistance, sur tout le continent, d'une religion chamanique paléosibérienne, introduite par les premiers chasseurs venus d'Asie nord-orientale, en est d'ailleurs l'une des illustrations. En fait, bien qu'ils aient connu une évolution historique différente, tous les peuples d'Amérique se caractérisent par un chamanisme profondément enraciné dans la vie religieuse et sociale. Le chaman jouit en effet d'une grande considération parce qu'il possède la faculté d'entrer en contact avec les esprits de la nature et les forces surnaturelles, dont dépend la survie de l'individu et de la communauté. Pour communiquer avec les êtres surnaturels, le chaman doit atteindre un état de conscience appelé transe, obtenu par l'absorption de plantes hallucinogènes ou en se soumettant à de dures épreuves physiques. Le chaman est aussi prêtre, devin et guérisseur, capable de soigner l'âme et le corps, mais il peut également exercer son pouvoir de façon nuisible, par des actes de sorcellerie. La recherche de la transe n'est pas l'apanage du chaman. Tous les membres de la communauté accordent de l'importance aux rêves et aux hallucinations, considérés comme des instruments de connaissance fondamentaux.

Les peuples que nous avons choisi de présenter ici appartiennent à quatre aires culturelles distinctes : l'Amérique du Nord, la Méso-Amérique, l'Amérique du Sud et l'Amazonie. Parmi les groupes d'Amérique du Nord, nous nous sommes intéressés d'une part aux Amish, population de langue allemande originaire d'Europe du Nord et qui émigra aux États-Unis au XVIIIe siècle, d'autre part aux Amérindiens, souvent appelés à tort Indiens peaux-rouges à la suite de l'erreur d'identification des côtes découvertes par Christophe Colomb. Rattachés à des familles linguistiques très éloignées et pratiquant une économie de subsistance diversifiée (chasse, cueillette, élevage et agriculture, selon les ressources), ces Amérindiens étaient plus homogènes sur le plan religieux : tous croyaient en une entité surnaturelle, à laquelle il fallait faire des offrandes afin de maintenir l'ordre et la continuité dans le groupe, et tous attachaient une grande importance à l'esprit protecteur, généralement incarné par un animal compagnon, qui veillait sur chaque individu dès sa naissance. Cette forme de religion totémique existe aussi chez les ethnies de la région méso-américaine, où elle est connue sous le nom de nagualisme ou de tonalisme. Dans l'ancienne langue nahuatl, le terme *tona* désigne l'animal tutélaire associé à chaque jour du calendrier rituel. Aujourd'hui encore, on associe à l'enfant, en fonction du jour de sa naissance, un animal destiné à l'accompagner tout au long de sa vie. La nature, on le voit, est conçue comme formant

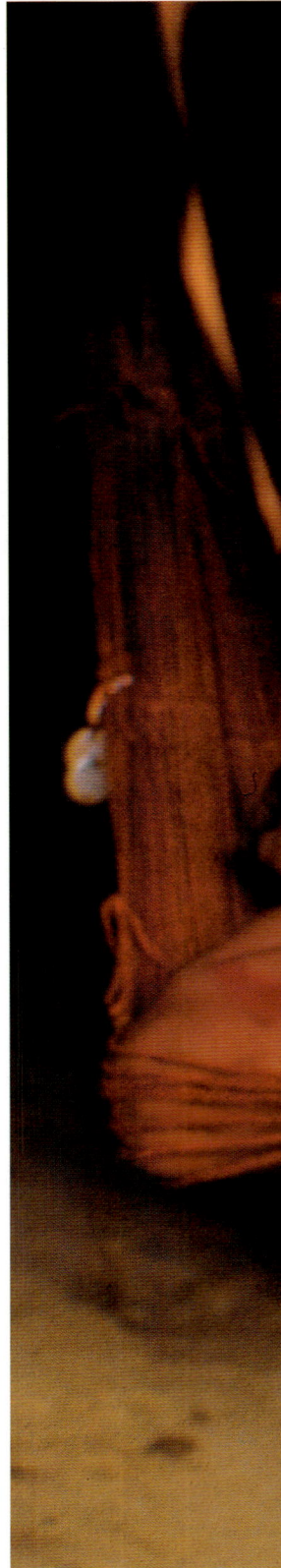

Ci-dessus Les Yanomamis vivent dans la forêt amazonienne, que certains ont surnommée l'« enfer vert ». Si ce peuple n'était pas menacé par la civilisation moderne, sa vie matérielle serait bien moins difficile qu'on ne peut le penser. Les activités nécessaires pour faire vivre un village, par exemple, ne requièrent pas plus de deux heures par jour, ce qui laisse beaucoup de temps libre aux Yanomamis pour se consacrer à leur famille et à leur communauté.

un tout avec l'homme, qui apprend très tôt à la respecter et à communiquer avec elle.

Dans les zones rurales de la Méso-Amérique, l'économie de subsistance repose sur la culture du maïs, de la courge et des haricots. Les communautés villageoises, administrées par des autorités locales dotées de fonctions politiques et religieuses (*principales, mayordomos*), se regroupent autour d'un centre civique et religieux qui abrite l'image du saint patron, célébré lors d'une fête annuelle. Chez la plupart des ethnies, on retrouve l'institution sociale du *compadrazgo*, qui unit parrains et parents par un lien de parenté fictif, fondé sur le soutien et la collaboration. Les communautés rurales de l'aire méso-américaine et de l'aire sud-américaine décrites dans cet ouvrage descendent des peuples précolombiens (Mayas, Aztèques et Incas) et portent en elles l'empreinte de la colonisation espagnole. L'héritage culturel ibérique se manifeste non seulement à travers la langue et certaines institutions sociales, mais aussi dans la religion catholique. Les célébrations religieuses coïncident avec les principales fêtes du calendrier chrétien, auxquelles se superposent les pratiques religieuses précolombiennes. Le catholicisme a été assimilé par les communautés indigènes, qui l'ont adapté à leurs croyances, associant par exemple les saints aux ancêtres et la Vierge Marie à la Terre Mère, symbole de fertilité et source de subsistance pour les populations agricoles.

Si les ethnies de la Méso-Amérique et de l'Amérique du Sud ont conservé leur culture traditionnelle tout en l'adaptant au modèle hispano-chrétien, les tribus d'Amazonie, du fait de leur isolement, ont préservé de nombreuses caractéristiques de leur culture. Les Indiens d'Amazonie sont généralement organisés en bandes nomades de chasseurs-cueilleurs, qui vivent aussi de la pêche et de l'agriculture. Ils habitent des villages composés de grandes huttes collectives (*malocas*), lesquelles abritent notamment la « maison des hommes », lieu de cérémonie et dortoir des célibataires. Presque tous les groupes ont pour coutume d'orner leur corps de peintures et de porter des coiffes de plumes. L'insertion d'objets dans le nez, les oreilles ou la bouche (plateaux labiaux) fait également partie de leurs traditions. Enfin, l'usage de plantes hallucinogènes propre aux cultes chamaniques s'observe aussi en Amazonie.

Malgré leur origine paléo-sibérienne commune, les peuples d'Amérique parlent des langues très différentes. Les groupes provenant d'Asie se sont dispersés sur le continent par vagues successives en conservant leur propre langue, et leur isolement a contribué à renforcer la différenciation entre familles linguistiques. La classification des idiomes américains se révèle donc à la fois difficile et quelque peu artificielle. Voici quelques-uns des groupes linguistiques auxquels appartiennent les peuples présentés ici. En Amérique du Nord, la famille de l'esquimau-aléoute se rattache à la souche arctique américaine ; les langues tlingit et haïda, bien qu'éloignées, sont dérivées de la souche linguistique du na-déné ; l'algonquin représente à lui seul une famille de langues, tandis que les familles du sioux, de l'iroquois et du caddo se rattachent à la souche macro-sioux et que les idiomes hopi et shoshone font partie du groupe de langues mexicaines aztéco-tano. Dans l'aire méso-américaine, on distingue les langues mayas, l'idiome des Huichols, qui appartient au groupe uto-aztèque, et la langue des Kunas, classée dans la famille chibcha. En Amérique du Sud, les Aymaras et les peuples indigènes andins parlent le quechua, qui se rattache au groupe andino-équatorial, alors que la langue des Yanomamis de la région amazonienne est isolée.

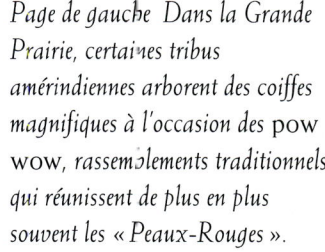

Page de gauche Dans la Grande Prairie, certaines tribus amérindiennes arborent des coiffes magnifiques à l'occasion des pow wow, rassemblements traditionnels qui réunissent de plus en plus souvent les « Peaux-Rouges ».

Au centre Persécutés en Europe pour leurs idées religieuses et leur refus de porter les armes, les Amish furent nombreux à émigrer aux États-Unis à partir du XVIIIe siècle. Aujourd'hui, ils vivent principalement de l'agriculture.

Ci-dessus Un sculpteur de la tribu tlingit pose devant une imposante construction totémique. Emblème du groupe qui l'érige, le totem est souvent décoré de formes animales représentant les créatures (renard, loup, aigle) liées au destin de l'individu et de la communauté.

À droite Les falaises de l'Arizona dominent la terre des Navajos, tribu voisine des populations pacifiques (agriculteurs et artisans) du Sud-Ouest précolombien.

Page de droite (en haut à gauche) Au Nouveau-Mexique (Narrow Canyon), une femme fait cuire du pain dans un four traditionnel en terre battue. Il y a environ un millier d'années, les Amérindiens de la région sud-ouest, des chasseurs-cueilleurs nomades, empruntèrent à la culture mexicaine ses techniques agricoles. Cela incita des tribus comme celles des Anasazis, des Wohokamas et des Zunis à édifier des villages stables, où ils cultivèrent les céréales.

Les Amérindiens

CANADA, ÉTATS-UNIS

Après avoir traversé le détroit de Béring, les groupes autochtones d'Amérique du Nord se trouvèrent face à un immense territoire, aux milieux très variés : ils adoptèrent donc des stratégies de survie différentes, comme en témoigne aujourd'hui encore la diversité de leurs cultures. Ces populations ont donc été classées en aires culturelles distinctes, selon la région qu'elles occupent et leurs activités de subsistance.

Les populations arctiques, comme les Aléoutes, dont la culture est proche de celle des Esquimaux, se dispersèrent entre le détroit de Béring et le nord du Québec, où elles vécurent de la chasse aux mammifères marins, tandis que dans la zone subarctique, entre le Canada et l'Alaska, les tribus ojibwa et cree tiraient l'essentiel de leurs ressources de la chasse au caribou et à l'élan. Les groupes côtiers du Nord-Ouest, formés des tribus tlingit, haïda et kwakiutl, vivaient de la pêche (saumon, morue, phoque) et commerçaient avec les populations de l'intérieur des terres. Il en allait de même pour les tribus du Nord-Est, comme les Algonquins, les Mohicans ou les Iroquois, qui, dans la région des Grands Lacs, pratiquaient une économie mixte basée sur l'agriculture, la chasse, la cueillette et la pêche, ainsi que sur le troc entre tribus. Les villages de ces populations sédentaires étaient constitués de huttes recouvertes d'écorces et d'une grande maison (*big house*), où se tenaient les rassemblements et les célébrations religieuses. Dans la région des Plaines et des Prairies, les tribus pieds-noirs, sioux, cheyenne, arapaho et comanche tirèrent parti du cheval, introduit par les Européens, pour développer une économie fondée sur la chasse nomade au bison, qui leur fournissait de la nourriture, des peaux pour les tentes (tipis), des couvertures, des vêtements, des chaussures et des os pour fabriquer des ustensiles. Dans le Sud-Ouest, région de falaises désertiques creusées par d'immenses canyons, entre le Nouveau-Mexique, l'Arizona et le nord du Mexique, les tribus hopi, pima, apache, navajo et tarahumara cultivaient le maïs et élevaient des moutons, dont

En haut à droite et en bas L'intégration des nouvelles générations d'Amérindiens a beaucoup progressé dans la seconde moitié du XXᵉ siècle. Après des débuts difficiles, marqués par des luttes plus ou moins ouvertes, l'affirmation de l'identité culturelle a trouvé un écho favorable chez les jeunes : grâce aux efforts de leurs prédécesseurs, les enfants des Amérindiens peuvent aujourd'hui grandir en ayant conscience de la valeur de leur culture traditionnelle.

AMÉRIQUE

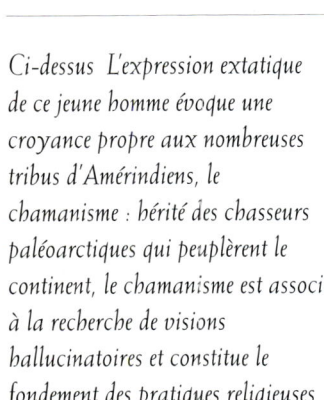

Ci-dessus L'expression extatique de ce jeune homme évoque une croyance propre aux nombreuses tribus d'Amérindiens, le chamanisme : hérité des chasseurs paléoarctiques qui peuplèrent le continent, le chamanisme est associé à la recherche de visions hallucinatoires et constitue le fondement des pratiques religieuses de tous les peuples amérindiens.

Ci-dessous Malgré son jeune âge, cet enfant photographié lors d'une réunion tribale porte une tenue de guerrier et arbore des peintures faciales. Chaque élément du costume traditionnel possède une signification précise, qui, comme c'est souvent la règle au sein des populations tribales, en réfère au statut et à la réussite de l'individu.

elles exploitaient la laine (couvertures, tapis). Établis principalement dans les gorges, jouissant d'un climat favorable, ces groupes succédèrent à la civilisation des *pueblos*, à l'origine de villes troglodytiques creusées dans les falaises à pic et de grandes cités bâties dans les vallées en pierre, en bois et en briques crues. Les petites tribus semi-nomades de Californie vivaient de la pêche, de la chasse et de la cueillette. La région du Sud-Est, qui couvre l'Alabama, la Géorgie, le Tennessee et la Floride, était peuplée de tribus de chasseurs comme les Séminoles, les Caddos et les Cherokees, tandis que dans la région du haut plateau, délimitée à l'est par les montagnes Rocheuses, les tribus vivaient de la pêche au saumon et de la chasse. Quant aux Indiens dits Creuseurs (*Diggers*) du Grand Bassin, ils se nourrissaient de plantes sauvages et de racines. Les tribus de cette région, comme les Salish, les Shoshones et les Paiutes, étaient semi-nomades et se déplaçaient avec de grands troupeaux de chevaux. Dotés d'une économie assez semblable, reposant sur l'exploitation des ressources disponibles, les Amérindiens du Nord se démarquaient par des différences linguistiques très prononcées, au point que, pour pouvoir communiquer, les tribus des Grandes Plaines ont dû élaborer une langue basée sur les gestes. De nombreuses tribus d'Amérindiens des États-Unis ont toutefois une caractéristique commune, héritée de la culture chamanique d'origine sibérienne : elles accordent une grande importance aux rêves et aux visions hallucinatoires, considérés comme des instruments de connaissance fondamentaux. Les visions (obtenues par des drogues naturelles ou en soumettant le corps à de rudes épreuves physiques, comme le jeûne, la sudation forcée, les tortures, etc.) permettaient de se rapprocher des esprits protecteurs qui accompagnaient l'individu tout au long de sa vie. Lors des cérémonies, on invoquait les esprits présents dans tous les éléments de l'Univers associés aux animaux, aux plantes et, surtout, à la puissance cosmique génératrice de vie (*wakanda, manitu, orenda*), afin qu'ils assurent le bien-être et la prospérité de la tribu.

Les descendants de ces premiers Américains représentent aujourd'hui quelques centaines de milliers d'individus, qui ont été assimilés dans les sociétés modernes du Canada et des États-Unis et qui s'emploient, souvent activement, à faire revivre leurs cultures ancestrales.

À gauche et ci-dessous Les fêtes périodiques des Amérindiens, dominées par le chant et la danse, conservent en partie leur aspect compétitif d'antan qui transparaît notamment dans le soin extrême apporté au costume et aux peintures faciales.

En haut Au cours d'un pow wow, cet homme s'est paré d'un costume impressionnant, constitué de plumes, de peaux et de queues d'animaux, de bijoux en os et de perles. Au XIXe siècle, les réunions intertribales, devenues aujourd'hui des fêtes très fréquentées, permettaient aux Amérindiens de perpétuer leurs traditions car c'était la seule forme de rassemblement autorisée par les pouvoirs publics.

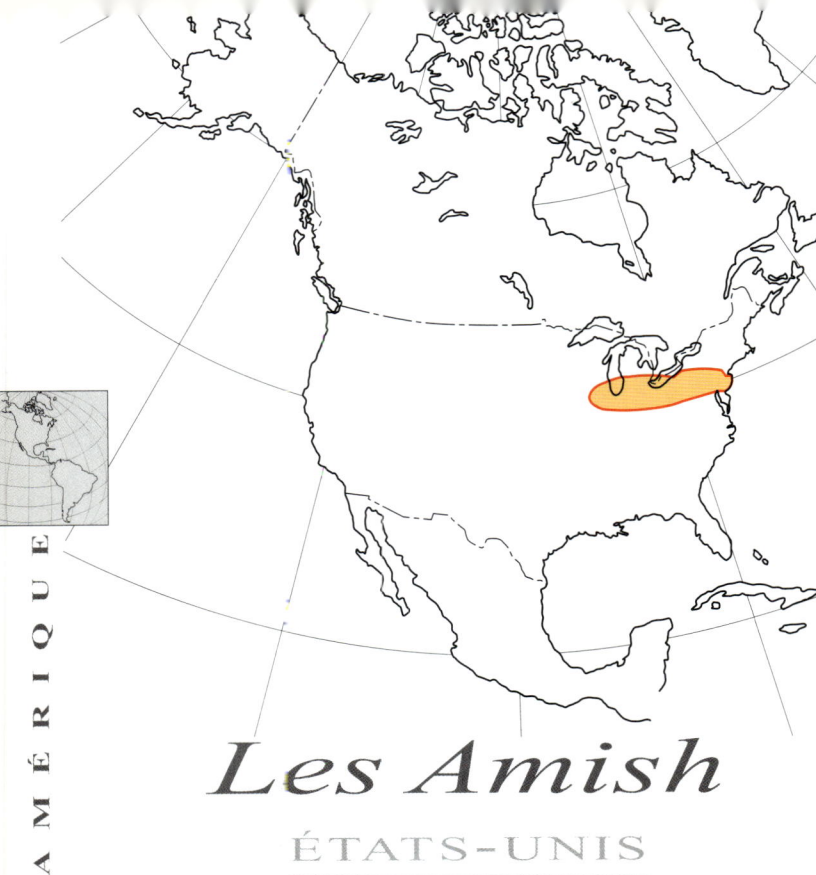

Les Amish
ÉTATS-UNIS

En bas Originaires de Suisse et d'autres pays européens, les Amish des États-Unis ont conservé la langue de leurs ancêtres, appelée hollandais de Pennsylvanie, mais, dans les écoles des communautés, on enseigne aussi l'anglais.

Ci-dessus Dans le comté de Lancaster, en Pennsylvanie, les Amish travaillent aux champs à l'aide de herses tirées par des mules : ardents défenseurs des traditions, ils ne se servent jamais d'instruments à moteur.

Les Amish font partie d'une communauté religieuse qui se rattache au mouvement anabaptiste des mennonites. Jusqu'au XVIIe siècle, ils vécurent dans des communautés dispersées dans plusieurs pays d'Europe, dont la Suisse, la France, la Hollande et l'Allemagne. Persécutés pour leurs idées religieuses (notamment en raison de leur refus de porter les armes), certains groupes de langue allemande appartenant au Vieil Ordre des Amish – fondé en 1693 à la suite d'une scission au sein du mouvement mennonite – émigrèrent aux États-Unis au début du XVIIIe siècle, où ils créèrent plusieurs colonies. Lors de la première vague migratoire, entre 1727 et 1790, les Amish s'établirent en Pennsylvanie. Dans un second temps, entre 1815 et 1865, ils s'installèrent aussi dans l'Ohio, dans l'État de New York, dans l'Indiana ainsi que dans l'Illinois.

Actuellement, on dénombre environ 130 000 Amish aux États-Unis. Ils vivent en communautés religieuses isolées, en marge du reste de la société américaine, car les principes qui les guident sont aujourd'hui encore liés au refus du progrès technique et des valeurs du monde moderne. Conformément à leur tradition religieuse, les Amish se marient à l'intérieur de leur communauté et vivent dans des zones rurales, où ils pratiquent des activités agricoles traditionnelles, tout en s'interdisant d'utiliser les outils du progrès, y compris l'électricité. Le refus de la modernité s'exprime jusque dans la tenue vestimentaire : les Amish s'habillent toujours selon le style en vogue en Europe à l'époque où ils commencèrent à émigrer.

Les mariages endogamiques (au sein du groupe amish) et les liens parentaux renforcent naturellement la cohésion des communautés amish, fondées sur la famille. Les jeunes mariés se voient proposer plusieurs formes d'aide, matérielle, humaine, financière, afin de pouvoir créer leur propre ferme et rester à l'intérieur de la communauté. Les domaines agricoles sont constitués d'unités de production familiales, dont le fonctionnement repose sur la participation de tous les membres.

Le choix de l'endogamie a fini par isoler génétiquement les communautés amish et par provoquer l'apparition d'anomalies et de maladies héréditaires, comme la dystrophie musculaire, l'hémophilie et le nanisme. Dans les communautés, on retrouve en fait les mêmes noms de famille, ce qui confirme bien qu'en deux siècles les mariages ont eu lieu presque exclusivement à l'intérieur du groupe.

Ci-dessus L'agriculture est la principale activité des Amish, qui travaillent dans des unités de production familiales. Les jeunes sont incités à rester dans la communauté et à monter leur propre exploitation, perpétuant ainsi l'isolement voulu par l'Ordre.

Ci-dessus Les hommes de la communauté amish portent de longues barbes mais se rasent les moustaches, en raison de leur connotation militaire.

À droite La vie communautaire des Amish repose sur des valeurs fondamentales comme la solidarité et la coopération entre les différentes familles d'un district.

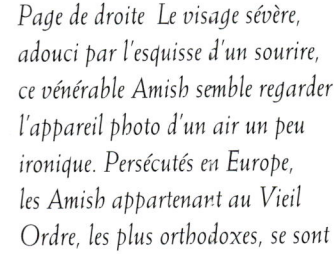

Ci-dessus Le couvre-chef traditionnel des hommes amish est un chapeau à large bord, en paille ou en feutre noir.

Ci-dessous Les femmes amish s'habillent comme il y a deux siècles, avec des robes longues très simples, des tabliers et des coiffes. Pendant les prières communautaires, les célibataires portent du noir, tandis que les femmes mariées sont en blanc.

À droite La calèche est le moyen de transport par excellence. Souvent taxés d'archaïsme, les Amish sont en réalité très attentifs à l'environnement et n'utilisent aucun produit chimique polluant.

En bas Les jeux des enfants semblent eux aussi appartenir au passé, mais un passé moins éloigné : avant les années 1950, en effet, l'Amérique rurale n'était pas habituée au « luxe ».

Page de droite Le visage sévère, adouci par l'esquisse d'un sourire, ce vénérable Amish semble regarder l'appareil photo d'un air un peu ironique. Persécutés en Europe, les Amish appartenant au Vieil Ordre, les plus orthodoxes, se sont isolés de la société américaine, qui accepte mal leur refus de porter les armes ou d'envoyer leurs enfants dans les écoles publiques, même si l'ensemble de leurs traditions constitue en réalité un modèle de moralité.

Les Amish

Toutefois, la pression du monde extérieur a fini par atténuer la volonté d'isolement des Amish et par les contraindre à composer avec la réalité. Les membres des congrégations acceptent aujourd'hui de plus en plus souvent de travailler hors de leurs communautés et participent à la vie citoyenne des différents États où ils vivent, aussi bien en acquittant des impôts qu'en acceptant le droit de vote. Mais les règles de l'Ordre leur interdisent encore de faire leur service militaire ou de militer pour un parti politique. De même, l'Ordre refuse toute forme d'aide financière du gouvernement. Dans les années 1970, certaines communautés ont été poursuivies en justice par les autorités publiques en raison de leur refus d'envoyer leurs enfants à l'école secondaire. Ce problème a eu pour effet d'inciter les Amish à fonder leurs propres écoles, en y instaurant un programme éducatif conforme à leurs dogmes religieux. Les congrégations du Vieil Ordre des Amish sont composées de districts constitués de vingt à trente familles et dotés de leur propre église. Les communautés ecclésiastiques (*Gemeinde*) ne jouissent pas d'une autorité centralisée, mais les districts peuvent fonctionner comme des entités administratives sous la houlette de trois personnages clés, dont la charge est tirée au sort : le diacre, le pasteur et l'évêque. Le premier procède à la répartition des dons, le deuxième célèbre la messe et prononce le sermon, le troisième officie lors des baptêmes et des mariages. L'éthique religieuse des congrégations amish repose sur l'interprétation des Saintes Écritures. Si un membre enfreint les règles morales ou religieuses, la communauté peut décider de l'isoler du groupe, une condamnation considérée comme extrêmement grave. Tant que la mise au ban n'est pas levée, aucun membre de la communauté n'a le droit d'entretenir des relations sociales avec le paria.

Ci-dessous Cette tisseuse huichole porte plusieurs colliers de perles, produits typiques de l'artisanat local. Les ouvrages les plus réputés des Huichols sont les nierika, des carrés de tissu décorés de motifs chamaniques. Le chamanisme revêt une grande importance pour cette ethnie, qui a conçu une mythologie très élaborée sur la création du monde et dont le panthéon abrite une multitude de divinités.

Page de droite en haut Les Huichols portent des sombreros en fibre de palme, décorés de pendeloques fixées sur le bord et de plumes d'aigle fichées dans la calotte (voir aussi en bas à gauche).

À gauche Les familles comptent de trois à cinq enfants. Les Huichols se marient jeunes : 13 ans pour les femmes et 15 ans pour les hommes.

Page de droite (au centre) Les habitants d'un village du Nayarit se rassemblent autour d'un chaman, qui met en pratique ses pouvoirs de guérisseur (curandero).

Page de droite (en bas) Les Huichols se nourrissent de maïs, de courges et de haricots.

Les Huichols
MEXIQUE

Dans leur langue, le cora-huichol, qui se rattache au groupe uto-aztèque, les Huichols se donnent le nom de *Wirrarika*. Établis dans la Sierra Madre occidentale, un territoire montagneux entrecoupé de vallées et de plateaux, ils vivent dans des hameaux, les *rancherias*, formés de cabanes en pierres ou en briques d'argile. L'agriculture est leur principale activité : les familles cultivent du maïs, des courges et des haricots sur des parcelles de terre qui appartiennent à la collectivité. Les Huichols sont répartis en cinq communautés, qui fonctionnent comme des entités politiques, sociales et religieuses : elles sont dirigées par une hiérarchie de fonctionnaires (*mayodormos*) qu'un conseil des anciens (*cabuiteros*) désigne au cours d'une séance de transes provoquées par le peyotl, un cactus aux propriétés hallucinogènes. Les manifestations religieuses ont un caractère syncrétique marqué : les divinités précolombiennes (incarnations « familiales » de la nature, comme Tatewari, Notre Grand-Père le Feu, ou Tamatsey Kayumari, Notre Frère le Cerf), les visions chamaniques et les cérémonies de la récolte sont associées au culte des saints catholiques célébrés pendant la semaine sainte. La mythologie religieuse des Huichols repose sur de nombreux mythes relatifs à la création du monde, du soleil, du feu, des ancêtres divins (*Kakaûyari*), des divinités du maïs et du peyotl. L'évocation de ces mythes est chantée par l'ancien sage du groupe (*cantador*) lors des cérémonies. Le chaman (*marakaame*), qui joue un rôle éminent dans la culture huichole en tant que prêtre, guérisseur (*curandero*) et devin, célèbre lui aussi les rituels en chantant. Chaque année, un long pèlerinage mène les Huichols à Wirikuta, dans la région désertique de Real de Catorce, où pousse le peyotl (*Lophophora williamsii*), cactus sacré assimilé à la divinité du cerf. Absorbée en faibles quantités, cette plante apaise la faim, la soif et soulage la fatigue, tandis que des doses plus importantes provoquent des hallucinations visuelles qui permettent aux Huichols de communiquer avec les êtres surnaturels. Autrefois, il fallait marcher vingt jours pour arriver jusqu'à Wirikuta ; aujourd'hui, la marche ne dure que quelques jours et les pèlerins poursuivent leur route en autobus ou en camion, tout en s'arrêtant dans les lieux sacrés qui jalonnent le trajet pour faire des offrandes. Avant de partir, les hommes se purifient en observant une abstinence et en expiant leurs fautes : le jour qui précède le départ, les pèlerins veillent toute une nuit autour du feu et confessent leurs péchés. Durant ce pèlerinage réservé aux hommes, les femmes restées au village sont chargées d'entretenir le « feu sacré », qui doit rester allumé jusqu'au retour des pèlerins. On célèbre alors une fête durant laquelle tout le monde goûte au cactus récolté : l'hallucination collective atteint son paroxysme. L'absorption rituelle de peyotl se pratique aussi lors des cérémonies liées à l'ensemencement et à la récolte du maïs, une plante sacrée pour les Huichols, présente dans tous les rites sous forme d'offrande et de nourriture. À la fin de la récolte, chaque chef de famille réserve cinq variétés de maïs pour la saison suivante, favorisant ainsi la conservation des espèces autochtones.

Pour la plupart des peuples agraires de l'aire méso-américaine, la Terre Mère est source divine de fertilité : les hommes, qui sont ses fils, ne peuvent pas la posséder, c'est pourquoi la terre est la propriété collective de la communauté.

Les Mayas
MEXIQUE, GUATEMALA, HONDURAS

Les peuples de l'aire méso-américaine qui descendent des anciens Mayas comprennent de nombreuses ethnies dispersées entre le Yucatan, le Chiapas (Chamulas, Lacancons, Tzotzils), le Honduras (Chortis) et les hautes terres du Guatemala (Quichés, Cakchiquels, Ixils, Kekchis, Uspantechis, Yacaltechis). Ils vivent généralement dans de petits villages communautaires. L'économie de subsistance repose sur la culture du maïs et des haricots, denrées de base de l'alimentation, que viennent compléter l'élevage (porcs, volailles et chèvres), la pêche, la chasse et la cueillette (plantes et fruits sauvages). Tout le village participe aux travaux agricoles, qui se déroulent sur des parcelles familiales ou communautaires. Les Mayas se rendent en ville pour vendre les produits de leur terre ou de leur artisanat. En plus de ces activités, les Mayas effectuent des migrations saisonnières pour travailler comme ouvriers agricoles sur la côte du Pacifique, dans les plantations de café et de canne à sucre des grands propriétaires terriens.

Les communautés mayas sont administrées par des autorités locales (*principales*), dotées de charges politiques et religieuses. Les anciennes croyances sont étroitement mêlées à la religion catholique, qui s'intègre parfaitement aux cultes traditionnels. Ainsi, en cas de maladie, les familles font appel à des guérisseurs indigènes (*curanderos*) tout en demandant à la communauté de réciter le rosaire. La fusion des éléments religieux mayas et chrétiens a donné naissance à plusieurs divinités syncrétiques : les saints catholiques représentent les ancêtres, la Terre Mère est associée à la Vierge Marie, tandis que le Dieu Soleil incarne Jésus-Christ Notre Père. Ainsi, les offrandes rituelles de nourriture et de boissons s'adressent aussi bien aux saints qu'aux divinités et aux esprits ancestraux. De leurs anciens cultes, les Mayas ont conservé les rites agraires propitiatoires et les séances de chamanisme en état de transe, obtenu par l'absorption rituelle de plantes hallucinogènes.

En haut à gauche Une rue de Chajul, un village quiché typique.

Page de gauche Les femmes sont vêtues du huipil, corsage brodé de motifs stylisés.

Ci-dessous Une femme de Chajul fait cuire les traditionnelles galettes de farine de maïs (tortillas).

Ci-dessous Le sac que ce jeune garçon porte en bandoulière (appelé morral) est un élément caractéristique de la tenue vestimentaire masculine.

Pages suivantes Les Mayas sont généralement très réservés dans leurs rapports sociaux, au point que, même sur les marchés, il règne un silence étonnant

AMÉRIQUE

Ci-dessus Le telar de cintura est un instrument très répandu pour le tissage, une activité artisanale que les Mayas modernes ont héritée de leurs ancêtres précolombiens. Fixé à un arbre ou à une colonne, ce métier à tisser est rattaché à son autre extrémité aux hanches de la tisseuse, qui peut ainsi modifier la tension du fil.

Ci-contre à gauche La forme, la couleur et les broderies des vêtements traditionnels varient d'une région à l'autre. Les hommes de Todos Santos (Mexique), par exemple, portent des pantalons à rayures rouge vif et des chemises à col brodé.

AMÉRIQUE

Un conseil des anciens élit les responsables (*mayordomos*) chargés d'organiser les nombreuses fêtes patronales. La culture des Mayas est étroitement liée à la nature, lien qui s'exprime à travers le nagualisme et l'attachement religieux des Mayas à la terre. Le dialogue avec la nature commence dès le jour de la naissance, qui détermine le *nagual* de l'enfant, c'est-à-dire l'esprit protecteur qui l'accompagnera toute sa vie. La terre représente la principale source de subsistance de ces populations qui se désignent comme le « peuple du maïs », ainsi que l'explique l'Indienne guatémaltèque Rigoberta Menchu, personnalité emblématique du mouvement de libération des Indiens, qui a obtenu en 1992 le prix Nobel de la paix. Le maïs constitue en effet l'aliment de base des Mayas, qui s'en servent pour préparer des plats et des boissons (tortillas, café, eau-de-vie) et l'ont élevé au rang de divinité. Toute l'activité agricole est scandée par des rituels. On commence par demander à la Terre Mère, divinité créatrice, l'autorisation de la cultiver en organisant une cérémonie où l'on brûle de l'encens de copal et où l'on allume des bougies dans tous les foyers. Ensuite, on choisit et on bénit les semences avant d'apporter des offrandes aux divinités afin qu'elles favorisent leur croissance. Même les phases de maturation des moissons sont marquées par des cérémonies et des fêtes, dont la plus importante est celle consacrée à la récolte, durant laquelle la Terre Mère est remerciée. Tout cela permet de mieux comprendre les appels désespérés que les communautés indigènes adressent aux autorités des différents États où elles vivent pour obtenir la restitution des terres de leurs ancêtres, usurpées par les colonisateurs.
Les produits de l'artisanat féminin – poterie, tissage de la laine ou du coton... – sont un autre élément caractéristique de la culture traditionnelle maya. Ils sont aujourd'hui avant tout destinés au marché touristique : leur style s'est adapté aux canons de la mode pour mieux répondre à la demande. Les femmes chamulas, par exemple, ne fabriquent leurs objets artisanaux (nattes, ceintures, poupées, châles, sandales) que pour les vendre aux touristes qui visitent les sites monumentaux bâtis par leurs ancêtres.

En haut à droite La coupe des vêtements masculins s'inspire manifestement de modèles espagnols, mais les Mayas, très attachés à leur passé, tiennent à conserver plusieurs éléments de l'habillement précolombien : c'est le cas des tabliers noirs, ou ponchitos, que les hommes portent sur leurs pantalons.

Ci-contre à droite Resplendissante de couleurs, cette femme de Chichicastenango porte sur la tête un tzute, une pièce de coton carrée, dont la première fonction est de faciliter le transport d'objets sur la tête. Le tzute fait en réalité plus souvent office de couvre-chef ou de châle.

Le costume traditionnel de la femme maya est constitué d'un corsage brodé (*huipil*), d'une jupe longue, d'un tablier et d'un châle. Les fillettes portent le *huipil* à partir de 10 ans, au seuil de l'adolescence, afin de souligner leurs nouvelles responsabilités. Le talent de tisseuses des femmes mayas apparaît dans ce vêtement dont les motifs, les couleurs et les symboles brodés évoquent l'histoire de la personne qui le porte, son âge, son statut et son lien avec ses ancêtres.

Dans cette rude région montagneuse située à proximité de San Francisco el Alto, au Mexique, le jour de l'an se fête selon les anciens rites, dont les origines remontent à des temps très lointains. Pendant la célébration, les Mayas renouvellent les sacrifices que pratiquaient leurs ancêtres sous différentes formes. Ici, les victimes immolées sont des poulets, qui sont jetés sur les braises (en haut à gauche et au centre). On observe la présence d'une croix (en bas), car les Mayas voient dans le christianisme un moyen de perpétuer les coutumes ancestrales.

De l'autel supérieur, les participants à la célébration descendent dans le fond de la gorge de Nuevo Sillas, où ils poursuivent leurs rites autour d'autres feux, alimentés par de nouvelles offrandes. L'homme qui tient un bâton (ci-dessus) dirige la cérémonie. Depuis des siècles, les Mayas ont coutume de se rendre dans cette gorge, éloignée des regards indiscrets, pour célébrer leurs cérémonies, comme l'atteste la couleur de la roche (à gauche), noircie par la fumée d'innombrables feux rituels.

Ci-dessus Dans l'église de San Andres Sajcabaja, lors d'une cérémonie en l'honneur des morts de la guerre, des dizaines de personnes prient autour d'une immense couronne de fleurs et d'encens.

Ci-contre à gauche La profonde dévotion des Mayas s'exprime sur le visage de cet homme en train de prier pendant la messe du vendredi saint. Elle reflète l'omniprésence du divin et le lien immuable qui unit l'homme à Dieu, un trait qui caractérisait déjà la culture de leurs ancêtres.

Page de droite (en haut) Durant les cérémonies religieuses, les Mayas brûlent de l'encens de copal afin de satisfaire les besoins des défunts et de réunir leurs âmes et celles des vivants dans la fumée odorante ainsi produite.

Au centre et en bas Le vendredi saint, les pénitents de culture hispanique ont coutume de se flageller avec des branches d'épines et des fouets. L'autoflagellation était couramment pratiquée chez les anciens Mayas, qui utilisaient à cet effet des épines d'agave. Ce type d'offrandes était, tout comme les sacrifices humains, considéré comme indispensable pour maintenir en vie les divinités.

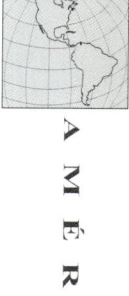

Les Mayas

AMÉRIQUE

Ci-dessus et ci-dessous Pour confectionner une mola, le corsage traditionnel des femmes kunas, il faut assembler plusieurs pièces de tissu de différentes couleurs : ce travail nécessite des dizaines d'heures de couture.

À droite Les 365 îles composant l'archipel de San Blas sont dépourvues d'eau douce, mais plus salubres que la côte, qui fut abandonnée par de nombreux Kunas au milieu du XIXᵉ siècle à la suite d'une épidémie.

Les Kunas

PANAMA

Les Indiens kunas sont établis depuis le XIXe siècle dans l'archipel de San Blas, au large de la côte nord-est du Panama. Formant un chapelet de 365 îles, dont 50 seulement sont habitées, cet archipel est cerné à l'est par des récifs coralliens et localement appelé *Kuna Yale*, le pays des Kunas. Mais le terme *Kuna* a en fait été introduit par les Espagnols et les Indiens de San Blas préfèrent se désigner entre eux sous le nom de *Tule* ou *Tulemala*. Leur langue, le tulekaya, appartient à la famille linguistique chibcha. La population kuna compte environ 40 000 individus, dont 25 000 peuplent les îles de San Blas, les autres étant dispersés sur la bande côtière : ils ne sont plus que quelques centaines à vivre sur leur terre d'origine, la Cordillère centrale, qui s'étend entre le Panama et la Colombie. Physiquement, les membres de cette ethnie sont plutôt petits, avec un thorax développé et un nez aquilin. Vivement coloré, le costume traditionnel des femmes se compose d'un paréo en coton imprimé et d'un corsage, ou *mola*, formé de deux à sept pièces de coton superposées, de différentes couleurs, qui sont cousues et brodées. Les cheveux sont couverts d'un foulard de coton rouge. Les bras et les jambes sont ornés de parures en perles rouges, jaunes et noires, aux motifs précis. Enfin, la plupart des femmes kunas portent un anneau d'or (*olo*) dans le nez. Les Kunas du continent habitent des villages situés à proximité des cours d'eau, où ils pêchent en aménageant des barrages fermés par un tube d'osier faisant office de piège. Ils se servent également de poisons d'origine végétale, de filets et de lances, et se déplacent sur des pirogues ou des bateaux à moteur. Les Kunas de San Blas vivent eux aussi de la pêche, mais ils pratiquent en outre une agriculture itinérante : ils cultivent le riz, le maïs, le manioc et la canne à sucre, ainsi que la banane et la noix de coco, ces dernières étant destinées à l'exportation. Pour chasser les tapirs, les singes et les oiseaux de toutes sortes d'espèces, ils utilisent des pièges, des sarbacanes, des arcs et des flèches ou des

En haut Les Kunas de San Blas vivent dans une quarantaine de villages composés de grandes et solides cases rectangulaires. Dotées d'une solide charpente en bois, ces maisons fraîches et aérées ont des parois en roseau sans fenêtres.

Ci-dessous Ces jeunes filles apportent la dernière touche à leurs parures : constituées de plusieurs rangs de perles, de baies et de dents d'animaux, elles forment comme des colliers autour des jambes et des bras.

AMÉRIQUE

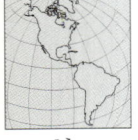

AMÉRIQUE

fusils, et se font aider par des chiens. Les Kunas de San Blas viennent s'approvisionner en bois et en eau sur le continent, l'archipel étant totalement dépourvu d'eau douce, à l'exception de l'île de Pines, couverte par la forêt vierge. Les villages sont constitués de cases rectangulaires dotées d'un toit de chaume et de parois en bois et en roseau, avec un sol en terre battue. Les Kunas dorment dans des hamacs fixés aux murs. Au centre du village se trouve la maison commune, où se déroulent les activités de la communauté telles que l'assemblée (congreso), qui réunit presque chaque soir les Indiens autour du chef de village (sahila). Ce dernier est responsable du maintien de l'ordre au sein de la communauté et assure les contacts avec les pouvoirs publics.

La société des Kunas est matriarcale : après le mariage, l'époux vient habiter dans la famille de sa femme (résidence matrilocale) ; chaque maison est donc composée d'une ou de plusieurs familles étendues, liées par le mariage à un lignage de femmes.

Les rites de passage, qui marquent les étapes du cycle de la vie, concernent principalement les femmes. Lors de la cérémonie *ikko inna*, on perce la cloison nasale des fillettes en vue d'y insérer un anneau en or qui les protégera contre les esprits malfaisants. Dans le rite d'initiation *inna suit*, on peint le corps des jeunes filles avec de la teinture végétale, avant de les revêtir du costume traditionnel, puis on leur coupe les cheveux « au bol » ; après avoir reçu un nouveau nom, ces jeunes filles, qui sont désormais devenues des femmes, renaissent à une nouvelle vie et sont prêtes à se marier. La cérémonie se conclut par une grande fête accompagnée de libations et de danses, à laquelle la famille de la jeune fille convie tout le village.

Chants et danses sont toujours présents dans les cérémonies kunas, qu'elles célèbrent la naissance, la mort ou les rites d'initiation féminine. De même, le chant du chaman (*nele*) rythme les séances de guérison, durant lesquelles les esprits protecteurs sont invoqués pour chasser le mal de toutes les âmes (*purba*) du malade. Pendant les cérémonies funèbres, le chant divin du prêtre accompagne dans son voyage l'âme du défunt, qui est enterré avec son hamac. La tradition veut que l'on construise sur les tombes de petites maisons, dans lesquelles plusieurs objets de la vie quotidienne sont disposés.

Chez les Kunas, la résidence est matrilocale : les époux s'installent dans la maison de la famille de l'épouse. C'est l'homme le plus âgé qui détient l'autorité, sa femme exerçant une fonction similaire sur les membres féminins de la famille.

La vie des femmes kunas comporte trois événements : l'insertion de l'anneau d'or dans le nez chez les fillettes ; l'initiation, véritable « renaissance » au cours de laquelle la jeune fille reçoit un nouveau nom ; enfin, le mariage.

Ci-contre à droite Le châle rouge vif, porté sur la tête, est caractéristique du costume féminin.

Page de gauche et en bas Le corsage des femmes kunas, ou mola, est confectionné selon la technique du patchwork : plusieurs étoffes de différentes couleurs sont superposées et cousues sur un support de tissu. Les motifs s'inspirent de formes animales ou géométriques, mais aussi de thèmes religieux.

Ci-dessous L'acquisition d'outils (ciseaux de couturière) et de tissus colorés d'origine industrielle a grandement simplifié la fabrication des molas et élargi le répertoire décoratif, permettant aux Kunas d'exporter ce produit. Autrefois, les femmes kunas vivaient nues, ornées de peintures corporelles. Cette forme d'expression artisanale est apparue lorsque les missionnaires ont interdit la nudité et obligé les femmes à se vêtir. Certains motifs des molas évoquent les anciens tatouages.

AMÉRIQUE

Les Yanomamis

BRÉSIL, VENEZUELA

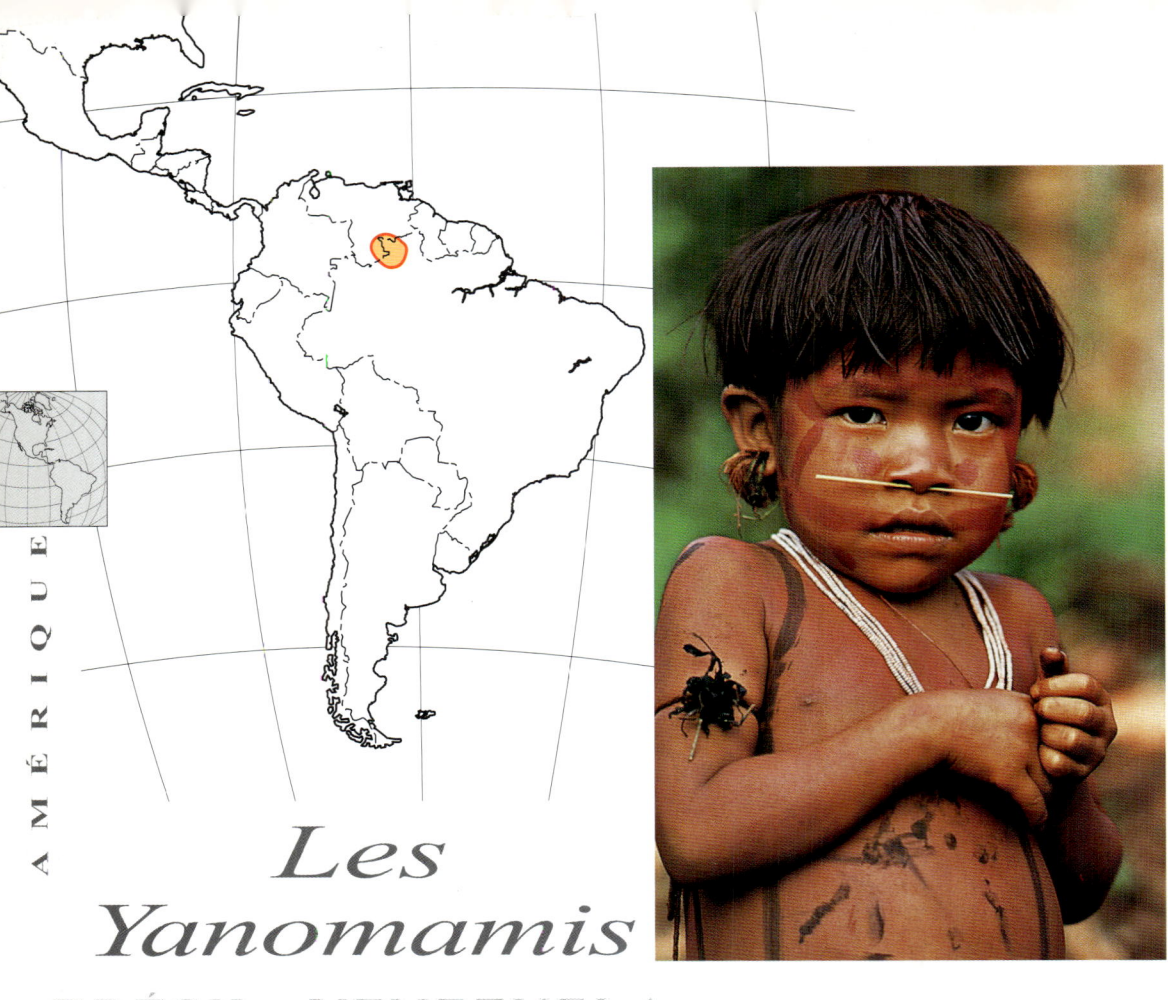

En haut à gauche Cette fillette yanomami porte des boucles d'oreilles en herbe et, sur le bras, une touffe de feuilles de tabac séchées.

En haut à droite Les oiseaux de la forêt, notamment les aras rouges, fournissent des plumes ornementales.

Ci-dessous et page de droite Les peintures faciales s'appliquent en toute occasion : pour célébrer une naissance ou un deuil, pour marquer un état de guerre ou en signe d'hospitalité. En général, le rouge est associé à la vie et le noir à la mort ainsi qu'au passage d'une étape de la vie à la suivante.

Les Indiens Yanomamis occupent une région de la forêt équatoriale située à la frontière du Brésil et du Venezuela, entre les bassins du delta de l'Orénoque et de l'Amazone. Ils vivent de la chasse et de la cueillette, de la pêche, pratiquée à l'aide de poisons végétaux, et d'une agriculture itinérante, fondée sur le déboisement de petites parcelles de forêt (culture de la banane, du maïs, du manioc et du tabac). Les Yanomamis mâchent des feuilles de tabac enroulées, qui libèrent des substances alcaloïdes permettant de résister à la fatigue et de supporter la faim. Les villages sont tapis au cœur de la forêt et installés sur des hauteurs afin de limiter les risques d'inondation et de prévenir d'éventuelles attaques de tribus ennemies. L'habitation typique est la « maison collective » (shabono), une grande hutte de plan circulaire (jusqu'à 100 mètres de diamètre) où vivent plusieurs familles. Tous les deux à trois ans, les Yanomamis quittent leur village et leurs champs pour s'installer ailleurs.

La forêt leur fournit tous les aliments et matériaux dont ils ont besoin : avec les os, les dents et les peaux des animaux, ils fabriquent des lames, des pointes de flèche et des récipients, tandis que les fibres végétales leur servent à recouvrir les toits et les parois des huttes ou à confectionner des sacs et des hamacs ; des plantes toujours, ils extraient les teintures pour leurs ornements corporels, les poisons pour la pêche, les herbes médicinales et les puissantes substances hallucinogènes employées par les chamans lors des séances de guérison ou pendant les voyages dans le monde des esprits (hékura). Les Yanomamis se considèrent comme les « fils de la Lune » car, selon un mythe des origines, ils ont été engendrés par des gouttes de sang de la Lune qui auraient coulé sur la Terre. C'est un peuple de guerriers dont les différents groupes sont souvent en conflit, le pillage entre tribus étant très répandu. En temps de paix, ils scellent des alliances en échangeant des dons ou des femmes. Avant les affrontements, les hommes se peignent le corps en noir, la couleur de la guerre.

AMÉRIQUE

Ci-contre à gauche Une femme yanomami montre les poissons qu'elle vient de pêcher, capturés à l'aide de racines aux effets narcotiques. La prodigieuse variété des espèces végétales qui poussent dans la forêt offre à ce peuple non seulement des poisons, mais aussi de puissants remèdes naturels, auxquels les chercheurs des industries pharmaceutiques occidentales s'intéressent aujourd'hui de près.

Ci-contre à gauche Une pirogue transportant des chasseurs glisse sur les eaux d'un affluent de l'Orénoque. Il existe deux types de chasse : pour les besoins quotidiens de la tribu (rami) et pour les célébrations (heniyomou).

Ci-dessus Un groupe de femmes se rend au champ potager de la communauté (conuco), où elles cultivent maïs, coton, bananes, manioc et tubercules. Les hommes, eux, s'occupent du défrichement des parcelles.

Ci-dessus La pêche est une activité essentielle, à laquelle tout le groupe prend part, mais avec des techniques différentes : les femmes capturent les poissons à la main dans des cours d'eau tranquilles, à l'aide de plantes renfermant des alcaloïdes qui assomment leurs proies, tandis que les hommes se servent d'arcs et de flèches ou de bâtons. L'usage de substances toxiques pour la chasse et la pêche n'engendre aucune pollution, les quantités employées étant infimes. En revanche, les techniques utilisées par les garimpeiros pour extraire l'or constituent une grave menace, tant pour les fleuves que pour les populations d'Amazonie (troubles neurologiques).

Ci-contre à droite Un village yanomami type se compose en fait d'une immense et unique maison collective, de forme circulaire, qui abrite l'ensemble de la communauté villageoise, c'est-à-dire entre 40 et 300 personnes.

Les Yanomamis attachent une grande valeur aux ornements corporels : les hommes se décorent avec des peintures, des plumes, des feuilles et des fleurs, tandis que les femmes enfilent des baguettes très fines à la base de leur nez, dans leurs joues et leur menton, perforés à cet effet, pour évoquer l'esprit du jaguar. Les rites d'initiation pubertaire concernent les jeunes filles, qui dès leurs premières menstruations doivent rester isolées un certain temps, en observant certaines restrictions dans leur alimentation et leur comportement. Au terme de cette période, on les éloigne du groupe et on leur coupe les cheveux. Elles deviennent alors des femmes en âge d'être mariées et font un retour triomphal au village, accompagnées des autres femmes de la tribu. Les Yanomamis pratiquent un rituel funéraire très élaboré, au cours duquel les défunts sont incinérés. Les objets personnels du mort sont brûlés en même temps que son corps. Recueillies dans une corbeille, les cendres sont mélangées à une bouillie de bananes, puis avalées par les parents proches et par le reste du groupe : toute la communauté des vivants entre ainsi en communion avec le défunt et avec le monde des morts.

Dans les années 1970, la découverte de gisements d'or sur le territoire des Yanomamis a attiré une multitude de chercheurs d'or (*garimpeiros*). Le déboisement sauvage qui s'ensuivit eut des conséquences désastreuses pour les Indiens Yanomamis : il favorisa l'apparition de maladies (paludisme, tuberculose) et, indirectement, eut pour effet d'encourager l'alcoolisme au sein de la population ; le mercure utilisé pour l'extraction de l'or pollua les rivières et de très nombreux Yanomamis furent décimés, soit par des armes à feu, soit par la distribution d'aliments empoisonnés, au point que l'on a pu parler d'un véritable génocide.

Aujourd'hui, la situation démographique des Yanomamis s'est redressée et, avec 21 000 individus, leur population compte parmi les plus nombreuses d'Amazonie. En 1988, le gouvernement brésilien a reconnu formellement le droit des Indiens à posséder leurs terres, mais l'administration qui gère la démarcation des territoires est en conflit permanent avec les différents lobbies économiques, notamment ceux des éleveurs, des industries du bois et des mines.

Ci-dessus À l'abri dans la grande maison communautaire, un homme prépare les fibres nécessaires à la fabrication des paniers et autres récipients, comme les grandes corbeilles pour la farine de manioc.

En haut à droite Les hamacs, également en fibres végétales, constituent le lit traditionnel des Yanomamis.

Ci-dessous Le colorant rouge utilisé pour les peintures corporelles est extrait des graines du roucouyer, un arbuste répandu dans la forêt amazonienne. Ces graines contiennent une substance résineuse à l'agréable odeur de violette.

Ci-dessous L'inhalation de Virola carophylla, une plante hallucinogène naturelle qui rend euphorique sans entraîner de dépendance, est une pratique réservée aux hommes. En soufflant avec force dans un long tube creux, les hommes s'aident à inhaler la poudre végétale, qui traverse la muqueuse nasale et pénètre dans le sang. L'usage de cette substance obéit à un rituel précis et reflète les croyances chamaniques des Yanomamis. Outre ses fonctions spirituelles, le chaman joue aussi un rôle de conciliateur au sein du groupe.

À droite Après la récolte, ce sont les femmes qui transportent les paniers, bandoulières calées sur la tête. Les hommes, eux, gardent les mains libres lors des déplacements en forêt, afin de pouvoir intervenir rapidement en cas de danger.

Les Yanomamis

Les Péruviens

PÉROU

En haut à gauche Au Pérou, l'usage de la coca est répandu depuis l'époque des Incas, où il était réservé aux nobles et aux prêtres pour les cérémonies rituelles. Aujourd'hui, la consommation et le commerce de cette plante stimulante se sont étendus à toute la population.

En haut à droite Les étoffes de couleurs vives sont caractéristiques du Pérou.

Au centre et en bas Le climat des hauts plateaux andins, froid et sec, et le manque d'oxygène sont très difficiles à supporter, surtout pour les jeunes enfants.

Page de droite Forts d'une expérience agricole en montagne de plusieurs millénaires, les Andins cultivent la pomme de terre, le chou, la carotte, ainsi que le chénopode, utilisé pour ses vertus médicinales.

La cordillère des Andes est l'une des chaînes de montagnes les plus imposantes de la planète. Du Venezuela à la Terre de Feu, elle s'étend sur près de 8 000 kilomètres. Entre les contreforts oriental et occidental de la chaîne, on trouve des hauts plateaux dont l'extension est très variable, mais qui est maximale dans la région située entre le Pérou et le Chili, où ils s'étirent sur 800 kilomètres d'ouest en est. Sur ce territoire de haute montagne vivent des peuples autochtones qui ont conservé plusieurs traits culturels de leurs ancêtres, notamment leur langue : outre l'espagnol, les indigènes péruviens parlent en effet majoritairement le quechua, la langue de l'Empire inca.

Comme on l'observe chez les populations himalayennes et tibétaines, les montagnards péruviens ont développé des caractéristiques physiologiques leur permettant de s'acclimater aux conditions de vie en haute altitude, où tout effort physique est difficile en raison du manque d'oxygène. Leurs activités agricoles et pastorales sont également adaptées à la haute montagne. La pomme de terre – *pata* en quechua, qui a donné le mot patate – et la coca résistent à la rigueur du climat andin. Piliers de l'économie andine, l'alpaga et le lama deux camélidés domestiqués il y a au moins 4 500 ans, supportent au mieux la faible teneur en oxygène de l'air. Au fil des siècles, les paysans locaux ont sélectionné environ quatre cents variétés de pommes de terre. Celles qui poussent à haute altitude, plus amères, sont déshydratées par ces expositions successives au froid et au gel, puis réduites en poudre de façon à obtenir une farine (*chuno*) facile à conserver et à transporter. Les lamas sont des bêtes de somme capables de transporter des charges d'une trentaine de kilos sur les longues pistes de montagne, tandis que les alpagas fournissent une laine épaisse d'excellente

AMÉRIQUE

Ci-dessus Les enfants vivent avec leurs parents jusqu'à l'âge du mariage, participant aux tâches laborieuses qu'implique la vie en altitude. Dans les régions rurales, plusieurs facteurs compliquent la mise en place d'un enseignement public, à commencer par la difficulté de trouver des enseignants disposés à s'installer dans des villages souvent éloignés.

À gauche Les motifs de couleurs vives qui ornent les vêtements varient selon les régions. Cette fillette quechua est originaire de la cordillère de Vilcanota, à l'est de Cuzco, l'un des endroits les plus élevés et les plus rudes du Pérou.

281

AMÉRIQUE

Page de gauche et en haut à gauche Comme les Mayas, les Quechuas ont adapté les rites chrétiens à leur ancienne religion, qu'ils font revivre à travers des cérémonies qui suscitent une grande ferveur. Les fidèles photographiés ici participent à la célébration annuelle du Corpus Christi au sanctuaire de Qoyllur Rit'i, dans la cordillère de Vilcanota. Une chapelle a été édifiée à cet endroit, mais de nombreux fidèles restent à l'extérieur de l'édifice, où ils prient devant des cierges allumés qu'ils ont disposés en face de rochers sacrés, vénérés depuis les temps anciens.

En haut à droite Les fêtes de Qoyllur Rit'i, nom qui signifie « étoile des neiges » en langue quechua, sont animées par des chants et par la musique des flûtes : ce sont les principaux instruments traditionnels des populations andines, avec les ocarinas et les tambours.

Au centre et en bas Les pèlerins de Qoyllur Rit'i viennent de plusieurs communautés andines, représentées chacune par des personnages aux costumes élaborés. Les différents groupes se distinguent à la fois par leurs vêtements traditionnels et par les airs de flûte qu'ils jouent. Le chapeau imposant de ce jeune homme évoque Capa Chuncho, un guerrier des montagnes, mais il existe aussi des costumes qui ridiculisent les conquistadores.

Ci-dessus Intermédiaires entre les divinités de la montagne et les fidèles, les Ukukus transportent une croix chargée d'offrandes et d'étoffes jusqu'au glacier Colquepunku, à 5 200 mètres d'altitude.

Ci-dessous et à droite Après avoir déposé la croix, les pèlerins retournent au sanctuaire de Qoyllur Rit'i chargés de blocs de neige : en fondant, cette dernière fournira une eau aux vertus miraculeuses.

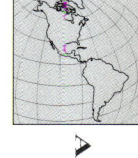

qualité, avec laquelle on fabrique des étoffes. En outre, les excréments de ces animaux servent à la fois d'engrais et de combustible. Les Indiens des hauts plateaux ont coutume de mâcher des feuilles de coca, dont les propriétés stimulantes permettent de résister au froid, à la fatigue et à la faim. Pour les Indiens, cette plante possède également des vertus divinatoires : en observant la façon dont tombent les feuilles, les devins peuvent émettre des prédictions sur l'avenir, la santé des membres du groupe ou la qualité des récoltes.

Autrefois, les communautés andines traditionnelles, dites *ayllu*, réunissaient des groupes familiaux qui, bien que dispersés dans les plateaux et les vallées, se reconnaissaient un ancêtre commun – réel ou fictif. Le groupe des Incas proprement dits était sans doute composé d'une vingtaine d'*ayllu*. La collaboration économique entre les différentes communautés reposait principalement sur les échanges de produits agricoles : les céréales (orge, *quinoa* et maïs) et les légumes, cultivés dans les vallées, étaient troqués contre des pommes de terre et des feuilles de coca, cultivées sur le haut plateau andin (*puna*). Dans le système foncier des Incas, les souverains possédaient tout le territoire, de sorte que la propriété privée n'existait pas de fait pour les paysans. Après la conquête espagnole, les conditions de vie des Indigènes s'aggravèrent : l'introduction des *haciendas*, les grandes propriétés agricoles, se traduisit par l'expropriation des Indiens de leurs terres, ruinant ainsi l'institution économique de l'*ayllu*. On vit ainsi disparaître un système agraire et social qui s'était constitué, perfectionné et consolidé au cours de 3 500 années. Les conquistadores ont introduit la religion catholique, qui cohabite aujourd'hui dans un parfait syncrétisme avec les croyances traditionnelles précolombiennes. Elle est pratiquée par environ 90 % de la population péruvienne. Les fêtes du calendrier chrétien coïncident avec les anciennes fêtes agraires du calendrier inca, liées au cycle des saisons, et c'est précisément par le biais de ces célébrations religieuses auxquelles les groupes indigènes péruviens sont très attachés, que le riche héritage culturel des Andins peut encore s'exprimer et se perpétuer.

En haut à gauche Personnages craints et respectés, les Ukukus doivent partir au cœur de la nuit pour atteindre le site de la célébration au matin. Seule la lumière des bougies éclaire la procession.

Ci-dessus et ci-dessous La foi des peuples andins se manifeste aussi dans les épreuves qu'ils s'imposent à travers leurs rituels : seul le sacrifice de soi permet de gagner la faveur des divinités de la montagne (Apus) et du ciel.

Les Aymaras
PÉROU, BOLIVIE

Jusqu'au XVᵉ siècle, les Aymaras occupaient un vaste territoire qui s'étendait de Cuzco jusqu'à la côte, au sud du Pérou, mais l'expansion de l'Empire inca les repoussa sur les rives méridionales du lac Titicaca. Après la conquête espagnole, le nom d'Aymara fut attribué indistinctement à tous les groupes indigènes qui habitaient la côte méridionale du lac et à ceux du haut plateau andin (Altiplano), à la frontière du Pérou et de la Bolivie. Les communautés aymaras vivent de la culture de la pomme de terre, le produit agricole le plus traditionnel dans cette région, de l'orge et du maïs (avec lequel on fabrique une bière appelée *chicha*), ainsi que de l'élevage des moutons, des alpagas

et des lamas. Les Aymaras du lac Titicaca pratiquent la pêche à l'aide de grands filets, dans des embarcations construites en balsa, un bois très léger, et en *totora*, une espèce de roseau qui pousse en abondance sur les rives du lac. La *totora* connaît de nombreux usages : elle sert non seulement à fabriquer le revêtement extérieur des coques des bateaux – fait de bottes de longs roseaux tressés et ficelés par des liens végétaux –, mais aussi à couvrir les toits des maisons, elles-mêmes édifiées sur de petites îles flottantes de *totora* arrimées avec des pierres. Chaque îlot artificiel peut accueillir deux ou trois familles.
Selon la légende, c'est dans les eaux du lac Titicaca que serait apparu le dieu inca Viracocha, créateur du monde dans la mythologie aymara. Le catholicisme introduit par les Espagnols a été assimilé par les communautés indigènes, qui l'ont intégré à leurs croyances et à leurs pratiques religieuses : on trouve ainsi de remarquables cultes syncrétiques où le Dieu chrétien est identifié à la divinité solaire Inti et la Vierge Marie à Pachamama, la Terre Mère. Les cérémonies aymaras suivent le calendrier chrétien : les pèlerinages consacrés à la Sainte Vierge et les célébrations des saints patrons rassemblent les différentes communautés, dispersées pendant le reste de l'année, pour des fêtes qui durent parfois plusieurs jours et donnent lieu à des danses exécutées sur la place principale du village ou de la ville, devant l'église. Des représentants de la communauté s'occupent chacun à leur tour de l'organisation de la fête, dont les dépenses sont couvertes par les dons d'argent et les offrandes (nourriture, fruits, bière, alcools, feuilles de coca) récoltés parmi les participants.

Ci-contre à droite Les fêtes des Aymaras donnent lieu à des danses très anciennes, qui n'ont guère subi l'influence de la culture hispanique. Comme les Quechuas, ce peuple pratique un syncrétisme religieux mêlant le christianisme aux croyances antiques.

Page de gauche en haut Des terrasses sculptent le paysage des Andes. Selon certains historiens, les Aymaras seraient les héritiers des bâtisseurs de Tiahuanaco, un centre religieux mégalithique situé non loin du lac Titicaca.

Page de gauche au centre Sur l'île du Soleil, l'un des 41 îlots qui constellent le lac Titicaca, une femme aymara transporte son enfant dans son châle multicolore (aguayo), qu'elle utilise aussi pour ranger des denrées. À l'arrière-plan, on distingue les ruines d'un site inca, le célèbre temple du Soleil.

Ci-dessus et en bas Estimés à environ 800 000 individus, les Aymaras sont un des peuples andins les plus nombreux.

Les hommes aymaras portent un poncho qui descend jusqu'aux chevilles, sous lequel ils sont habillés à l'occidentale. Ils sont chaussés de sandales en cuir ou en caoutchouc et coiffés d'un chapeau melon (hérité des Britanniques) porté sur un bonnet de laine doté de protège-oreilles. Le costume féminin est constitué d'une pollera, une jupe plissée serrée à la taille, d'un corsage de coton, d'une couverture de laine couvrant les épaules et fixée sur la poitrine avec une broche, ainsi que d'un châle de coton coloré, noué à l'avant, formant une sorte de poche (aguayo) qui sert à transporter les enfants ou les produits alimentaires à vendre au marché.

Ci-dessus Les chapeaux melon que portent ces femmes aymaras rassemblées à Copacabana pour la fête nationale bolivienne constituent un élément caractéristique du costume féminin, même s'ils ne sont pas traditionnels au sens propre du terme : ils furent en effet introduits au XIXᵉ siècle par les Anglais chargés de la construction des chemins de fer andins.

Ci-dessus et en haut Les pêcheurs uros, établis dans la région péruvienne du lac Titicaca, utilisent des embarcations faites en grande partie de roseaux (totora), solidement tressés et ficelés en bottes superposées. Ils pêchent surtout des poissons-chats et deux espèces de fundules ; au XIXᵉ siècle, des truites ont été introduites avec succès dans ces eaux riches en minéraux.

Ci-dessous La pomme de terre est très répandue sur les hauts plateaux andins : les Aymaras furent peut-être les premiers à la cultiver, employant une technique de conservation par déshydratation.

Ci-dessus La totora est une espèce de roseau qui pousse en abondance sur les rives du lac Titicaca. C'est un matériau résistant qui, une fois séché, sert à fabriquer le revêtement extérieur de la coque des bateaux, la structure étant en bois de balsa. Ces roseaux interviennent également dans la construction des habitations.

Page de droite (en bas) Parmi ces vêtements étendus qui sèchent au soleil, on distingue le châle aguayo (en haut) et la pollera, la jupe plissée des femmes aymaras.

Les Aymaras

ARCTIQUE

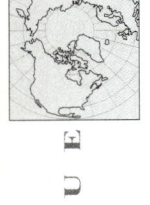

Peuples de l'Arctique

◆ **LES SAMETS** – NORVÈGE, FINLANDE, SUÈDE, RUSSIE	296
◆ **LES TCHOUKTCHES** – RUSSIE	300
◆ **LES INUITS** – ALASKA, CANADA, GROENLAND, RUSSIE (SIBÉRIE)	306

Textes de **Mirella Ferrera**

En haut à gauche Les Samets chassent et élèvent des rennes depuis plusieurs siècles et, jusqu'à une époque encore récente, ces animaux leur fournissaient tous les produits nécessaires à leur survie.

En haut à droite Aux confins des étendues glacées de la péninsule de Melville, dans le nord du Canada, un Inuit construit un igloo pour s'abriter pendant la période de chasse.

Page de droite Les fourrures et les peaux de phoque permettent aux Inuits de supporter les rigueurs de l'Arctique, où en hiver les températures peuvent descendre à – 30 °C.

Introduction

Le mot arctique, qui vient du grec *arktos*, ours, fut d'abord utilisé par les astronomes de l'Antiquité pour désigner le parcours de la constellation de la Grande Ourse autour de l'étoile Polaire. Et c'est plus tard seulement qu'il servit à désigner la vaste zone géographique qui entoure le pôle Nord, un ensemble de territoires situés aux confins septentrionaux des continents américain et eurasiatique. La zone arctique s'étend longitudinalement sur environ 6 500 kilomètres, incluant les régions septentrionales de la Scandinavie et de la Sibérie jusqu'au détroit de Béring, l'Alaska et le Groenland. Les hivers y sont longs et extrêmement froids, avec des températures pouvant descendre à plus de 30 °C au-dessous de zéro ; la neige couvre alors le sol en permanence pendant six à sept mois et ne disparaît qu'au printemps. Les étés, en revanche, sont relativement courts, avec un climat plus tempéré. La toundra, l'écosystème qui caractérise les régions circumpolaires, est un ensemble humide et marécageux, pauvre en ressources alimentaires et faiblement peuplé. Les quelques populations capables de subsister dans ces terres inhospitalières sont issues de plusieurs vagues migratoires, qui se sont succédé au cours des millénaires. Les populations paléosibériennes, originaires d'Asie, commencèrent à se répandre dans la toundra eurasiatique voici 15 000 ans. Plus tardifs, les groupes d'origine mongole, comprenant les Inuits-Aléoutes, traversèrent le détroit de Béring, ce bras de mer qui sépare l'Asie de l'Amérique du Nord, il y a environ 10 000 ans pour s'installer le long des côtes de l'Alaska. En définitive, les actuelles populations sibériennes (Tchouktches, Koriaks, Itelmènes) et les Inuits (que l'on appelle communément Esquimaux) présentent des caractères physiques variés, du fait des constants brassages ethniques qui se sont opérés entre groupes paléosibériens et mongoloïdes.

L'arrivée des groupes eurasiatiques, dont les principaux représentants sont les Samets (ou Lapons), est plus récente. Certaines découvertes archéologiques (armes et outils divers) témoignent de leur présence sur le territoire de la Suède il y a près de 4 000 ans, et des découvertes similaires ont été faites 1 000 ans plus tard dans le sud de la Finlande. Par rapport aux groupes plus anciens, les Samets implantés en Scandinavie septentrionale ont des caractères physiques différents, qui les rattachent à la souche ouralienne, c'est-à-dire au pourtour du système montagneux qui traverse l'Europe depuis les rives de la mer de Kara, en Sibérie, jusqu'au plateau de Tourgaï, au nord de la mer d'Aral.

Les ethnologues distinguent trois familles linguistiques chez les peuples de l'Arctique : le paléoasiatique parlé par les groupes paléosibériens (dont les Tchouktches), l'esquimau-aléoute des Inuits et l'ouralo-altaïque (également appelé finno-ougrien) des Samets.

En dépit de leurs différences linguistiques, tous ces peuples ont de nombreux points communs, sur le plan tant culturel que social et technique, du fait de la relative homogénéité de leur environnement naturel. Les conditions de vie de ces régions ont en effet conduit à une spécialisation des activités de subsistance, qui sont essentiellement la chasse aux animaux terrestres (caribous, ours blancs, renards, lièvres…), aux oiseaux (mouettes, mergules, eiders…) et aux mammifères marins (phoques, morses, baleines…), ainsi que la pêche. À l'intérieur des terres, l'élevage des rennes s'est répandu dans les zones arctiques de l'Eurasie à partir du IIe millénaire avant notre ère. Les rigueurs du climat et les fluctuations saisonnières des maigres ressources disponibles ont en outre contraint la plupart des communautés de l'Arctique à mener une existence nomade, peu compatible avec des structures sociales trop rigides. Le mode d'organisation de ces populations est donc relativement souple, avec des petits groupes familiaux qui coopèrent ou se dispersent en fonction des impératifs de leur survie – et des activités que celle-ci implique pour se répartir au mieux les ressources alimentaires.

Tous ces groupes utilisent un équipement adapté au climat extrême : il est généralement confectionné avec des peaux d'animaux terrestres ou marins, que ce soit pour l'habillement ou pour la couverture des tentes et des embarcations. Le kayak est ainsi constitué d'un revêtement de peaux de phoque sur une armature en bois, avec une

Ci-dessus Le petit kayak monoplace est l'embarcation traditionnelle des pêcheurs inuits : il est fabriqué avec des peaux de phoque tendues sur une armature en bois, et comporte une seule ouverture centrale. Pour les migrations saisonnières, le transport des marchandises ainsi que les expéditions de chasse aux grands mammifères marins, qui requièrent la coopération de plusieurs hommes, on lui préfère l'oumiak, une embarcation collective ouverte.

petite ouverture circulaire ajustée aux dimensions du corps du pagayeur. Cette embarcation, tout à la fois légère, robuste, maniable et facile à transporter, convient parfaitement à la chasse et à la pêche dans les eaux encombrées de glace des mers arctiques. Pour les grandes expéditions de chasse à la baleine et les migrations saisonnières, les hommes se servent de l'oumiak, construit sur le même principe, mais long d'une dizaine de mètres. Quant aux déplacements sur les étendues couvertes de neige, ils s'effectuent principalement à skis ou en traîneau, ce dernier pouvant transporter aussi bien des personnes que des marchandises.

Un autre élément commun à toutes les tribus de l'Arctique est le chamanisme : il est répandu de la Sibérie au nord-est de l'Europe (Laponie), ainsi qu'au Groenland et en Alaska. Cette religion caractéristique des peuples de chasseurs nomades, y compris dans d'autres régions du monde, est fondée sur le culte de la nature et des esprits qui l'animent. Les traditions orales décrivent ainsi les pouvoirs surnaturels de certains esprits tutélaires, comme celui de l'ours, que l'on doit invoquer pour moult activités : la chasse, en particulier, fait intervenir des rituels précis quant à la manière de traiter le gibier. La renaissance des ossements, considérés comme des éléments magiques du corps dont l'âme peut se séparer pour revenir à son lieu d'origine, est un thème récurrent du chamanisme. Ce concept de mort-renaissance, essentiel dans les rites de passage de la vocation chamanique, est hérité d'anciens rituels de chasse où l'on reconstituait le squelette des animaux tués afin d'assurer leur résurrection. Chez les peuples de chasseurs, les cérémonies de préparation à la chasse avaient une grande importance, de même que les rites propitiatoires qui suivaient l'abattage du gibier.

Les plus anciens témoignages sur les Inuits remontent à la découverte du Groenland par les Vikings islandais, au Xe siècle. Mais les premiers récits détaillés sur les populations de l'Arctique furent publiés en Europe au début du XVIe siècle, par des explorateurs et des cartographes. Au cours des siècles suivants, les terres circumpolaires furent sillonnées par toutes sortes d'aventuriers, colons occasionnels, négociants en peaux et fourrures, baleiniers. Plus tard, après la Seconde Guerre mondiale, les grandes organisations gouvernementales commencèrent à s'intéresser à l'Arctique pour l'exploitation de ses ressources minières et hydroélectriques. Elles accélérèrent alors le développement industriel de ces régions par la militarisation et l'urbanisation de certaines zones : c'est ainsi que les populations locales, transformées en minorités ethniques, durent renoncer à leurs migrations traditionnelles au-delà des frontières imposées par les États concernés.

Aujourd'hui, les Inuits sont disséminés aux confins de la Russie, des États-Unis, du Canada et au Groenland. Les Samets se répartissent entre la Norvège, la Suède, la Finlande et la Russie. Et dans l'Arctique sibérien subsistent des groupes clairsemés, tels les Samoyèdes, les Mansis (ou Vogouls), les Toungouses, les Iakoutes, les Tchouktches et les Koriaks.

Dans ce chapitre, il sera d'abord question des Samets, seuls représentants européens des populations arctiques, traditionnellement voués à la chasse, à la pêche et à l'élevage des rennes. Puis, comme représentants des groupes sibériens, nous avons choisi les Tchouktches, dont la langue présente certaines affinités avec celle des Inuits, du fait des constants brassages qu'ont connus ces communautés qui cohabitent encore dans l'actuel Arrondissement autonome des Tchouktches. Enfin, nous parlerons des Inuits et des mutations qui se sont opérées dans leur mode de vie sous l'effet des techniques modernes (ordinateur, télévision…).

Page de gauche Aujourd'hui, la plupart des Samets qui vivent en Scandinavie ont abandonné le mode de vie nomade de leurs ancêtres, mais ils n'en demeurent pas moins fidèles à leurs costumes traditionnels, aux couleurs éclatantes.

Au centre Un jeune Tchouktche se penche à la fenêtre d'une maison en dur, quelque part dans le nord-est de la Sibérie. Seuls les éleveurs nomades continuent d'utiliser la yaranga, la tente traditionnelle en peau.

Les Samets

NORVÈGE, FINLANDE, SUÈDE, RUSSIE

Les Samets vivent dans des territoires situés au nord du cercle polaire arctique, qui se répartissent entre plusieurs États : la Norvège, la Suède, la Finlande et la Russie (péninsule de Kola). On les connaît plutôt sous le nom de Lapons, mais ce terme est désormais abandonné car il a un sens péjoratif (il signifie guenilles en langue scandinave). L'origine de ce peuple reste controversée : certains historiens affirment que les Samets seraient venus d'Europe centrale, d'autres considèrent qu'il s'agit d'un groupe paléosibérien. Vivant initialement de la chasse et de la pêche, ils devinrent éleveurs de rennes, sans doute en raison de la disparition progressive des rennes sauvages consécutive à l'apparition des armes à feu. Leur mode de vie, dès lors, changea. Organisés en groupes familiaux, ils durent mener une existence nomade, rythmée par le cycle saisonnier de leurs animaux, l'alternance des périodes de mue, d'accouplement et de naissance des jeunes déterminant le déroulement des activités pastorales. Aujourd'hui, sur les 40 000 à 50 000 Samets recensés en Norvège – auxquels il faut ajouter 15 000 en Suède, 4 000 en Finlande et 7 000 en Russie –, quelques milliers seulement pratiquent encore l'élevage des rennes comme principale activité économique, et moins pour leur subsistance directe qu'à des fins commerciales : la viande de ces animaux est en effet très appréciée dans les pays nordiques, où l'on en fait une large consommation. Désormais, le nomadisme pastoral traditionnel a fait place à un système de transhumance : seuls les bergers accompagnent les déplacements saisonniers des troupeaux, le reste de la communauté menant une existence sédentaire proche du mode de vie occidental, dans des villages permanents aux habitations chaudes et confortables. L'introduction d'équipements modernes a considérablement amélioré les rendements : les éleveurs se servent désormais de motoneiges et même d'hélicoptères pour rassembler leurs troupeaux, les suivre et les déplacer d'un pâturage à l'autre. Mais, malgré les mutations sociales inhérentes

En haut à gauche Pâques est une fête importante chez les Samets. C'est l'occasion de vastes rassemblements au cours desquels on célèbre baptêmes et mariages, avec aussi de grands jeux sportifs, comme cette compétition de course à skis tirés par des rennes, dans le village de Hætta, en Finlande.

Ci-contre à gauche Pour les Samets, le port du costume traditionnel, ou gákti, est, au même titre que la pratique de leur langue, une façon d'affirmer l'originalité de leur identité culturelle. Les couleurs et la distribution des galons varient selon les groupes.

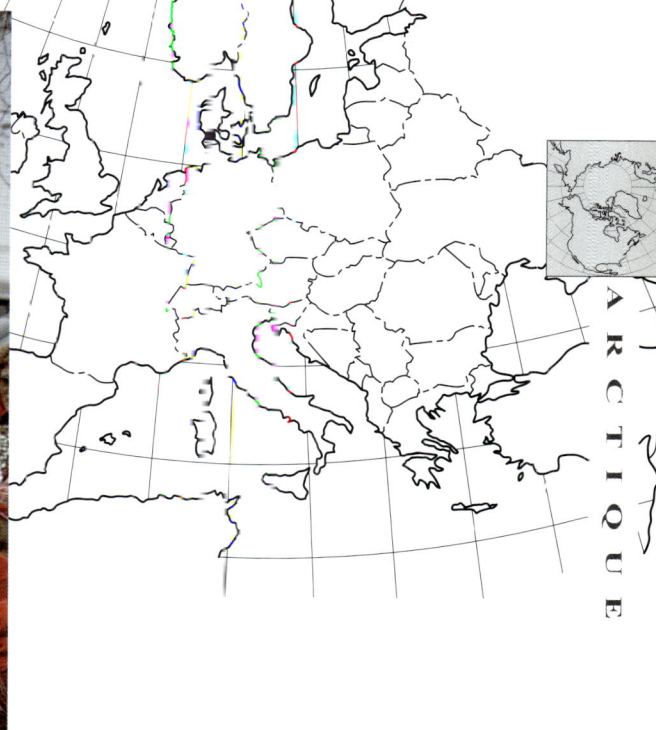

Ci-contre à gauche Kautokeino est une petite ville norvégienne du Finnmark, peuplée en majorité de Samets. Ici, des habitants en tenue traditionnelle assistent à un mariage.

En bas, à gauche et ci-dessous Les bandes de couleur que les Samets utilisent comme garnitures pour leurs costumes traditionnels sont réalisées sur les petits métiers à tisser. Le terme scandinave lapp, à l'origine du mot Lapon, peut, selon les cas, être traduit péjorativement par « guenilles » ou mélorativement par « morceau d'étoffe », en référence à ces passementeries riches en couleur.

Ci-contre à gauche Installés sur des peaux de renne, les membres d'une famille prennent leur repas à l'intérieur d'une habitation en rondins de bois, au toit couvert de mottes de terre. Les tentes ont quasiment disparu.

Ci-dessus Chez les Samets, la viande de renne et les poissons pêchés dans les lacs et rivières sont souvent préparés par boucanage au feu de bois d'aulne : ce procédé assure une parfaite conservation.

à l'industrialisation, l'activité pastorale demeure le symbole et l'élément central de la culture traditionnelle du peuple samet. Héritées de l'ancienne culture des chasseurs du cercle polaire, les croyances religieuses des Samets sont liées aux cultes chamaniques et intimement associées à leur environnement naturel. Selon eux, la toundra est peuplée d'esprits tutélaires corrélés aux forces naturelles telles que la terre, l'eau et le vent, dont il convient de s'attirer les faveurs. Leur territoire comprend un certain nombre de lieux sacrés, notamment des montagnes et des lacs, où résident les esprits des ancêtres et qui étaient autrefois utilisés comme sépultures. Les Samets vouent en outre un culte particulier à des pierres qu'ils considèrent comme sacrées parce qu'elles sont situées à des endroits où se manifeste la présence d'entités surnaturelles : elles servent à baliser leur trajet lors des transhumances.

Jadis, ce culte des pierres, que les spécialistes appellent litholâtrie, donnait lieu à des cérémonies rituelles au cours desquelles on procédait à des offrandes en l'honneur des ancêtres. Pour les Samets comme pour la plupart des peuples de l'Arctique, l'ours est un animal mythique, un esprit tutélaire doté de grands pouvoirs magiques : sa chasse fait toujours l'objet de rites préliminaires très précis. Le chaman (*noaidi*), sorte de prêtre-sorcier, assure le lien entre les hommes et les dieux ou les autres puissances surnaturelles. Malgré leur adhésion au christianisme (luthéranisme à l'ouest, catholicisme orthodoxe à l'est), qui remonte au XVIIIe siècle, les Samets conservent un souvenir très vivace de leurs anciens cultes, dont le sens et les traditions se transmettent de génération en génération et continuent ainsi à imprégner leurs conceptions du monde et de la vie.

ARCTIQUE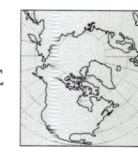

Ci-dessus Répandu dans toute la zone arctique, le renne fait l'objet d'usages divers selon les populations en place. Chez les Samets, ce cervidé est surtout élevé pour être vendu comme viande de boucherie, mais il sert aussi d'animal de trait, attelé au traîneau traditionnel, le pulka.

Ci-contre à gauche Même si des véhicules modernes comme les motoneiges, se sont aujourd'hui substitués aux moyens de transport traditionnels, l'élevage des rennes n'en demeure pas moins soumis aux impératifs des cycles naturels : ainsi en va-t-il, notamment, des migrations saisonnières que nécessite la recherche de pâturages pour les troupeaux.

Page de gauche (au centre) Un gardien de rennes au milieu de son troupeau. L'élevage familial traditionnel est de moins en moins rentable, comparé aux méthodes modernes. On estime que 10 % seulement des Samets le pratiquent encore aujourd'hui.

Les Tchouktches
RUSSIE

Les Tchouktches vivent dans le nord-est de la Sibérie, entre la Lena et le détroit de Béring. Comme chez les autres populations sibériennes, ils se répartissent en deux groupes caractérisés par des économies de subsistance différentes : la chasse le long des côtes de l'océan Arctique et du détroit de Béring et l'élevage nomade des rennes dans la toundra – plus, dans les deux cas, la cueillette de baies et de plantes sauvages ainsi que la chasse aux mammifères terrestres et aux oiseaux. Ces deux populations sont liées par des échanges commerciaux et matrimoniaux. Elles entretiennent également des relations avec des peuples voisins tels que les Koriaks, les Chouvants, les Inuits, les Toungouses ou les Lamoutes. Les Tchouktches du littoral chassent des mammifères marins, comme les phoques, les morses et les baleines. Certains utilisent encore des méthodes traditionnelles, se servant de kayaks et de harpons ; d'autres font appel à du matériel moderne, employant des fusils et des embarcations à moteur. Les éleveurs, numériquement plus importants que les pêcheurs, suivent les migrations saisonnières des rennes, passant l'été dans les pâturages de la toundra et l'hiver le long des côtes, où subsistent mousses et lichens. Les rennes fournissent une grande partie de ce qui est nécessaire à la vie de tous les jours : moyens de transport, viande et lait pour l'alimentation, peaux pour la confection des vêtements et des habitations, tendons pour la couture (fil).

Les vêtements, qui doivent permettre de supporter les rigueurs du climat (la température moyenne sur l'année est de – 12 °C), comprennent généralement deux tuniques superposées – en peau de renne ou de phoque, avec des bords en fourrure de loup ou de renard – ainsi que des pantalons, des moufles et des bottes en peau. Les campements sont composés de diverses familles sans liens entre elles. L'habitation traditionnelle des Tchouktches est la *yaranga*, une grande tente circulaire à toit conique, constituée d'une armature en bois couverte de peaux et maintenue au sol par des poteaux et des courroies. Les tentes des chasseurs, qui vivent dans des villages sédentaires, sont partiellement enterrées et comportent une ouverture à leur sommet pour laisser échapper la fumée.

Ci-contre à gauche Les caractères physiques des Tchouktches ne sont pas sans rappeler ceux des Amérindiens. De fait, cette population est établie à l'extrémité nord-ouest de l'Eurasie, à proximité du passage que franchirent, il y a des millénaires, les groupes de chasseurs nomades paléosibériens qui peuplèrent le continent américain.

Page de droite Ce vieux pêcheur fume une cigarette dans une pipe typique de l'artisanat local. Les Tchouktches témoignent du même talent que les Inuits et d'autres peuples voisins pour la gravure et la sculpture sur des os de baleine ou des défenses de morse – une spécialité qui leur assure une bonne source de revenus quand ils vendent leurs œuvres en Russie et, surtout, en Alaska.

Page de gauche et ci-contre à droite
Les Tchouktches du littoral chassent
les mammifères marins avec des
harpons ou des fusils. Interdite dans
les années 1980, cette activité leur est
de nouveau autorisée depuis 1992.

Ci-dessous *Une énorme proie a été*
halée sur le rivage, où des femmes
ont entrepris de la découper. Rien ne
sera perdu, pas même les os, qui sont
utilisés comme support pour graver
des scènes de chasse très réalistes.

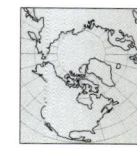

ARCTIQUE

Comme chez les autres groupes sibériens, les croyances religieuses des Tchouktches sont liées au chamanisme, avec une mythologie peuplée d'animaux et d'esprits tutélaires. On y célèbre des rites propitiatoires destinés à s'attirer les faveurs d'esprits bénéfiques identifiés aux corps célestes (constellations, étoile Polaire, Soleil), ainsi que des esprits protecteurs des habitations, de l'élevage (esprits du renne) et de la chasse (esprits de la mer). Les groupes du littoral consacrent une grande fête automnale aux esprits de la mer : à cette occasion, les hommes procèdent à des offrandes sacrificielles d'animaux marins, dont les dépouilles sont rendues à la mer afin de s'y multiplier. Les mêmes préoccupations se retrouvent dans les scènes de chasse gravées sur les défenses de morse et les os de baleine. Les Russes sont entrés en contact avec les Tchouktches au XVIIe siècle, alors que débutait la colonisation des immensités sibériennes. Dès lors, ces territoires furent fréquentés par des commerçants et des chasseurs de peaux et de mammifères marins venus des régions côtières d'Amérique et d'Europe, ce qui ne manqua pas d'avoir des conséquences négatives sur le fragile équilibre économique des populations locales. La région fut intégrée à l'Union soviétique en 1919 et, en 1930, la création de l'Arrondissement autonome des Tchouktches eut pour effet de collectiviser l'économie traditionnelle, avec le regroupement en kolkhozes des activités de pêche, de chasse et d'élevage. À ce processus s'ajouta l'institution d'écoles itinérantes pour les enfants des familles nomades et de pensionnats pour l'hébergement des élèves en hiver.

Au fil des ans, le territoire des Tchouktches a vu se développer tout un secteur industriel autour de l'agriculture, du traitement des peaux et de l'exploitation des ressources minières. Quant aux activités traditionnelles liées à la pêche, à la chasse et à l'élevage, elles bénéficient désormais d'équipements modernes tels que canots à moteur, fusils et même hélicoptères pour surveiller les troupeaux et assurer les liaisons entre les zones habitées.

Ci-dessus, au centre et en bas
La chasse aux grands mammifères marins avec des harpons et des fusils est une activité très dangereuse. Aujourd'hui, si les Tchouktches commencent à utiliser du matériel plus moderne, ils n'en demeurent pas moins fidèles au respect de la biodiversité et de la vie. D'après certains spécialistes, l'amélioration des méthodes de chasse n'aurait pas eu d'effets néfastes sur l'équilibre écologique de la péninsule.

ARCTIQUE

Ci-contre à gauche L'armature retournée d'une **baidarka** est couverte d'un revêtement en peaux de morse fixées avec des tendons. Analogue au kayak, ce type d'embarcation est tout à la fois robuste et maniable.

Ci-dessus Un homme suspend des poissons pour les faire sécher. Les Tchouktches de la côte vendent des poissons aux éleveurs de la toundra, qui de leur côté leur proposent les divers produits issus de l'élevage du renne.

Ci-contre à gauche Ce petit garçon pose sur son traîneau devant celui de ses parents. Les Tchouktches utilisent des attelages de chiens pour ce type de véhicule. C'est d'ailleurs sans doute chez eux que furent sélectionnés les premiers ancêtres des actuels huskies, des chiens parfaitement adaptés à ce travail en raison de leur robustesse, de leur résistance au froid et de leur endurance.

Ci-dessus Un éleveur de rennes s'apprête à sortir de sa tente, la **yaranga**, pour s'occuper de son troupeau dans la taïga sibérienne. La langue des Tchouktches est riche en expressions liées à l'élevage : de nombreux termes servent à désigner les rennes selon leur couleur, leur sexe, leur âge et leur comportement. La richesse des individus se mesure au nombre de rennes (chez les éleveurs) ou de bateaux (chasseurs).

Les Tchouktches

Ci-dessus La yaranga se compose d'une armature de perches assemblées en faisceau et d'une couverture en peaux de renne, la base étant fixée au sol avec des pierres.

Ci-contre à gauche Un tchavtchou (éleveur de rennes) et son troupeau. C'est à ce mot que les Tchouktches doivent leur nom, par opposition à ankalyn (hommes de la côte), qui désigne plus spécifiquement les groupes de pêcheurs de ce peuple.

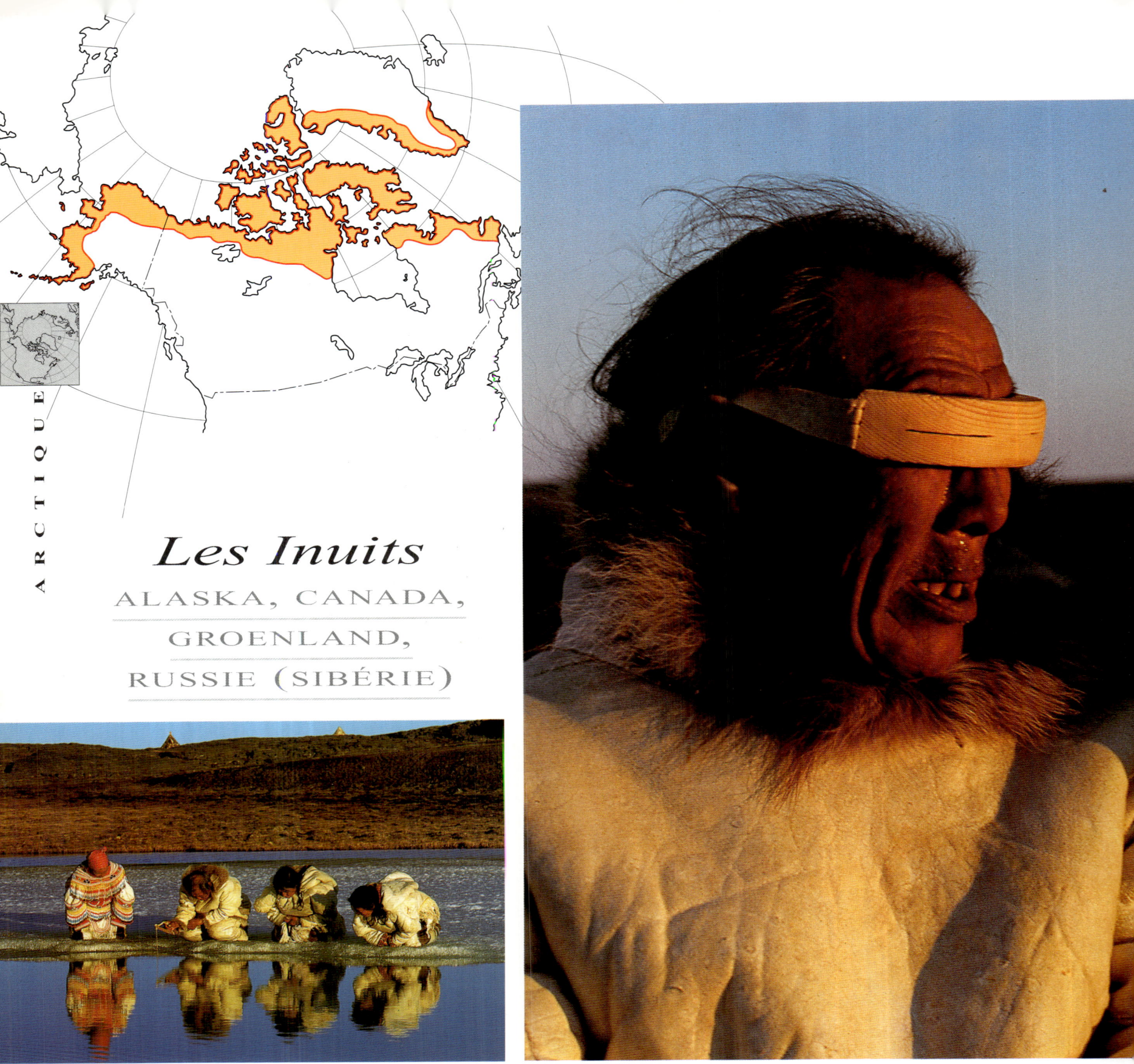

Les Inuits
ALASKA, CANADA, GROENLAND, RUSSIE (SIBÉRIE)

ARCTIQUE

Au mot Esquimaux, qui signifie « mangeurs de viande crue » en dialecte algonquin, il faut désormais préférer celui d'Inuits, pluriel d'Inuk, qui veut dire « homme, être humain » en inuktitut, la langue ancestrale de ce peuple. Cette population de chasseurs et de pêcheurs originaire de la Sibérie septentrionale atteignit les zones arctiques et subarctiques de l'Alaska il y a 5 000 à 10 000 ans. Aujourd'hui, les Inuits se répartissent sur un immense territoire qui s'étend, à partir du détroit de Béring, tout le long du littoral arctique – jusqu'au Labrador et au Groenland, à l'est, et en Sibérie, à l'ouest. En dépit d'une telle dissémination géographique, tous les groupes de ce peuple présentent une relative homogénéité, tant linguistique (même s'il existe de nombreux dialectes) que culturelle. L'économie traditionnelle des populations inuits repose sur la chasse aux mammifères terrestres (ours, caribous, lièvres) et, surtout, marins (baleines, phoques, morses). L'adaptation à l'environnement, couvert de neige et de glace pendant plus de la moitié de l'année, implique un équipement spécialisé : vêtements épais en peau et en fourrure, lunettes de protection contre les effets de la réverbération, traîneaux à chiens, embarcations en peau de phoque, individuelles (kayaks) ou collectives (oumiaks) pour les grandes expéditions de pêche, harpons, abris provisoires d'hivernage (igloos) constitués de blocs de neige gelée, avec un système de chauffage utilisant de la graisse de phoque comme combustible, tentes en peaux de caribou pendant la courte période estivale. Tout cela demeure encore d'usage courant : même si certains groupes ont adopté du matériel moderne (fusils et canots à moteur, notamment) pour la chasse, celle-ci continue de se pratiquer selon les méthodes traditionnelles dans de nombreuses communautés. C'est le cas chez les Inuits vivant sur la côte orientale de la terre

Page de gauche Un groupe d'Inuits en train de pêcher durant le bref été arctique. Le matériel utilisé traditionnellement pour cette activité inclut crochets et hameçons en os, harpons, arcs et flèches.

Ci-contre à gauche Pour se protéger de la réverbération du soleil sur la neige et la glace, les Inuits utilisent des lunettes en bois, percées d'une mince ouverture linéaire, qui ne laisse passer qu'un minimum de lumière.

Ci-dessous L'igloo est un parfait exemple de l'extraordinaire capacité d'adaptation des Inuits aux rigueurs de l'Arctique, où ils survivent depuis des millénaires. Résistant aux vents les plus violents, cette construction rudimentaire mais astucieuse constitue un abri dont l'intérieur est facile à chauffer.

Ci-contre à gauche Une femme appartenant au groupe inuit du Caribou, implanté dans le nord-ouest du Canada, se désaltère avec un morceau de glace. Sous sa tunique, elle porte une peau de caribou, le nom que l'on donne au renne en Amérique du Nord.

de Baffin, qui habitent dans des maisons peintes avec du sang de phoque. Ils chassent les mammifères marins sous le contrôle des autorités canadiennes, car il s'agit pour la plupart d'espèces protégées. Durant leurs expéditions d'hiver, ils utilisent encore des igloos, comme l'ont toujours fait leurs prédécesseurs, mais peuvent échanger des nouvelles avec les familles restées au village par contacts radio. Les ordinateurs sont omniprésents : dans les écoles, les bureaux et les maisons. Même l'assistance médicale passe par Internet, compte tenu de l'isolement géographique des villages. Et un programme informatique a été spécialement conçu pour tenter d'inventorier et de conserver les traditions ainsi que les légendes de la culture inuit.
Au Canada, si les Inuits continuent de se consacrer aux activités traditionnelles de chasse et de pêche, organisées en coopératives, certains travaillent aussi dans les exploitations minières et les usines. Reste que beaucoup doivent compter sur les subsides qu'ils reçoivent de l'État. Les difficiles conditions de vie et l'isolement expliquent sans doute en partie pourquoi l'usage de la drogue et l'alcoolisme sont si répandus, sans parler du taux de suicides, qui est le plus élevé du monde sur la terre de Baffin.
Les Inuits du Groenland sont citoyens danois. Ils vivent dans des villages disséminés le long des côtes où, comme au Canada, ils se partagent entre activités traditionnelles et professions modernes. Les Inuits de Sibérie vivent principalement en bordure du détroit de Béring ; sous le régime soviétique, ils eurent à subir la collectivisation

ARCTIQUE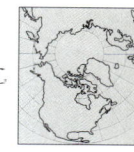

Ci-contre à gauche Protégé du froid par ses vêtements en peau de caribou, un chasseur se tient à l'affût. Les Inuits ne peuvent compter que sur la chasse et la pêche pour assurer leur subsistance, mais ils témoignent d'un grand respect pour les animaux qu'ils tuent.

Ci-dessus et ci-contre à droite Un chasseur de phoques groenlandais lance son harpon sur sa proie. Cette arme, d'une ingénieuse simplicité, est reliée par une courroie au bras du lanceur et comporte une pointe mobile qui l'empêche de s'échapper du corps de l'animal.

de leurs activités économiques, comme les Tchouktches, parallèlement à l'introduction de l'élevage des rennes. Tous les groupes inuits partagent des croyances religieuses relevant des cultes chamaniques. Les phénomènes naturels et les animaux ont une âme, un esprit, et nombreux sont les tabous que l'on ne doit transgresser sous aucun prétexte, au risque de voir l'ensemble de la communauté en pâtir. Aujourd'hui encore, on continue de célébrer des cérémonies propitiatoires pour la chasse, faites d'incantations incluant des formules magiques et de danses aux sons des tambourins. Les Inuits portent des amulettes et des talismans, et respectent certaines interdictions, comme de s'abstenir de chasser et de manger telle ou telle espèce animale, afin de s'attirer la faveur des esprits.

Ci-dessus Déployé en éventail devant le traîneau, ou komatik, d'un chasseur, cet attelage de huskies s'élance sur la banquise de la mer de Baffin. Ce mode de transport traditionnel demeure couramment utilisé par les Inuits, qui n'en ont pas moins recours à du matériel plus moderne, comme le fusil et la radio, pour améliorer la sécurité de leurs activités. Afin de leur assurer une meilleure glisse, les patins d'un komatik sont revêtus de peau d'ours.

Ci-contre à gauche Le bois à brûler étant rare sur leur territoire, les Inuits se servent traditionnellement de graisse de phoque comme combustible.

Pages suivantes Le centre de la tente est occupé par le foyer, ou kudlik, unique source de lumière avec les lampes à l'huile de phoque, mais aussi de chaleur pour cuire les aliments.

Page de gauche et ci-dessus Obscurcie par la suie, faute d'une ouverture pour laisser échapper la fumée, la tente estivale est construite sur une armature en bois. Le revêtement extérieur de la tente forme une coupole faite de peaux de caribou cousues d'un seul tenant.

Ci-contre à droite Chez les Inuits, les enfants sont entourés de beaucoup de soins et d'affection. Mais ils peuvent être adoptés selon un principe égalitaire, afin que toutes les familles en aient un nombre équivalent.

ARCTIQUE

INDEX

Les chiffres **en gras** renvoient aux dossiers principaux, les chiffres en maigre suivis de *l*, aux légendes.

A

Aborigènes 206*l*, 209, 210, **228-231**
Adis *voir* Gallongs
Afghanistan 113, 114
    Pachtouns 134-137
Afrique **54-109**
Afrique du Sud 56*l*
    Bochimans 102-105
    Ndebeles 106-109
Aïnous 114, **180-181**
Aït Addidou 61*l*, 63*l*
Aït Bou Guenez 61*l*
Alabama 248
Alagna 36*l*
Alamans de Gressoney *voir* Walser
Alaska 247, 292, 295, 300*l*
    Inuits 306-313
Aléoutes 247
Algérie
    Berbères 60-65
    Touaregs 66-71
Algonquins 247
Allemagne 19
    Tsiganes 50
Alpes 40*l*
altaïques (populations) 180
Altiplano 286
Amazone, Amazonie 242, 243*l*, 245, 272, 274*l*, 275
Amérindiens 242, 245*l*, **246-249**, 300*l*
Amérique **240-289**
Amish 242, 245*l*, **250-253**
Anasazis 246*l*
Anatolie 19, 113
Andalous, Andalousie 19*l*, 20, **30-35**
Andes (peuples de la cordillère des) 242, 278, 278*l*, 285, 285*l*, 287*l*
Angles 19, 20
Angleterre 19, 20, 21*l*, 23
Anglo-Saxons 26
Angola 96
    Bochimans 102-105
Aotearoa *voir* Nouvelle-Zélande
Apaches 242, 247
Apatanis **152-153**
Aqaba (golfe d') 119*l*
Arabes 20, 57
    Berbères 60-65
    flamenco 33*l*
    Palestiniens 122-125
Arabie saoudite 113
Arabique (péninsule) 113
Aral (mer d') 292
Arandas 229
Arapahos 247
Arapesh **222-223**
Arborés 82
Arctique **290-313**
Arizona 242, 247
Arménie 113, 114
    Kurdes 130-133
Armorique 20, 21*l*, 26
Arunachal Pradesh 147, 148, 148*l*, 151*l*, 152*l*, 153, 154

Asie 19, 20, 30, **110-205**, 209, 242, 245, 292
Asmats 206*l*
Atlas (montagnes de l') 60, 61*l*
Australie 113, 206*l*, 209, 210
    Aborigènes 228-231
austro-thaï 198
austronésiens 209
Autriche
    Walser 36-41
Avars 19
Aymaras 245, **286-289**
Aztèques 245

B

Bac Ha 197*l*
Bactriane (royaume de) 142
Baffin (mer de) 309*l*
Baffin (terre de) 308
Bali 8*l*, 110*l*, 114, 202-205
Bali-Aga **202-205**
Baliem (fleuve) 212*l*, 213*l*
Balkans 19, 20
Balyos 219
Bandiagara 72*l*, 73, 73*l*, 74*l*
Bangladesh 114
Bantous 57, 94, 96
Baringo (lac) 86*l*
Basques 19
Bavière 19, 37
Bédouins 110*l*, **116-121**
Belfast 24
Bellona (île) 210
Berbères 57, 58, **60-65**, 71, 76
Béring (détroit de) 242, 247, 292, 300, 306, 308
Bhoutan 113
bigouden (pays) 28, 28*l*, 29*l*
Bir Taba 119*l*
Birmanie 8*l*, 113
    Padaungs 198-201
Bochimans 57, 58, 102-105
Bolivie
    Aymaras 286-289
Bondos **156-157**
Boranas 82
Bororos 58, **78-81**, 225*l*
Botshabelo 109*l*
Botswana
    Bochimans 102-105
Bouriates 171, 173
Brahmapoutre 147, 165
Bres 198
Brésil
    Yanomamis 272-277
Bretagne 20, 26-29
Bretons 21*l*, **26-29**
Britannia 20, 26
Bulgares 19
Bumes 82
Burgondes 19

C

Cachemire 112*l*, 142
Caddos 248
Cagliari 47*l*
Cakchiquels 257
Californie 248
Cambodge 113
Cameroun 57
Canada 290*l*, 295
    Amérindiens 246-249
    Inuits 306-313
Canaries
    Guanches 60

Carcoforo 40*l*
Caribou (Inuits du) 307*l*
Carolines (archipel des) 209
Carthaginois 20, 60
Caucase 19
caucasoïces 113
Celtes 19, 20, 21*l*, 23, 24, 26, 29*l*
Chajul 257*l*
Chaldée 127
Chamulas 257
Cherokees 248
Chew Bahir (lac) 82
Cheyennes 247
Chiapas 257
Chichicastenango 240*l*, 261*l*
Chili 278
Chimbus 206*l*
Chine 19, 113, 114, 160
    Miaos 110*l*, 182-197
    Mongols 170-179
    Tibétains 164-169
Chippewan 242
Chortis 257
Chouvants 300
Cimmériens 19
Cisjordanie 122
Colomb (Christophe) 242
Colombie
    Kunas 266-271
Colquepunku (glacier) 284*l*
Comanches 247
Congo
    Pygmées 94-95
Cook (îles) 209
Copacabana 287*l*
Cordoue 30
Corée 114, 171
Cornouailles 20, 26
Côtes-d'Armor 28
Crees 247
Crimée 19
Croissant fertile 113
Cuzco 8*l*, 281*l*, 286

D

dalaï-lama *voir* Tibétains
Danemark 308
Danis 212-215, 216*l*, 217
Dassanetch 82
Delhi 144
Devnarayani (temple de) 115*l*
Dieris 229
Diggers 248
Digul (fleuve) 220
Dodums 148
Dogons 58, **72-75**
Dols 148
Dongs 193*l*
Dopums 148
Dörbets 171
Dorgali 43*l*
Dublin 24
Durranis 135

E

Écossais 20
Égéens 20
Égypte 57, 58
    Berbères 60-65
Eilanden (fleuve) 220
Ellice (îles) 209
Emishi 180
Empire ottoman 124, 130
erse 23

Espagne 16*l*, 19
    Andalous 30-35
    Tsiganes 50, 50*l*
Esquimaux 247
    voir aussi Inuits
États-Unis 23, 242, 295
    Amérindiens 246-249
    Amish 245*l*, 250-253
Éthiopie 11*l*, 58
    Surmas 82-85
Étrusques 20
Euphrate 126
Eurasie 113, 171, 292, 300*l*
Europe **16-53**, 292
Everest (mont) 158
Ezo 180

F

Fellatas *voir* Peuls
Fidji (îles) 209
Finistère 21*l*, 26*l*, 28
Finlande 292, 295
    Samets 296-299
Floride 248
Fodio (Ousmane dan) 76, 78
Fores 210*l*
Foulanis *voir* Peuls
Foulbés *voir* Peuls
France 19
    Bretons 26-29
    Tsiganes 50, 50*l*, 53

G

Gabbras 82
gaélique 23, 24*l*
Galles (pays de) 20, 26
Gallois 20, 26
Gallongs **146-147**
Gallura 43
Galway 24*l*
Gandhara 142
Garamantes (peuple des) 70
Gaza 122, 124*l*
Gengis Khan 171, 172, 172*l*, 173*l*, 176*l*, 178*l*
Géorgie 248
Germains 20
Ghilzais 135
Gitans 24, 30
    flamenco 33*l*
    voir aussi Tsiganes
Glang-dar-ma 142
Goths 19, 20
Grande Muraille 113
Grande-Bretagne 20
Grecs 20, 60
Greenberg (Joseph) 57
Grenade 30
Gressoney 16*l*, 37
Groenland 292, 295
    Inuits 306-313
Guanches 60
Guangxi (province du) 183, 197
Guatemala 240*l*
    Mayas 256-265
Guge 144
Guizhou (province du) *voir* Miaos
Gujerat 115*l*, 138, 139*l*
Guptas 138
Gurban Bogdo (montagnes du) 178*l*
Gurumbas 208*l*

H

Ha Giang (province de) 196*l*, 197
Hætta 296*l*
Hamers 82
Haoussas 76, 76*l*
Haredim **126-129**
Haute Cornouaille 28
Hawaii (îles) 209, 232, 238
Hawaiki (île) 232
Hébreux 135
    Haredim 126-129
Heilongjiang 173*l*
Heime (rivière) 219
Hereros 96
Hérodote 60
Himalaya 113, 114, 144, 148, 158*l*, 160, 162*l*
Himbas 54*l*, 58, **96-101**
Hmong *voir* Miaos
Hmu *voir* Miaos
Hokkaido 180
Honduras
    Mayas 256-265
Hongrie, Hongrois 20
    cavaliers de la Puszta 48
Hopis 247
Hortobagyi (parc national de l') 48*l*, 49
Hottentots 96, 103
Hotu Matua (roi) 239
Hubei (province du) 183
Huelva 33
Huichols 245, **254-255**
Hulis 11*l*, **224-227**
Hunan (province du) 183
Huns 19, 30, 113, 138, 142

I

Iakoutes 295
Ibérique (péninsule) 19
Illinois 250
Imilchil 61*l*, 63*l*
Incas 245
Inde 8*l*, 11*l*, 113, 114, 115*l*, 165, 171
    Apatanis 152-153
    Bondos 156-157
    Gallongs 146-147
    Ladakhis 142-145
    Nishis 148-151
    Rabaris 138-141
    Wanchos 154-155
Indiana 250
Indiens d'Amazonie 245
Indiens peaux-rouges *voir* Amérindiens
Indo-Européens 19, 20
Indochine 114
Indonésie 110*l*, 113, 114, 209, 220
    Bali-Aga 202-205
Inuits 290*l*, 292, 293*l*, 295, 300, 300*l*, **306-313**
Inuits-Aléoutes 242, 292
Iran 113
    Kurdes 130-133
Iraq 113, 114
    Kurdes 130-133
Irian Jaya *voir* Papouasie-Occidentale
Irlandais 20, **22-25**, 26
Irlande 20, 22-25, 26
Iroquois 247
Irrawaddy (delta de) 198

Israël 113, 114, 122
   Haredim 126-129
Italie 16*l*, 19, 19*l*, 20, 36*l*
   Sardes 42-47
   Tsiganes 50, 50*l*
   Walser 36-41
Itelmènes 292
Ixils 257

J
Jammu-et-Cachemire 142
Japon 113, 114
   Aïnous 180-181
Jayawijaya 217
Jérusalem 123*l*, 126, 126*l*, 129
Jokhang (temple du) 166, 166*l*
Jordanie 113, 122
Juifs 113, 114
   Haredim 126-129

K
Kaboul 135*l*
Kachh 141*l*
Kaduna 54*l*
Kailas (mont) 142
Kaili 193*l*
Kalahari 58
   Bochimans 102-105
Kalés *voir* Tsiganes
Kalmouks 171, 173
Kamilarois 229
Kano (émir de) 59*l*
Kaokoland 58
Kaokoveld 96, 97*l*
Kapingamarangi 210
Kara (mer de) 292
Karadjeris 229
Kardakas 130
Karens 198
   voir aussi Padaungs
Karieras 229
Karos 82
Katmandou 162*l*
Kautokeino 297*l*
Kazakhstan 19
Kekchis 257
Kenya 58
   Massaïs 86-93
Khalkhas 171
Kham 158
Khampas 165
Khazars 19
Khorakanés *voir* Tsiganes
Khumbu 158
Killarnay (parc national de) 221
Kola (péninsule de) 296
Koriaks 292, 295, 300
Korowais **220-221**
Kubilay 173*l*
Kuna Yale *voir* San Blas (archipel de)
Kunas 240*l*, 245, **266-271**
Kunduz 137*l*
Kurdes 113, **130-133**
Kurdistan 130
Kurnais 229
Kushanas 142
Kwakiutls 242, 247
Kwazulu-Natal 106

L
Labrador 306
Lacandons 257
Ladakh 142, 142*l*, 144, 144*l*
Ladakhis **142-145**
Lamoutes 300
Lancaster (comté de) 250*l*
Lao Cai (province de) 196*l*, 197, 197*l*
Laos 113
   Miaos 110*l*, 182-197
lapita 209, 238
Laponie 295
Lapons *voir* Samets
Lardils 229
Lhassa 165*l*, 166
Liban 113, 114, 122
Libye
   Berbères 60-65
   Touaregs 66-71
Locronan 26*l*, 27*l*
Lolos 165
Lombards 19
Lorient 29*l*

M
Mabhoko 109*l*
Machu Picchu 240*l*
Madagascar 57, 209
Mae Hong Son 200
Maghreb *voir* Berbères
Magyars 19, 20
   cavaliers de la Puszta 48
Malaisie 113, 114
Mali 58
   Berbères 60-65
   Dogons 72-75
   Touaregs 66-71
Malkangiri 157
Mamoiada 46*l*, 47
Mangareva 209
Manouches *voir* Tsiganes
Mansis 295
Maoke (monts) 213
Maoris 210, 210*l*, **232-237**
Marco Polo 173*l*
Mariannes (archipel des) 209
Maroc
   Berbères 60-65
   Touaregs 66-71
Marquises (îles) 209
Marshall (archipel des) 209
Massaïs 54*l*, 57, 58, **86-93**
Massaïs maras 86*l*
Matabeles *voir* Ndebeles
Maures 30, 58
Mauritanie
   Berbères 60-65
Mayas 245, **256-265**, 283*l*
Mecque (La) 135
Meknès 64*l*
Mélanésiens 209, 210, 213, 214*l*, 215, 222, 224
Menchu (Rigoberta) 261
Meos 194
Merzouga 67*l*
Méso-Amérique 242, 245, 254-271
Mésopotamie 19, 57
Mexique 247
   Huichols 254-255
   Mayas 256-265
Miaos 110*l*, 114, **182-197**
Micronésie 209, 210
Moghols 171
Mogoro 42*l*
Mohicans 247
Mongolie 113, 114, 170-179
Mongols 20, 113, 165, **170-179**, 292
Morbihan 28
Morogoro 54*l*
Mosos 165
Moyen-Orient 113, 114
   Bédouins 116-121
   Palestiniens 122-125
Murngins 229
Mursis 82

N
Na-dénés 242
Na-Khi 165
Naga-noctes 154*l*
Namas 96
Namibie 54*l*, 58
   Bochimans 102-105
   Himbas 96-101
Nankai 188*l*
Narrow Canyon 246*l*
Nashis 165
Natron (lac) 86*l*
Navajos 242, 246*l*, 247
Nayarit 254*l*
Ndebeles 58, **106-109**
Négritos 114, 209
Néguev 119*l*
Népal 113, 114, 160, 165, 166
   Sherpas 158-163
New York (État de) 250
Nga-ri (royaume de) 142, 144
Ngoloks 165
Ngunis 106
Niger 57, 73*l*
   Berbères 60-65
   Bororos 78-81
   Touaregs 66-71
Nigeria 54*l*, 57, 59*l*, 76
   Peuls 76-77
Nishis **148-151**, 152*l*, 153
Norvège 295
   Samets 296-299
Nouveau-Mexique 246*l*, 247
Nouvelle-Calédonie 209
Nouvelle-Galles du Sud 229
Nouvelle-Guinée 209, 210, 210*l*, 218, 219, 238
   voir aussi Papouasie-Nouvelle-Guinée, Papouasie-Occidentale
Nouvelle-Zélande 209, 210*l*, 238
   Maoris 232-237
Nouvelles-Hébrides 209
Nuba 57
Nueve Sillas 263*l*
Nukuoro 210
Nuoro (province de) 47, 47*l*
nuraghes (civilisation des) 43

O
Océanie 20, **206-239**
Ohio 250
Oïrats 171
Ojibwas 247
Oman 113
Omo 82
Ontong Java (île) 210
Orénoque 272, 274*l*
Orissa (État de l') 156, 157
Oristano 16*l*, 42*l*, 44, 44*l*, 45, 47*l*
Ostrogoths 19
Our 126
Oural 19, 20

P
Pa'o 198
Pachtouns **134-137**
Padam 147
Padaungs 8*l*, **198-201**
Padmasambhava 166
Paiutes 248
Pakistan 113, 114
   Pachtouns 134-137
Palestine 114, 122-125, 126
Palestiniens **122-125**
Panama 240*l*
   Kunas 266-271
Papouasie 11*l*
Papouasie-Nouvelle-Guinée 206*l*, 208*l*, 209
   Arapesh 222-223
   Hulis 224-227
Papouasie-Occidentale 206*l*, 224
   Danis 212-215
   Korowais 220-221
   Unas 218-219
   Yalis 216-217
Papous 209, 210, 214*l*, 219
Pâques (île de) 209, 239
Pascuans 239
Patagonie 242
Peaux-Rouges *voir* Amérindiens
Pegu Yoma (chaîne de) 198
Pennsylvanie 250
Pérou 8*l*
   Aymaras 286-289
   Péruviens 278-285
Persique (golfe) 113
Péruviens **278-285**
Peuls 58, 59*l*, **76-77**, 78, 79*l*, 81
   voir aussi Bororos
Pharak 158
Phéniciens 20, 60
Philippines 113, 114, 209
Philistins 122
Phoenix (îles) 209
Pieds-Noirs 247
Piémont-Sardaigne 44
Pimas 247
Pines (île de) 263
Pisac 240*l*
Pitcairn (île) 209
Pitjantjatjaras 229
Polynésie 209, 210, 210*l*, 232, 232*l*, 238-239
Polynésiens **238-239**
Pont-l'Abbé 29*l*
Portugal
   Tsiganes 50
Potala (palais de) 166*l*
Pretoria 109*l*
Proche-Orient 57
Pueblos 248
Pushkar 115*l*
Puszta (cavaliers de la) 20, **48-49**
Pwo 198
Pygmées 57, 58, **94-95**, 218
   voir aussi Bondos, Unas

Q
Qiandongnan 193*l*
Qociong *voir* Miaos
Qoyllur Rit'i (sanctuaire de) 283*l*, 284*l*
Québec 247
Quechuas 283*l*, 287*l*
Queensland 229
Quemada (río) 34*l*
Quichés 240*l*, 257*l*

R
Rabaris **138-141**
Rajaputana 138
Rajasthan 115*l*, 138
Ramoche (temple de) 156
Rapa Nui 239
Real de Catorce 255
Rennell (île) 210
Rift Valley 87
Rocheuses (montagnes) 248
Rocio (romeria du) 16*l*, 32, 33, 34*l*

Romani 50
Roms *voir* Tsiganes
Rose (mont) 37, 38*l*
Rotuma (île) 210
Roumanie
   Tsiganes 50*l*, 51*l*
Russie 19, 173, 295
   Aïnous 180-181
   Inuits 306-313
   Samets 296-299
   Tchouktches 300-305
Ruwanduz 133

S
Sahara 19, 57, 58, 59*l*, 60, 76
   Touaregs 66-71
Sahel
   Bororos 78-81
   Peuls 76-77
   Touaregs 66-71
Saintes-Maries-de-la-Mer 52*l*, 53
Sakhaline (île de) 180
Salang (col de) 135*l*
Salish 248
Salomon (archipel des) 209
Samets 20, 290*l*, 292, 295, 295*l*, **296-299**
Samoa (archipel des) 209, 210, 238
Samoyèdes 295
San 72*l*
San Andres Sajcabaja 264*l*
San Blas (archipel de) 240*l*, 266*l*, 267, 267*l*, 268
San Francisco el Alto 262*l*
Sangha 72*l*
Sapa (district de) 194*l*
Sardaigne 16*l*, 20, 42-47
Sardes 20, **42-47**
Sassari 46*l*
Savoie 44
Saxons 19, 21*l*
Scandinavie 20, 292, 295*l*
Scythes 19, 142, 171
   Scytho-Khams 165
   Scytho-Parthes 165
Séleucides 142
Séminoles 248
Sénégal
   Bororos 78-81
Sentani (lac) 213*l*
Sepik (fleuve) 222
Sesiv (vallée de la) 40*l*
Séville 19*l*, 30, 30*l*, 34*l*, 35
Sgaw 198
Shakas 171
Sherpas **158-163**
Shiva 8*l*
Shoshones 248
Siang (district du) 147
Sibérie 180, 292, 295, 295*l*, 300, 306, 308
Sichuan (province du) 183
Sicile 20
Sidamos 82
Sierra Madre 255
Sikkim 113
Sinaï 113, 116*l*, 119*l*, 120*l*, 129
Sintés *voir* Tsiganes
Sioux 247
Skeleton Coast 96
Slaves 19, 20
Société (îles de la) 209, 232
Sokoto (empire du) 76, 78
Soleil (île du) 287*l*

Solu 158
Spituk (monastère de) 112*l*
Sri Lanka 114
Srong-btsan sgam-po 165, 166
Steenboom (fleuve) 219
Subansiri (district de) 148, 153
Suède 292, 295
    Samets 296-299
Suisse
    Walser 36-41
Surmas 11*l*, **82-85**, 225*l*
Syrie 113, 114, 122
    Kurdes 130-133

T
Tabant 61*l*
Tahiti 239*l*
talibans 137*l*
Tanzanie 54*l*, 58
    Massaïs 86-93
Tarahumaras 247
Tartare (fleuve) 172
Tasmanie 209, 229
Tchad 103
Tchouktches 292, 295, 295*l*, **300-305**, 309
Temüdjin *voir* Gengis Khan

Tennessee 248
Terre d'Arnhem 229*l*
Terre de Feu 278
Thaïlande 113, 198, 200
    Miaos 110*l*, **182-197**
Thaïs 114
Thar (désert du) 138
Tiahuanaco 287*l*
Tibet 8*l*, 11*l*, 113, 114, 142, 144, 144*l*, 158, 160, 162*l*, **164-169**
Tibétains 113, 162*l*, **164-169**
Tids 82
Tikopia (île) 210
Tingri 165
Tirap (district de) 154
Tisza 48
Titicaca (lac) 286, 287*l*, 288*l*
Tlingits 242, 246*l*, 247
Todos Santos 260*l*
Tokelau 209
Tonga (archipel des) 209
Torguts 171
Touaregs 8*l*, 57, 58, **66-71**
Toucouleurs 76*l*
Toungouses 164, 180, 295, 300

Tourgaï 292
Tsangpo 165
    voir aussi Brahmapoutre
Tsiganes 22*l*, **50-53**
Tswanas 103
Tuamotu (îles) 209
Tubuaï (archipel de) 209
Tule, Tulemala voir Kunas
Tunisie
    Berbères 60-65
Turcs 20, 171
Turkana (lac) 82
Turkestan 19
Turquie 113, 114
    Kurdes 130-133
Tutsis 95
Tuvalu (archipel de) 209, 210
Tzotzils 257

U
Ukukus 284*l*, 285*l*
Unas **218-219**
Uros 288*l*
Urubamba (vallée de l') 240*l*
Uspantechis 257
Uvéa 209

V
Valsesia 36*l*, 37, 40*l*
Vandales 19, 30
Vanuatu 209
Venezuela 278
    Yanomamis 272-277
Victoria (lac) 87*l*
Viêt Nam 113
    Miaos 110*l*, **182-197**
Vikings 295
Vilcanota (cordillère de) 281*l*, 233*l*
Vogouls *voir* Mansis

W
Walbiris 229
Walliser *voir* Walser
Walser 15*l*, **36-41**
Wanchos 154-155
Wandalous *voir* Vandales
Wassus 165
Wirikuta 255
Wisigoths 19
Wodâabe 75, 81
    voir aussi Bororos
Wohokamas 246*l*
Wongaibons 229

X
Xilinhot 175*l*
Xinjiang 171

Y
Yacaltechis 257
Yalis **216-217**, 219
Yanomamis 243*l*, 245, **272-277**
Yazidis 132
Yellowknives 242
Yémen 113
Yen Bai 197
Yesui 172
Yinbaw 198
Younga-Na 72*l*
Yucatan 257
Yunnan (province du) 183, 197

Z
Zayein 198
Zimbabwe
    Ndebeles 106-109
Ziro 153
Zoulous 56*l*
Zunis 246*l*

CRÉDITS PHOTOGRAPHIQUES

Introduction générale
p. 1 D. Ball/Marka
pp. 2-3 Marcello Bertinetti/Archives White Star
pp. 4-5 Marcello Bertinetti/Archives White Star
pp. 6-7 Gigi Toscano
p. 7 Marcello Bertinetti/Archives White Star
p. 8 Tiziana et Gianni Baldizzone/Archives White Star
p. 9 Marcello Bertinetti/Archives White Star
p. 10 Gigi Toscano
p. 11 Marcello Bertinetti/Archives White Star
pp. 12-13 Steve McCurry/Magnum/Contrasto
pp. 14-15 Michele Vestmorland/Agefotostock/Contrasto

EUROPE
Introduction Europe
p. 16 à gauche Giulio Veggi/Archives White Star
p. 16 à droite Nigel Dickinson
p. 17 Luciano Ramires/Archives White Star
pp. 18-19 Marcello Bertinetti/Archives White Star
p. 20 Giulio Veggi/Archives White Star
pp. 20-21 Michel Cambaraz/Explorer/Hoa-Qui
Les Irlandais
pp. 22-23 Tim Thomson/Corbis/Grazia Neri
p. 22 en bas à gauche Richard Cummins/Corbis/Grazia Neri
p. 22 en bas à droite Giulio Veggi/Archives White Star
p. 23 en haut Peter Turnely/Corbis/Grazia Neri
p. 23 en bas David Turnely/Corbis/Grazia Neri
p. 24 à gauche en haut Giulio Veggi/Archives White Star
p. 24 à gauche au centre David Turnely/Corbis/Grazia Neri
p. 24 à gauche en bas Giulio Veggi/Archives White Star
p. 24 à droite Giovanni Rinaldi/Il Dagherrotipo
p. 25 Gianluigi Sosio
Les Bretons
p. 26 en haut Charles Lénars
p. 26 en bas Bruno Barbey/Magnum/Contrasto

pp. 26-27 Michel Renandeau/Hoa-Qui
p. 27 en bas à gauche Michel Renandeau/Hoa-Qui
p. 27 en bas à droite H. Lesetre/Hoa-Qui
p. 28 en haut Charles Lénars
p. 28 en bas J.-M. Roignant/Hoa-Qui
pp. 28-29 J.-M. Roignant/Hoa-Qui
p. 29 en bas à gauche G. Morand-Grahame/Hoa-Qui
p. 29 en bas à droite J.-M. Roignant/Hoa-Qui
Les Andalous
pp. 30-31 Antonio Attini/Archives White Star
pp. 32-33 Antonio Attini/Archives White Star
p. 34 en haut Nigel Dickinson
p. 34 au centre Nigel Dickinson
p. 34 en bas Nigel Dickinson
pp. 34-35 Nigel Dickinson
p. 35 Aisa
Les Walser
pp. 36-37 Giulio Veggi
pp. 38-39 Marcello Bertinetti/Archives White Star
p. 40 Marcello Bertinetti/Archives White Star
pp. 40-41 Luciano Ramires/Archives White Star
Les Sardes
pp. 42-43 Giulio Veggi/Archives White Star
p. 44 en haut à gauche Giulio Veggi/Archives White Star
p. 44 en haut à droite Giulio Veggi/Archives White Star
p. 44 en bas Giulio Veggi/Archives White Star
pp. 44-45 Marcello Bertinetti/Archives White Star
p. 45 en haut Giulio Veggi/Archives White Star
p. 45 en bas Giulio Veggi/Archives White Star
pp. 46-47 Giulio Veggi/Archives White Star
Les cavaliers de la Puszta
p. 48 en bas à gauche Silvestris
p. 48 en bas à droite Christian Sappa
pp. 48-49 Sandro Vannini/Franca Speranza
p. 49 en haut Zefa/Hoa-Qui
p. 49 en bas Theo Hofmann/Silvestris
Les Tsiganes
p. 50 en haut Peter Turnely/Corbis/Grazia Neri
p. 50 en bas à gauche Nigel Dickinson

p. 50 en bas à droite Michael Boys/Corbis/Grazia Neri
pp. 50-51 Nigel Dickinson
p. 51 en bas à gauche Nigel Dickinson
p. 51 en bas à droite Nigel Dickinson
pp. 52-53 Nigel Dickinson

AFRIQUE
Introduction Afrique
p. 54 à gauche Marcello Bertinetti/Archives White Star
p. 54 au centre Roger de La Harpe/Africa Imagery
p. 54 à droite Christophe Ratier/NHPA
p. 55 Marcello Bertinetti/Archives White Star
pp. 56-57 Peter Pickford/NHPA
pp. 58-59 Marcello Bertinetti/Archives White Star
Les Berbères
p. 60 en haut Bruno Barbey/Magnum/Contrasto
p. 60 en bas Bruno Barbey/Magnum/Contrasto
pp. 60-61 Bruno Barbey/Magnum/Contrasto
p. 61 en haut Bruno Barbey/Magnum/Contrasto
p. 61 au centre N. Thibant/Hoa-Qui
p. 61 en bas Harry Gruyaert/Magnum/Contrasto
p. 62 Xavier Richer/Hoa-Qui
p. 63 en haut Dennis Stock/Magnum/Contrasto
p. 63 en bas à gauche Bruno Barbey/Magnum/Contrasto
p. 63 en bas à droite Bruno Barbey/Magnum/Contrasto
p. 64 en haut à gauche Bruno Barbey/Magnum/Contrasto
p. 64 en haut à droite Bruno Zanzottera
p. 64 en bas Bruno Barbey/Magnum/Contrasto
pp. 64-65 Bruno Barbey/Magnum/Contrasto
p. 65 Bruno Barbey/Magnum/Contrasto
Les Touaregs
p. 66 Michael S. Lewis/Corbis/Contrasto
p. 67 en haut Charles Lénars
p. 67 au centre Giulio Veggi/Archives White Star
p. 67 en bas Raymond Depardon/Magnum/Contrasto
pp. 68-69 Stefano Amantini/Atlantide
p. 69 Peter Adams/Marka

p. 70 en haut Tiziana et Gianni Baldizzone/
Archives White Star
p. 70 au centre Tiziana et Gianni Baldizzone/
Archives White Star
p. 70 en bas Luciano Romano
pp. 70-71 Tiziana et Gianni Baldizzone/
Archives White Star
p. 71 Tiziana et Gianni Baldizzone/Archives
White Star
Les Dogons
pp. 72-73 Luciano Romano
p. 72 en bas à gauche Abbas/Magnum/
Contrasto
p. 72 en bas à droite Luciano Romano
p. 73 en haut Michel Renandeau/Hoa-Qui
p. 73 au centre Michel Renandeau/Hoa-Qui
p. 73 en bas Michel Renandeau/Hoa-Qui
p. 74 en haut Michel Renandeau/Hoa-Qui
p. 74 au centre Patrick Ben Luke Syder/
Lonely Planet Images
p. 74 en bas Michel Renandeau/Hoa-Qui
p. 75 Michel Renandeau/Hoa-Qui
Les Peuls
pp. 76-77 Marcello Bertinetti/
Archives White Star
Les Bororos
pp. 78-79 Tiziana et Gianni Baldizzone/
Archives White Star
pp. 80-81 Tiziana et Gianni Baldizzone/
Archives White Star
Les Surmas
pp. 82-83 Gigi Toscano
pp. 84-85 Gigi Toscano
Les Massaïs
pp. 86-87 Christophe Ratier/NHPA
p. 86 en bas à gauche Jean-Louis Le Moigne/NHPA
p. 86 en bas à droite Christophe Ratier/NHPA
p. 87 en haut Roger de La Harpe/Africa Imagery
p. 87 en bas Roger de La Harpe/Africa Imagery
pp. 88-89 Marcello Bertinetti/Archives
White Star
pp. 90-91 Marcello Bertinetti/Archives
White Star
p. 92 en haut à gauche Roger de La Harpe/
Africa Imagery
p. 92 en haut à droite Roger de La Harpe/
Africa Imagery
p. 92 en bas Roger de La Harpe/Africa Imagery
pp. 92-93 Roger de La Harpe/Africa Imagery
p. 93 F. Varin/Explorer/Hoa-Qui
Les Pygmées
pp. 94-95 Yves Gellie
p. 94 en bas Aisa
p. 95 en haut Yves Gellie
p. 95 au centre Yves Gellie
p. 95 en bas Yves Gellie
Les Himbas
p. 96 en haut à gauche Anthony Bannister/NHPA
p. 96 en haut à droite Bruno Zanzottera
pp. 96-97 Anthony Bannister/NHPA
p. 97 en haut Yann Arthus Bertrand/Corbis/
Grazia Neri
p. 97 en bas Anthony Bannister/NHPA
p. 98 en haut Bruno Zanzottera
p. 98 en bas à gauche A. Dragesco/Panda Photo
p. 98 en bas à droite Roger de La Harpe/
Africa Imagery
p. 99 A. Dragesco/Panda Photo
p. 100 A. Dragesco/Panda Photo
p. 101 en haut A. Dragesco/Panda Photo
p. 101 au centre Bruno Zanzottera
p. 101 en bas Bruno Zanzottera
Les Bochimans
pp. 102-103 Éric Vandeville/Gamma/
Contrasto

p. 102 en bas à gauche Anthony Bannister/NHPA
p. 102 en bas à droite Peter Johnson/Corbis/
Contrasto
p. 103 en haut Peter Johnson/Corbis/Contrasto
p. 103 en bas Peter Johnson/Corbis/Contrasto
p. 104 en haut Peter Johnson/Corbis/Contrasto
p. 104 en bas à gauche Anthony Bannister/
NHPA
p. 104 en bas à droite Anthony Bannister/NHPA
p. 105 Gallo Images
Les Ndebeles
p. 106 en haut à gauche Lindsay Hebberd/
Corbis/Grazia Neri
p. 106 en haut à droite Lindsay Hebberd/
Corbis/Grazia Neri
p. 106 en bas M. Courtney-Clark/Hoa-Qui
p. 107 Daniel Lain/Corbis/Contrasto
p. 108 Lindsay Hebberd/Corbis/Grazia Neri
p. 109 en haut Roger de La Harpe/Corbis/
Grazia Neri
p. 109 au centre Lindsay Hebberd/Corbis/
Grazia Neri
p. 109 en bas Lindsay Hebberd/Corbis/
Grazia Neri

ASIE
Introduction Asie
p. 110 à gauche Marcello Bertinetti/
Archives White Star
p. 110 à droite Antonio Attini/Archives White Star
p. 111 Bohemian Nomad Picturemakers/Corbis/
Contrasto
p. 112-113 Andrea Pistolesi
pp. 114-115 Tiziana et Gianni Baldizzone/
Archives White Star
Les Bédouins
pp. 116-117 Antonio Attini/Archives White Star
p. 116 en bas à gauche Antonio Attini/
Archives White Star
p. 116 en bas à droite Antonio Attini/
Archives White Star
p. 117 en haut Antonio Attini/Archives White Star
p. 117 en bas Marcello Bertinetti/
Archives White Star
pp. 118-119 Antonio Attini/Archives White Star
pp. 120-121 Antonio Attini/Archives White Star
Les Palestiniens
pp. 122-123 Marcello Bertinetti/
Archives White Star
pp. 124-125 Peter Turnely/Corbis/Contrasto
Les Haredim
pp. 126-127 Marcello Bertinetti/
Archives White Star
pp. 128-129 Marcello Bertinetti/
Archives White Star
Les Kurdes
p. 130 en haut Chris Kutschera
p. 130 en bas Chris Kutschera
pp. 130-131 Zafer Kizilkaya
p. 131 en bas Chris Kutschera
p. 132 en haut Chris Kutschera
p. 132 en bas Zafer Kizilkaya
pp. 132-133 Chris Kutschera
p. 133 en bas à gauche Chris Kutschera
p. 133 en bas à droite Chris Kutschera
Les Pachtouns
p. 134 Steve McCurry/Magnum/Contrasto
p. 135 en haut à gauche Steve McCurry/
Magnum/Contrasto
p. 135 en haut à droite Steve McCurry/
Magnum/Contrasto
p. 135 au centre Thomas Dworzak/Magnum/
Contrasto
p. 135 en bas Steve McCurry/Magnum/
Contrasto

pp. 136-137 Zafer Kizilkaya
p. 136 en bas à gauche Marcello Bertinetti/
Archives White Star
p. 136 en bas à droite Marcello Bertinetti/
Archives White Star
p. 137 en haut à gauche Heathcliff O'Malley/
Gamma/Contrasto
p. 137 en haut à droite Steve McCurry/
Magnum/Contrasto
p. 137 en bas Steve McCurry/Magnum/Contrasto
Les Rabaris
p. 138 en haut Tiziana et Gianni Baldizzone/
Corbis/Contrasto
p. 138 en bas Tiziana et Gianni Baldizzone/
Corbis/Contrasto
pp. 138-139 Tiziana et Gianni Baldizzone
p. 139 en bas Tiziana et Gianni Baldizzone
p. 140 Tiziana et Gianni Baldizzone
p. 141 en haut à gauche Tiziana et Gianni
Baldizzone/Corbis/Contrasto
p. 141 en haut à droite Tiziana et Gianni
Baldizzone
p. 141 au centre Tiziana et Gianni Baldizzone
p. 141 en bas Tiziana et Gianni Baldizzone
Les Ladakhis
p. 142 en haut à gauche Gianluigi Sosio
p. 142 en haut à droite Marcello Bertinetti/
Archives White Star
p. 142 en bas Marcello Bertinetti/
Archives White Star
p. 143 Marcello Bertinetti/Archives White Star
p. 144 en haut Andrea Pistolesi
p. 144 en bas Andrea Pistolesi
pp. 144-145 Christophe Boisvieux/Hoa-Qui
p. 145 en bas à gauche F. Arvidsson/
Explorer/Hoa-Qui
p. 145 en bas à droite Andrea Pistolesi
Les Gallongs
pp. 146-147 Lindsay Hebberd/Corbis/
Contrasto
Les Nishis
p. 148 en haut Lindsay Hebberd/Corbis/
Contrasto
p. 148 au centre Xavier Zimbardo/Hoa-Qui
p. 148 en bas Lindsay Hebberd/Corbis/
Contrasto
p. 149 Lindsay Hebberd/Corbis/Contrasto
pp. 150-151 Tiziana et Gianni Baldizzone
Les Apatanis
pp. 152-153 Lindsay Hebberd/Corbis/Contrasto
p. 152 en bas Lindsay Hebberd/Corbis/Contrasto
p. 153 en haut à gauche Lindsay Hebberd/
Corbis/Contrasto
p. 153 en haut à droite Lindsay Hebberd/
Corbis/Contrasto
p. 153 en bas Earl et Nazima Kowall/Corbis/
Contrasto
Les Wanchos
pp. 154-155 Lindsay Hebberd/Corbis/
Contrasto
Les Boncos
pp. 156-157 Tiziana et Gianni Baldizzone
p. 156 en bas à gauche Tiziana et Gianni
Baldizzone
p. 156 en bas à droite Tiziana et Gianni
Baldizzone
p. 157 à gauche Tiziana et Gianni Baldizzone
p. 157 à droite en haut Lindsay Hebberd/
Corbis/Contrasto
p. 157 à droite en bas Maurizio Leigheb
Les Sherpas
p. 158 en haut Roman Soumar/Corbis/Contrasto
p. 158 au centre Benelux Press/Hoa-Qui
p. 158 en bas Richard List/Corbis/Contrasto
p. 159 Benelux Press/Marka

317

p. 160 à gauche en haut Earl et Nazima Kowall/Corbis/Contrasto
p. 160 à gauche en bas Galen Rowell/Corbis/Contrasto
p. 160 à droite Nevada Wier/Corbis/Contrasto
pp. 160-161 Christine Kolisch/Corbis/Contrasto
p. 161 en bas Janez Skok/Corbis/Contrasto
p. 162 en haut Earl et Nazima Kowall/Corbis/Contrasto
p. 162 au centre à gauche Shannon Nace/Lonely Planet Images
p. 162 au centre à droite Nevada Wier/Corbis/Contrasto
p. 162 en bas Christine Kolisch/Corbis/Contrasto
p. 163 Craig Lovell/Corbis/Contrasto

Les Tibétains
pp. 164-165 Marcello Bertinetti/Archives White Star
p. 166 en haut à gauche Mark Buscail/Housestock
p. 166 en haut au centre Marcello Bertinetti/Archives White Star
p. 166 en haut à droite Marcello Bertinetti/Archives White Star
p. 166 au centre Marcello Bertinetti/Archives White Star
p. 166 en bas Marcello Bertinetti/Archives White Star
p. 167 Marcello Bertinetti/Archives White Star
pp. 168 et 169 Marcello Bertinetti/Archives White Star

Les Mongols
pp. 170-171 Giacomo Pirozzi/Panos Pictures
p. 170 Dean Conger/Corbis/Contrasto
p. 171 en haut Dave Edwards
p. 171 au centre Bruno Zanzottera
p. 171 en bas Dean Conger/Corbis/Contrasto
p. 172 à gauche Dean Conger/Corbis/Contrasto
p. 172 à droite Dean Conger/Corbis/Contrasto
pp. 172-173 Peter Oxford/Nature Picture Library
p. 173 How-Man Wong/Corbis/Granata Press
pp. 174-175 Zafer Kizilkaya
p. 174 en bas p. Wang/Explorer/Hoa-Qui
p. 175 en haut Dave Edwards
p. 175 au centre Zafer Kizilkaya
p. 175 en bas à gauche Colin Monteath/Hedgehog House/Hoa-Qui
p. 175 en bas à droite Bruno Morandi/Age/Hoa-Qui
pp. 176-177 Dave Edwards
p. 178 en haut Ève Arnold/Magnum/Contrasto
p. 178 au centre Thierry Falise/Gamma/Contrasto
p. 178 en bas Dean Conger/Corbis/Contrasto
pp. 178-179 Alain Le Garsmeur/Corbis/Contrasto
p. 179 en bas à gauche C. Le Tourneur/Hoa-Qui
p. 179 en bas à droite Karen Su/China Span

Les Aïnous
p. 180 en haut Martin Moos/Lonely Planet Images
p. 180 au centre Nathalie B. Fobes/Corbis/Contrasto
p. 180 en bas Ian Berry/Magnum/Contrasto
p. 181 Kenneth Garrett

Les Miaos
pp. 182-183 Xinhua/Chine nouvelle/Gamma/Contrasto
p. 182 en bas Karen Su/China Span
p. 183 en haut Xinhua/Chine nouvelle/Gamma/Contrasto
p. 183 au centre Xinhua/Chine nouvelle/Gamma/Contrasto
p. 183 en bas Xinhua/Chine nouvelle/Gamma/Contrasto
pp. 184-185 Patrick Aventurier/Gamma/Contrasto
p. 185 Karen Su/China Span
pp. 186-187 Tiziana et Gianni Baldizzone
pp. 188-189 Tiziana et Gianni Baldizzone

pp. 190-191 Karen Su/Corbis/Contrasto
p. 190 en bas à gauche Dave G. Houser/Corbis/Contrasto
p. 190 en bas à droite Dave G. Houser/Corbis/Contrasto
p. 191 en haut Karen Su/China Span
p. 191 en bas Dave G. Houser/Corbis/Contrasto
pp. 192-193 Karen Su/China Span
p. 194 en haut Alison Wright/Corbis/Contrasto
p. 194 au centre Steve Raymer/Corbis/Contrasto
p. 194 en bas Nevada Wier/Corbis/Contrasto
pp. 194-195 Jay Dickman/Corbis/Contrasto
p. 195 en bas à gauche Alison Wright/Corbis/Contrasto
p. 195 en bas à droite Steve Raymer/Corbis/Contrasto
pp. 196-197 Steve Raymer/Corbis/Contrasto
p. 196 en bas à gauche AFP/De Bellis
p. 196 en bas à droite Liz Thompson/Lonely Planet Images
p. 197 Lindsay Hebberd/Corbis/Contrasto

Les Padaungs
p. 198 en haut Jan Butchofsky/Houserstock
pp. 198-199 Luca Tettoni
p. 199 en haut à droite Mark Downey
p. 199 en bas à gauche Andrea Pistolesi
p. 199 en bas à droite Mark Downey
p. 200 en haut Jean Léo Dugast/Panos Pictures
p. 200 en bas Jacques Brun/Explorer/Hoa-Qui
pp. 200-201 Mark Downey
p. 201 en bas à gauche Mark Downey
p. 201 en bas à droite Jan Butchofsky/Houserstock

Les Bali-Aga
p. 202 en haut Paul A. Souders/Corbis/Contrasto
p. 202 en bas Morton Beebe/Corbis/Contrasto
pp. 202-203 Richard I'Anson/Lonely Planet Images
p. 203 en bas à gauche Yan Arthus Bertrand/Corbis/Contrasto
p. 203 en bas à droite Paul A. Souders/Corbis/Contrasto
pp. 204-205 Marcello Bertinetti/Archives White Star

OCÉANIE
Introduction Océanie
p. 206 à gauche Maurizio Leigheb
p. 206 à droite Paul A. Souders/Corbis/Contrasto
p. 207 P. Mazzanti/Marka
pp. 208-209 Maurizio Leigheb
p. 210 Australian Picture Library
p. 211 Maurizio Leigheb

Les Danis
pp. 212-213 Luca Tettoni
p. 212 en bas à gauche Maurizio Leigheb
p. 212 en bas à droite Luca Tettoni
p. 213 en haut Maurizio Leigheb
p. 213 au centre Maurizio Leigheb
p. 213 en bas Maurizio Leigheb
pp. 214-215 Maurizio Leigheb

Les Yalis
pp. 216-217 Maurizio Leigheb

Les Unas
pp. 218-219 Maurizio Leigheb

Les Korowais
pp. 220-221 Maurizio Leigheb

Les Arapesh
p. 222 en haut Zafer Kizilkaya
p. 222 en bas Zafer Kizilkaya
pp. 222-223 Zafer Kizilkaya
p. 223 en haut à droite Woodfin Camp
p. 223 en bas Zafer Kizilkaya

Les Hulis
p. 224 en haut P. Mazzanti/Marka

p. 224 en bas P. Mazzanti/Marka
pp. 224-225 P. Mazzanti/Marka
p. 225 Wendy Stone
pp. 226-227 Stuart Westmorland/Agephotostock/Contrasto
p. 227 Chris Rainier/Corbis/Contrasto

Les Aborigènes
pp. 228-229 Penny Tweedie/Corbis/Grazia Neri
p. 228 en bas à gauche Penny Tweedie/Corbis/Grazia Neri
p. 228 en bas à droite Penny Tweedie/Corbis/Grazia Neri
p. 229 en haut Richard T. Nowitz/Corbis/Grazia Neri
p. 229 en bas Penny Tweedie/Corbis/Grazia Neri
p. 230 en haut à gauche Australian Picture Library
p. 230 en haut à droite Matthew McKee/Eye Ubiquitous/Corbis/Grazia Neri
p. 230 au centre Penny Tweedie/Corbis/Grazia Neri
p. 230 en bas Penny Tweedie/Corbis/Grazia Neri
p. 231 Dallas et John Heaton/Corbis/Grazia Neri

Les Maoris
p. 232 en haut Dave G. Houser/Houserstock
p. 232 en bas Anders Ryman/Corbis/Grazia Neri
p. 232-233 George Steinmetz/Contrasto
p. 233 en bas à gauche Arno Gasteiger/Aurora/Grazia Neri
p. 233 en bas à droite Arno Gasteiger/Aurora/Grazia Neri
p. 234 en haut Arno Gasteiger/Aurora/Grazia Neri
p. 234 au centre à gauche David Guttenfelder/AP
p. 234 au centre à droite Mark Baker/Reuters
p. 234 en bas David Guttenfelder/AP
p. 235 David Guttenfelder/AP
p. 236 en haut Maya Vidon/AFP/De Bellis
p. 236 au centre Gabriel Bouys/STF/AFP/De Bellis
p. 236 en bas STF/AFP/De Bellis
pp. 236-237 Maya Vidon/AP
p. 237 en bas Maya Vidon/AFP/De Bellis

Les Polynésiens
p. 238 Jean-Bernard Carillet/Lonely Planet Images
pp. 238-239 Dennis Stock/Magnum/Contrasto
p. 239 en haut Marcello Bertinetti/Archives White Star
p. 239 en bas Dennis Stock/Magnum/Contrasto

AMÉRIQUE
Introduction Amérique
p. 240 à gauche Charles Lénars
p. 240 à droite Marcello Bertinetti/Archives White Star
p. 241 Danny Lehman
pp. 242-243 Victor Englebert/Danita Delimont Agent
pp. 244 Dennis Stock/Magnum/Contrasto
pp. 245 Bob Rowan/Corbis/Contrasto

Les Amérindiens
pp. 246-247 Thomas Hoepker/Magnum/Contrasto
p. 246 en bas Daniel Heuclin/NHPA
p. 247 en haut à gauche Ève Arnold/Magnum/Contrasto
p. 247 en haut à droite Stephen Trimble
p. 247 en bas Buddy Mays
pp. 248-249 Dannis Stock/Magnum/Contrasto

Les Amish
p. 250 en haut McDonald Wildlife Photography

p. 250 en bas Bill Bachmann/Lonely Planet Images
pp. 250-251 Australian Picture Library
p. 251 en bas à gauche Kevin Fleming/Corbis/Contrasto
p. 251 en bas à droite David Turnely/Corbis/Contrasto
p. 252 en haut à gauche Kim M. Koza/Corbis/Contrasto
p. 252 en haut à droite Joe McDonald/Corbis/Contrasto
p. 252 au centre Richard Hamilton Smith
p. 252 en bas Joe McDonald/Corbis/Contrasto
p. 253 Richard Hamilton Smith

Les Huichols
pp. 254-255 Woodfin Camp
p. 254 en bas Woodfin Camp
p. 255 en haut Nicolas Reynard/Franca Speranza
p. 255 au centre Woodfin Camp
p. 255 en bas Woodfin Camp

Les Mayas
pp. 256-257 Thomas Hoepker/Magnum/Contrasto
pp. 258-259 Thomas Hoepker/Magnum/Contrasto
pp. 260-261 Thomas Hoepker/Magnum/Contrasto
p. 260 en bas Thomas Hoepker/Magnum/Contrasto
p. 261 en haut David Alan Harvey/Magnum/Contrasto
p. 261 en bas Charles Lénars
pp. 262-263 Thomas Hoepker/Magnum/Contrasto
pp. 264-265 Thomas Hoepker/Magnum/Contrasto

Les Kunas
pp. 266-267 Danny Lehman
p. 266 en bas à gauche Charles Lénars
p. 266 en bas à droite Danny Lehman
p. 267 en haut Danny Lehman
p. 267 en bas Danny Lehman
p. 268 en haut Danny Lehman
p. 268 en bas Danny Lehman
p. 269 Jack Fields/Corbis/Contrasto
p. 270 Dave G. Houser/Houserstock

p. 271 en haut Angelo Tondini/Focus Team
p. 271 au centre Dave G. Houser/Houserstock
p. 271 en bas Charles Lénars

Les Yanomamis
p. 272 en haut à gauche Alfredo Cedeño/Panos Pictures
p. 272 en haut à droite Maurizio Leigheb
p. 272 en bas Victor Englebert/Danita Delimont Agent
p. 273 Mark Downey
p. 274 en haut Victor Englebert
p. 274 au centre Maurizio Leigheb
p. 274 en bas à gauche Maurizio Leigheb
p. 274 en bas à droite Maurizio Leigheb
pp. 274-275 AISA
p. 276 en haut à gauche Nigel Dickinson
p. 276 en haut à droite Maurizio Leigheb
p. 276 en bas Maurizio Leigheb
pp. 276-277 Maurizio Leigheb
p. 277 Maurizio Leigheb

Les Péruviens
pp. 278-279 Marcello Bertinetti/Archives White Star
pp. 280-281 Marcello Bertinetti/Archives White Star
pp. 282-283 Marcello Bertinetti/Archives White Star
pp. 284-285 Marcello Bertinetti/Archives White Star

Les Aymaras
pp. 286-287 Christophe Boisvieux
p. 288 en haut Victor Englebert
p. 288 au centre Victor Englebert
p. 288 en bas Stuart Franklin/Magnum/Contrasto
p. 288-289 Léo de Wys/Marka
p. 289 en bas Hubert Stadler/Corbis/Contrasto

ARCTIQUE
Introduction Arctique
p. 290 à gauche Marcello Bertinetti/Archives White Star
p. 290 à droite Bryan et Cherry Alexander/Alamy
p. 291 Marcello Bertinetti/Archives White Star
pp. 292-293 Staffan Widstrand
p. 294 Marcello Bertinetti/Archives White Star

p. 295 Pat O'Hara/Corbis/Contrasto

Les Samets
p. 296 en haut Nik Wheeler/Corbis/Contrasto
p. 296 en bas Marcello Bertinetti/Archives White Star
pp. 296-297 Bryan et Cherry Alexander/Alamy
p. 297 en bas à gauche Marcello Bertinetti/Archives White Star
p. 297 en bas à droite Giulio Veggi/Archives White Star
p. 298 en haut à gauche Bo Zaunders/Corbis/Contrasto
p. 298 en haut à droite John Cleare/Alamy
p. 298 en bas Farrel Grehan/Corbis/Contrasto
pp. 298-299 Anders Ryman/Corbis/Contrasto
p. 299 en bas Marcello Bertinetti/Archives White Star

Les Tchouktches
pp. 300 et 301 Staffan Widstrand
p. 302 Staffan Widstrand
p. 303 à gauche Staffan Widstrand
p. 303 à droite en haut Staffan Widstrand/Corbis/Contrasto
p. 303 à droite au centre Roman Poderni/R p.G./Corbis-Sygma/Grazia Neri
p. 303 à droite en bas Roman Poderni/R p.G./Corbis-Sygma/Grazia Neri
p. 304 en haut à gauche Staffan Widstrand
p. 304 en haut à droite Colin Monteath/Hedgehog House
p. 304 au centre Nathalie B. Fobes
p. 304 en bas Bryan et Cherry Alexander/NHPA
pp. 304-305 Staffan Widstrand
p. 305 en bas Steve Kaufman/Corbis/Contrasto

Les Inuits
pp. 306-307 Eugenio Manghi
pp. 308-309 Staffan Widstrand
p. 309 en haut Staffan Widstrand
p. 309 au centre Staffan Widstrand
p. 309 en bas Marcello Bertinetti/Archives White Star
pp. 310-311 Eugenio Manghi
pp. 312-313 Eugenio Manghi
pp. 320 Marcello Bertinetti/Archives White Star

Couverture : tous les documents photographiques de la couverture sont extraits de l'intérieur de l'ouvrage.

Fascinants Peuples du monde est l'adaptation française de *I Popoli del Mondo*, publié par White Star S.r.l.

Cet ouvrage a été réalisé sous la direction de l'équipe éditoriale de Sélection du Reader's Digest
Direction éditoriale : Gérard Chenuet
Responsable de l'ouvrage : Christine de Colombel
Lecture-correction : Béatrice Le Squer

ADAPTATION FRANÇAISE
Réalisation : Agence Media
Traduction : Catherine Bodin-Godi, Françoise Langrognet, Cécile Breffort, Diane Meynard, Daniel Alibert-Kouraguine, Étienne Schelstraete
Consultants : Bernard Nantet, Françoise Wang, Marie-Claire Quiquemelle, Christophe Hardy
Lecture-correction : Élisabeth Le Saux, Claudine Vergé

Couverture : Irène de Moucheron
Suivi technique : Olpan Édition

Tous droits de traduction, d'adaptation et de reproduction, sous quelque forme que ce soit, réservés pour tous pays.

ÉDITION ORIGINALE
Direction éditoriale : Mirella Ferrera, Gian Giuseppe Filippi, Marco Ceresa
© 2003 White Star S.r.l.

ÉDITION FRANÇAISE
© 2003, Sélection du Reader's Digest, SA,
1-7, avenue Louis-Pasteur, 92220 Bagneux
Site Internet : www.selectionclic.com
© 2003, NV Reader's Digest, SA,
20, boulevard Paepsem, 1070 Bruxelles
© 2003, Sélection du Reader's Digest, SA,
Räffelstrasse 11, « Gallushof », 8021 Zurich
© 2003, Sélection du Reader's Digest (Canada), Limitée,
1100, boulevard René-Lévesque Ouest, Montréal, Québec H3B 5H5

ISBN 2-7098-1452-8
Dépôt légal en France : septembre 2003
Dépôt légal en Belgique : D-2003-0621-70
Achevé d'imprimer : août 2004
Première édition, deuxième tirage

Imprimé en Chine
Printed in China

Sur cette étendue gelée de l'Alaska,
un jeune Inuit circule en traîneau,
chaudement emmitouflé dans
une pelisse de caribou. Certains
Inuits continuent à fabriquer
leurs habitations et leurs ustensiles
à partir de matériaux naturels, en
s'inspirant de techniques ingénieuses
remontant à plusieurs millénaires.